선생님을 위한
비폭력 대화

상처 입은 교사를 보듬는 치유의 언어

선생님을 위한 비폭력 대화

초판 1쇄 펴낸날 2022년 2월 4일
초판 3쇄 펴낸날 2023년 4월 29일

지은이 김미경
펴낸이 홍지연

편집 홍소연 고영완 이태화 전희선 조어진 서경민
디자인 권수아 박태연 박해연
마케팅 강점원 최은 신종연 김신애
경영지원 정상희 곽해림

펴낸곳 (주)우리학교
출판등록 제313-2009-26호(2009년 1월 5일)
주소 04029 서울시 마포구 동교로12안길 8
전화 02-6012-6094
팩스 02-6012-6092
홈페이지 www.woorischool.co.kr
이메일 woorischool@naver.com

ⓒ 김미경, 2022
ISBN 979-11-6755-039-2 03370

만든 사람들
편집 한지연
표지 디자인 남희정
본문 디자인 남희정 한향림

선생님을 위한 ____ 비폭력 대화

김미경 지음

상처 입은 교사를 보듬는 치유의 언어

우리학교

프롤로그

한 친구가 명동성당에서 수녀 종신 서원을 한다기에 친구들과 함께 그 예식에 참관했습니다. 이런저런 이야기 끝에 제가 교사라 하자 친구들은 눈이 커지고, 입이 쩍 벌어지고, "어머나!" 소리를 지르고 야단법석이었습니다. 초등학교, 중학교 시절 제가 선생님들께 얼마나 저항, 반항을 했는지 하나하나 꼽아 가며 "네가 선생님이 되다니!"를 외쳤습니다. 기억에 없는 이야기들이었는데 듣다 보니 생각났고 그 시절 선생님들이 얼마나 힘들었을지 생각하니 송구스러웠습니다.

친구들의 놀람과는 달리 교사로서 저는 무척 행복했습니다. 학생들과 편지를 주고받고(아마도 제가 더 많이 썼을 것입니다ㅎㅎ), 함께 연극을 보러 다니고, 영화도 보고, 전시회도 가고, 여행도 가고……. 학교 밖에서까지 학생들과 즐겁게 함께한 시간이 제가 교사로서 얼마나 행복했는지 그 증거입니다. 학창 시절, 제가 '그런' 학생이었음에도 사랑을 주신 선생님들이 계셨습니다. 그 사랑 덕분에 제가 그런 즐거운 시간을 가질 수 있었다고 생각합니다.

교직 연수가 쌓이면서 짜증과 함께 학생들을 지적하는 건수가 늘어나기 시작했습니다. 이해가 커져도 힘든 판에 지적하는 일이 늘었으니 저도 힘들었지만 그것을 받아 내는 학생들은 오죽했을까요? 가정에서도 학교에서도 불만이 쌓여 갔습니다. 내 안의 저항성이 걸림돌로 작용하고 있는 것이 보였습니다.

'이렇게 살 수는 없다.'라는 자각이 들었습니다. 불경과 성경 공부, 전문 상담 교사 공부, 과학 공부 등 공부를 하자 나를 이해하고 다른 사람들을 이해하는 폭이 조금씩 넓어졌습니다. 명리학을 잠시 공부한 적이 있습니다. 인간의 운명은 고정된 게 아니라 끊임없이 움직이는 것으로, 관계에서 어떻게 말하고 행동하느냐가 운명을 만든다는 것을 알게 되었습니다.

비폭력 대화를 공부하면서 '내 말과 행동이 운명을 만드니 그 운명에 대한 책임은 내가 져야 한다.'라는 것을 깨달았습니다. 마음 깊은 곳의 소리를 듣고 말하고 행동하고, 그것을 익히다 보니 다른 사람들의 마음에도 관심을 가지게 되어 연결이 가능해졌습니다. 관계가 풀리자 일도 풀리면서 친절과 감사가 자연스럽게 이어졌습니다.

자신과의 연결을 토대로 다른 사람들과의 연결이 가능함을 깨닫자 2009년 학교를 그만두고 이 공부에 전념해야겠다는 생각을 했습니다. 자녀를 위해 학생들을 위해 애쓰시는 양육자들과 선생님들에게 비폭력 대화를 알리고 싶어서였습니다. 내가 무엇을 원하는지 말하고, 상대방이 어떻게 말하든 원하는 것이 무엇인가에 초점을 맞추어 듣기 시작하면 신기할 정도로 관계는 변했습니다. 소통과 공감으로 삶의 지혜를 함께 만들어 가자 불안과 두려움이 줄어들었습니다. 불안과 두려움이 줄어들자 '사랑과 자비'를 누릴 수 있는 시간이 늘어났습니다.

『어린이를 위한 비폭력 대화』에 이어 『선생님을 위한 비폭력 대화』를 쓰기까지 7년이 걸렸습니다. 그 시간이 길었던 것은 선생님들께 도움을 드리고자 하는 마음이 큰 만큼 부담을 드리게 될 수도 있다는 염려도 컸기 때문입니다. 그럼에도 선생님들이 학생들과 연결되면 '안전한 교실, 평화로운 학교'를 만들 수 있다는 믿음이 있었기에 천천히 한 자 한 자 적어 내려갔습니다.

신학기를 시작하는 3월은 춥고 고무줄을 팽팽하게 당겨 놓은 것처럼 바쁜 날들이었습니다. 새로운 만남으로 설렘과 불안이 왔다 갔다 하기도 했습니다. 언젠가부터 교실에 들어가면서 허밍으로 〈봄이 오면〉을 부르곤 했습니다.

봄이 오면
하얗게 핀 꽃 들녘으로
당신과 나 단둘이 봄 맞으러 가야지
바구니엔
앵두와 풀꽃 가득 담아
하얗고 붉은 향기 가득 봄 맞으러 가야지
(……)

봄이 오면

봄바람 부는 연못으로

당신과 나 단둘이 노 저으러 가야지

나룻배에

가는 겨울 오는 봄 싣고

노래하는 당신과 나 봄 맞으러 가야지

봄이 오면

(……)

　교실이 들녘이 되기도 하고 연못이 되기도 하면서 앵두와 풀꽃 담으며 향기도 맡고 나룻배도 젓고 하는 정경을 떠올리면 발걸음이 가벼워지기도 했습니다. "가는 겨울 오는 봄 싣고 / 노래하는 당신과 나 봄 맞으러 가야지."를 부르곤 했습니다.

　사랑을 주셨던 선생님들, 나를 선생님으로 불러 주었던 학생들, 우정으로 감싸 준 선후배 교직 동료들, 강의로 초대하여 따뜻하게 맞아 주고 배웅해 주셨던 선생님들……, 가슴에 사무치게 감사한 마음으로 남아 있습니다. 이 자리를 빌려 두 손 모아 고마움을 전합니다.

　이 책이 나오기까지 함께해 준 남편, 정영미 샘, 전하늬 샘, 김운영 샘, 한지연 샘께 감사드립니다. 포기하지 않게 앞에서 끌고 뒤에서 밀어 주셨어요. 고맙습니다.

2022년 1월

김미경

프롤로그　7

차례

■일러두기

이 책에 나오는 학생들의 이름은 가명 또는 ○○로 표기되었음을 알립니다.

1장

힘들어요

안녕하세요?

저는 중학교에서 2학년 학생들을 가르치고 있는 교사입니다. 중학교 2학년 학생들에 대해 부정적인 말들이 많지만, 저는 2학년이 편해서 2학년 담임을 지망한 적이 많습니다. 1학년은 중학교 생활이 처음이라 손이 많이 가고, 3학년은 진로 지도에 신경을 써야 해서 부담스러웠습니다. 2학년 학생들은 학교생활에 어느 정도 익숙해진 데다 솔직하고 발랄해서 호흡이 잘 맞았습니다.

그런데 올해는 "세상에 이런 일이!"라고 할 만큼 기막힌 일들이 많았습니다. 최근에 있었던 일입니다. 한번은 학생 둘이 싸웠다는 말을 듣고 행여 학교 폭력으로 번질까 봐 걱정스러워 두 아이를 불러 말을 들어 본 뒤 타이르고 보냈습니다. 그런데 다른 학생들이 전해 준 바로는 그 두 학생이 "별일 아닌 것을 선생님이 크게 만들었다."라고 하며 제 탓을 했다는 것입니다. 욕을 하며 물건을 집어 던지고 밀치고 하는 것을 친구들이 뜯어말렸다고 합니다. 그것이 별일 아니라는 것도 황당했지만 제가 일을 키웠다는 이야기는 서운하다 못해 억울하기까지 했습니다. '내가 무얼 크게 만들었단 말인가?' 하고 학생들에게 했던 말을 떠올려 봐도 도무지 짐작이 가질 않았습니다. 불러서 물어볼까 하다가 저에게 말을 전해 준 학생들이 곤란해질까 싶어 참고 말았습니다.

그런가 하면 또 한번은 여학생이 책상 위에 앉아 있는데 다리를 벌리고 있어서 속옷이 다 보이길래 "내려와라."라고 말했습니다. 그 학생은 내려오지는 않고 얼굴을 찌푸리며 "왜요?"라고 짜증스럽게 말했습니다. "속옷이 다 보인다."라고 말했더니 그제야 내려오더군요. 그랬는데 그 학생의 어머니에게 항의 전화를 받았습니다. 학생이 어머니에게 "담임이 반 아이들 있는 데서 나를 이상하게 말했다."라고 전했나 봅니다. 어머니가 제게 "성 인지 감수성, 인권 감수성"을 말하며 따지는데 어이가 없었습니다. 그 어머니가 워낙 흥분해서 말씀하길래 듣기만 했고 "그렇게 받아들였다면 죄송하다."라고 말했습니다. 하지만 속으로는 '아니, 어머니가 그 자리에 있었다면 어떻게 말했을 것인가?'라는 생각에 어이없다 못해 황당하고 속이 상했습니다.

한 주에 그 두 가지 일이 연달아 일어났습니다. 그런 일들을 당하자 어찌나 속이 상하는지 반에 들어가기가 싫어졌습니다. 그 어머니 말처럼 "성 인지 감수성, 인권 감수성이 낮다."라는 지적이 맞는가도 싶고, 한편으로는 '내가 학생들의 마음을 너무 모르고 있는 건 아닌가?'라는 생각이 들어 마음이 혼란스러웠습니다.

교직에 있는 친구들을 만나 얘기하면 "요즘 애들이나 부모들이나 자기중심적이라 그렇다. 신경 쓰지 마라. 아니면 학교를 그만둬야 한다."라고 말했습니다. 이런저런 일로 힘들기도 하지만 솔직히 말해서 아직 그만둘 나이는 아닌 것 같은데 점점 학생들을 감당하기가 힘드니 고민입니다. 이제 겨우 열다섯 살인 아이들을 대상으로 이런 실랑이를 하는 제 자신이 한심하기도 하고 비참하기도 합니다. 어떤 때는 학교를 그만두는 게 저에게도 학생들에게도 나은 결론이지 싶은 생각이 들어 자신감이 뚝 떨어지기도 합니다.

"존심 상한다."라는 말을 쉽게 하는 사람은 자존감이 낮다는 말을 들었는데 제가 자존감이 낮아서 과잉 반응을 하는 걸까요? 이런 제 마음을 누구에게도 말 못 하다가 선생님 강의를 들었을 때 "원하지 않는 결과가 발생했을 때 하던 대로 하면 결과는 마찬가지이다. 마음의 작동 원리를 탐구하면 새로운 방법을 찾을 수 있다."라고 하셨던 말씀이 떠올라 용기를 내어 메일을 보냅니다.

과연 제가 "일을 크게 만들었는지", "이상하게 말했는지" 궁금합니다. 또, 두 가지 경우에 어떤 마음의 작동 원리를 탐구해야 할지 알고 싶습니다. 선생님께 도움을 청합니다.

선생님, 이런 일 저런 일로 실망이 크시군요. "그런 일들을 당하자 어찌나 속이 상하는지 반에 들어가기가 싫어졌습니다."라는 문장을 읽으면서 어느 한 곳 마음 둘 자리 없는 선생님의 심정이 느껴져 안타까웠습니다. 억울하고 분한 마음을 달래느라 많이 힘드시지요? 교직을 떠나야 할지를 고민할 정도로 자신감이 떨어지는 순간도 있다 하시니 마음이 아픕니다.

"원하지 않는 결과가 발생했을 때 하던 대로 하면 결과는 마찬가지이다. 마음의 작동 원리를 탐구하면 새로운 방법을 찾을 수 있다."라는 말을 떠올려 주셨다니 감사합니다. 힘든 감정을 추스르고 새로운 방법 찾기에 나선 선생님을 응원합니다.

마음의 작동 원리 탐구란 바둑의 복기에 비유할 수 있습니다. 복기는 이미 치른 바둑 경기를 혼자서 다시 바둑판 위에 놓아 보는 것입니다. 자신과 상대방이 둔 순서를 외워 처음부터 그대로 재연하는데요, 그것이 가능한 이유는 한 수 한 수 의미를 가지고 놓은 돌이기 때문이라고 합니다. 복기를 하는 목적은 다음 바둑을 위해 승패 요인을 살피기 위함입니다.

어떤 일로 갈등이 생겼을 때 갈등의 그 순간으로 돌아가 나도 상대방도 무엇을 위해 그렇게 말하고 행동했는지를 헤아려 봅니다. 말과 행동에 숨어 있는 의도를 살피다 보면 들어서 기가 막혔던 말도, 내뱉고 나서 후회했던 말도 왜 그랬는지 그 이유를 짐작할 수 있습니다.

선생님께서 주신 메일을 읽으면서 두 가지 사례의 행간을 더듬어 보았습니다. 첫 번째 사례에서 아이들의 충동적인 싸움이 행여 학교 폭력으로 번질까 봐 주의시킨 그 마음을 몰라주고 "별일 아닌 것을 선생님이 크게 만들었다."라고 말한 것이 못내 서운하다 못해 억울하셨지요. 학생들은 선생님에게 불려 갔을 때 이미 싸움으로 감정이 상해 있었던 데다 선생님이 어떻게 반응할지 몰라 불안과 두려움으로 긴장 상태였을 것입니다. 청소년의 뇌는 신피질 가운데 사건을 판단하고 실행하며 억제를 담당하는 영역이 아직 정비되지 않아 감정이 조금만 격해지면 파충류의 뇌 상태가 됩니다. 파충류의 뇌 상태는 자극에 대해 '공격-회피-얼어붙기' 중 하나를 택합니다. 아마 그 당시 학생들의 뇌 상태는 거기에서 크게 벗어나지 않았을 것입니다.

선생님도 학생들이 싸웠다는 말을 듣고 그들을 불렀을 때 편안한 심정이 아니었을 것입니다. 학생들을 대하는 선생님의 표정, 동작, 목소리에 그런 감정이 묻어났을 수도 있습니다. 학생들은 긴장, 화, 불안 등으로 인해 선생님이 한 말 중 특정 단어 하나만으로도 쉽게 흥분할 수 있는 상태였다고 봅니다. 흥분 상태에서는 사소한 말 한마디에도 자극을 받아 상황을 과장하거나 왜곡하기 쉽습니다.

두 번째 사례의 경우, 학생의 속옷을 본 순간 선생님은 놀랐고 당황스럽고 언짢았으리라 짐작이 갑니다. 놀라면 순간적으로 짜증이나 화로 쉽게 갑니다. 선생님의 "내려와라." 하는 말에 짜증이 묻었기에 학생은 "왜요?"라고 짜증스럽게 반문한 것으로 보입니다. 학생은 "속옷이 다 보인다."라는 선생님의 말에 몹시 당황했고 창피했을 것입니다. 선생님은 사실을 말한 것이지만 그 학생은 예기치 못한 상황에 당혹스러운데다 친구들이 그 말을 들은 것에 마음이 몹시 상했을 수 있습니다.

사람들은 말의 내용보다 비언어적 메시지, 즉 표정, 동작, 어투 등에 깃든 감정에 더 민감하게 반응한다고 합니다. 불쾌한 감정은 유쾌한 감정보다 4배 더 강해서 그 기억이 오래갑니다. 특히 여러 사람 앞에서 불쾌한 일을 경험했을 경우 그 감정의 파도는 아주 높고 거셉니다. 아마도 학생은 어머니에게 그런 자신의 감정을 그대로 전달했을 것 같습니다. 그 말을 전해 들은 어머니는 딸의 감정에 전염되어 선생님에게 흥분해서 말했겠지요.

선생님이 듣기만 하다가 "그렇게 받아들였다면 죄송하다."라고 말씀하신 건 정말 잘하셨습니다. '가래'로 막을 것을 '호미'로 막은 격입니다. 아이들 문제가 어른들 개입으로 커지는 것을 많이 봤습니다. 말을 주고받다 보면 서로 감정이 상해져서 자칫하면 갈등이 커질 수 있는데 어머님의 말을 묵묵히 들어 주셨기에 거기에서 멈춘 것으로 보입니다. 선생님의 메일을 읽으면서 요즘 교실을 지뢰밭에 비유하던 한 선생님의 말이 떠올랐습니다. 자녀들의 문제에 예민하게 반응하는 학부모들이 많아서 선생님의 말 한마디, 행동 하나도 불씨가 될 수 있기에 불안하다고 했습니다. 학교에서 일어난 일에 학부모와 다른 기관들까지 얽혀서 힘겹고 어려운 일이 많아졌기 때문이라고 합니다.

한 학부모님은 학교 행정실을 방문했는데 자신을 '민원인'이라고 부르는 것에 마음이 상했다는 말을 했습니다. 선생님도, 학부모님도, 학생도 모두 "힘들다."라는 말을 합니다. 비교 경쟁이 심한 사회에서 살아가는 사람들은 불안하고 초조한 순간들이 많아 조그마한 일에도 날을 세우기 쉽습니다.

"별일 아닌 것을 선생님이 크게 만들었다.", "나를 이상하게 말했다."라는 것은 학생들의 관점입니다. 우리는 내 입장, 내 관점에서 나에게 유리한 방향으로 말합니다. 갈등 상황일 때는 더더욱 그렇습니다. 누구 말이 맞느니 틀리느니 따지다 보면 감정이 상해서 일이 더 커집니다. 잘잘못이나 옳고 그름을 따지기보다 나도, 상대방도 어떤 맥락, 어떤 의도에서 그렇게 말했는지를 헤아려 보는 것이 마음의 작동 원리 탐구입니다.

선생님 마음이 편안할 때 학생들과 의논하여 시간을 정해서 그 일에 대해 이야기를 나눠 보면 어떨까요? "나는 이런 의도였다. 너는 어떤 의도였는가?"라는 말을 주고받다 보면 오만 가지 생각으로 괴로웠던 것들이 스르르 풀리기도 합니다. '아, 그래서 그랬구나!'라는 인정의 말이 얼마나 강력한 힘을 지녔는지는 그 말을 하고 들어 본 사람만이 알수 있습니다. 상대방이 왜 그런 말이나 행동을 했는지 이해하게 되면 화해로 가는 길은 자연스럽게 열립니다.

선생님께 도움을 드리고 싶은 마음 간절하기에 이렇게 메일을 쓰면서도 많이 조심스럽습니다. 힘든 시간을 보내고 있는 선생님께 상대방 처지나 관점을 헤아려 보라는 말은 무거운 짐을 지고 있는 낙타에게 짐 하나를 더 얹는 격일 수도 있으니까요.

가능하다면 시간을 내어 편안한 곳에서 따뜻한 차를 마시면서 선생님과 얘기 나누고 싶습니다. 얼굴을 맞대고 말을 하는 것이 서로의 감정을 읽을 수 있어서 마음을 나누기가 한결 편하기도 합니다. 선생님께 작은 힘이라도 보태고 싶은 마음 간절합니다.

잘 빚어낸 황금 팔찌도 두 개를
한 팔에 끼면 서로 부딪쳐 소리를 낸다.
-『숫타니파타』 중에서-

갈등을 어떻게
맞이하나요?

편지를 주신 선생님처럼 어려움을 겪는 선생님이 많습니다. 윗사람, 동료와의 갈등도 있지만 학생 지도에 따른 갈등이 많습니다. 선생님의 지도에 공격적으로 반응하는 학생, 어떤 지도에도 변화를 보이지 않는 학생, 자녀 입장만 생각하는 학부모 등 다양한 고민이 있습니다.

좋다 하는 금팔찌도 한 팔에 두 개를 끼면 소리가 나듯이 사람도 함께 있으면 갈등이 생깁니다. 혼자 있어도 내면의 갈등으로 힘든 순간들이 많습니다. 이렇듯 삶에서 갈등은 자연스러운 것인데 우리는 그것을 누르거나 피하다가 사이가 멀어지거나 단절됩니다.

교직 생활 중 다양한 유형의 갈등을 겪었습니다. 빈도가 잦고 괴로움의 정도가 큰 것은 학생과의 갈등이었습니다. 학생과 실랑이를 하고 나면 어떤 경우에도 마음이 편치 않았습니다. 내가 한 말과 행동이 가르치는 사람으로서 적절했나를 따져 보면 아니었기 때문입니다.

그러던 어느 날, 학생을 상대로 물리적인 폭력을 행사했습니다. 학생 뺨을 때린 것입니다. 물리적인 폭력뿐이었겠습니까? 폭언도 퍼부었습니다. 그 일로 저는 엄청난 감정의 소용돌이를 겪었습니다. 손으로 뺨을 때리다니! 너무도 부끄럽고 수치스러웠습니다. '내가 이러고도 학생들을 가르칠 자격이 있나?'라는 자괴감으로 괴로웠습니다. 그 행동은 어떤 합리화로도 지워지지 않고 부끄러운 기억으로 남았습니다.

두 번 다시 학생을 때리거나 상처 주는 말을 하고 싶지 않지만 또 다시 그런 행동을 하게 되면 어떡하나 하는 두려움이 생겼습니다. 그 괴로움과 두려움을 상담을 통해 털어놓으면서 마음의 작동 원리를 알게 되었습니다. 내가 무엇에 취약한지 알게 되자 왜 그렇게 말하고 행동했는지 속마음을 읽을 수 있었습니다.

그 일 덕분에 내가 하는 말과 행동을 지켜보고 그것을 일으키는 무의식을 들여다보기 시작했습니다. 감정이 상했을 때 하는 말들은 대부분 자동적이고 습관적이었습니다. 그것들은 폭력성을 띠고 있었고 무의식의 소산이었습니다. 그것들을 성찰하는 작업 덕분에 '내 안의 폭력'에 눈을 뜨게 되었습니다. 학생들에게 의식적·무의식적인 폭력을 행사하고 있는 나를 보게 되었습니다. 가르친다는 명분 아래 숨어 있는 폭력을 인식하자 말하는 것이 무서웠습니다. 별생각 없이 하는 말들, 심지어는 학생을 위한다고 하는 말들마저 상처를 주는 말이 되는 것을 보았습니다.

'~을 해야 한다. ~을 하지 말아야 한다.'라는 마음속의 답을 그대로 밀고 나가면 폭력이 되었습니다. '아이(학생)들은 어른(선생)들을 존중해야 한다.'라는 생각은 '어른(선생)들의 말을 따라야 한다.'라는 생각으로 이어졌습니다. 그 생각과 어긋난 말이나 행동을 대하면 화가 날 수밖에 없었습니다. '나를 존중하지 않는다. = 나를 무시한다.'라는 생각으로 번지면서 야단치고 꾸짖는 것을 당연시했습니다. 어른한테는 하지 못하는 말과 행동을 학생들한테는 함부로 하고 있었습니다.

'네가 잘못했다.'라는 도덕주의적 판단은 학생의 처지나 심정을 돌볼 겨를을 주지 않았습니다. 관습을 근거로 한 당위적인 생각은 폭력적인 말과 행동을 부추겼고 반성을 필요로 하지 않았습니다. 교육적인 지도라 할지라도 학생은 상황에 따라 다양한 반응을 보일 수 있는데 그것을 용납하지 않고 있었습니다. '내 지도를 따르지 않는다.'라는 생각으로 갈등이 심화되어 관계를 악화시켰습니다.

학생이 지도를 따르지 않거나 저항을 하면 갈등이 생기고 미움이 일어났습니다. 모든 것을 지도를 따르지 않는 학생의 잘못으로 돌렸습니다. 상대방을 바꾸려고 힘을 쓸수록 관계는 악화되고 몸도 마음도 힘들어졌습니다. '내 뜻을 따라야 한다.'라는 생각이 갈등을 키운다는 것을 깨닫자 내 생각에 질문을 던지게 되었습니다. '서로에게 괴로움을 일으키는 내 생각을 과연 고집해야 하나?'라는 회의가 뭉게뭉게 일기 시작했습니다.

우리가 하는 말이나 행동은 양육자의 가르침, 교육, 경험의 결과로 만들어진 틀이었습니다. 그 틀은 사람마다 다를 수밖에 없었습니다. 그 사람이 살아온 삶의 역사와 처지를 고려하면 자연스러운 결과일 수도 있었습니다. '틀렸다. 잘못했다.'라는 판단으로 내 틀을 다른 사람에게 밀어붙이는 것은 폭력이었습니다. 그리스 신화에 나오는 프로크루스테스가 바로 나였습니다.

학창 시절을 돌이켜 보니 선생님들의 말을 따르지 않고 저항했던 순간들이 많았습니다. 선생님들의 지도를 따르지 않는 데는 분명한 이유가 있었습니다. 몸이나 마음이 힘들었을 때나 원하지 않는 것, 부당하다고 여겨지는 강요에 따를 수가 없었습니다. 순종을 '절대 답'으로 여겼던 그 시절에도 이유 있는 불복종이 있었습니다.

'아이들은 어른들의 지도를 따라야(존중, 순종, 복종) 한다.'라는 생각은 당연한 것이 아니었습니다. 나이나 지위, 역할에 따른 지식이나 경험이 유익할 때도 있지만 절대 답일 수는 없었습니다. 정답으로 여기고 있는 것이 어떤 상황에서는 오답일 수도 있다는 것을 깨달았습니다. 상황에 따라, 관점에 따라 '다른 답'이 있다는 것을 인정하게 되었습니다.

내 뜻대로 상대방이 움직이기를 바라는 것이 폭력이었습니다. "생명은 자신에게 유익한 것을 알고 있다."는 것을 보여 주는 자연 현상을 근거로 당위적인 생각에 질문을 던지게 되었습니다. '지금 내리고 있는 판단이 과연 관계에 도움이 되고 있는가?', '내 생각을 밀고 나갔을 때 상대방은 어떨까?', '상대방은 어떤 이유로 그렇게 말하고 행동했는가?' 이러한 질문들 덕분에 '어른 존중'이라는 답에서 '상호 존중'으로 존중의 대상을 확장할 수 있었습니다.

불경에서 말하는 "텅 빈 마음", 성경에서 말하는 "마음이 가난한 자"가 무엇을 뜻하는지 알 수 있었습니다. 당위적인 생각, 즉 내 답을 내려놓을 때 텅 빈 마음, 가난한 마음이 되었습니다. 내 것을 비워야 다른 사람의 말을 제대로 들을 수 있었습니다. 다른 답에 귀 기울일 때 함께 새로운 답을 찾을 수 있었습니다.

갈등으로 상대방을 비난하거나 자책하는 일을 시작하면 마음은 지옥이 되었습니다. 지옥으로 가는 길을 걷고 있다고 알아채는 순간 방향을 바꿀 수 있었습니다. 견고했던 답이 흔들리는 혼란 덕분에 마음이 편안해지는 순간들이 늘어나는 것은 신기했습니다. '나도 상대방도 자신에게 이롭기를 바란다. 어떻게 해야 가능할까?'라고 스스로에게 질문을 던지면 걸음을 멈출 수 있었습니다. 시선을 내 안으로 돌려 당위적인 생각에 대한 탐구를 시작하자 갈등은 배움과 성장으로 가는 길을 열었습니다.

 갈등 상황에서
흔히 보일 수 있는 반응

갈등이 생겼을 때 보이는 반응은 크게 네 가지로 나눌 수 있습니다. 원인을 상대방 탓으로 돌려 비난하거나, 자기 탓으로 돌려 자책하거나, 누르고 피하거나, 성찰하는 것입니다.

1. 비난: 상대방 탓하기

"네 잘못이야."
"선생님이 일을 크게 만들었다."
"선생님이 말을 이상하게 했다."
'자기 잘못은 모르고 내게 뒤집어씌운다.'
→ 상대방에게 책임을 돌립니다.
　상대방의 잘못을 지적하며 비난합니다.
　말을 하다 보면 점점 화가 납니다.
　생각은 일파만파로 확대되어 과거 행적까지 들추어내고 미래까지 연결 짓기도 합니다.: '저번에도 그러더니, 이번에도~ 다음에는……'

- 듣는 사람은 공격으로 받아들여 화가 나서 반격하거나, 변명하거나, 입을 다뭅니다.
- 책임을 상대방에게만 돌려 자신에 대한 성찰이 없으므로 같은 상황을 되풀이하기 쉽습니다.
- 당사자들의 변화가 없으므로 갈등은 깊어지고, 관계는 파국으로 치닫기 쉽습니다.

2. 자책: 자신 탓하기

'내 잘못이야.'
'나는 성 인지 감수성, 인권 감수성이 떨어지는 사람인가 봐.'

'내가 말을 이상하게 했나 봐.'

'내가 문제야. 나는 왜 이럴까?'

→ 자신에게 책임을 돌립니다.

자신을 탓하며 움츠러듭니다.

자신이 작고 초라하게 여겨져 우울해집니다.

- 책임을 자신에게 돌리니 힘이 떨어지고 우울해집니다.
- 삶의 원동력인 활력을 얻지 못하므로 사는 게 재미가 없습니다.
- 자책을 멈추고 자기 성찰의 기회로 삼으면 힘을 얻을 수 있습니다.

3. 회피: 갈등을 누르거나 피하기

'가만있는 게 상책이야.'

'긁어 부스럼 만들 필요 없어.'

'말해 봤자 소용없어.'

→ 자칫하면 일이 커진다고 생각해 입을 다물어 버립니다.

참고 견디는 것으로 갈등을 대합니다.

상대방은 별다른 문제의식을 느끼지 못해 이후에도 갈등을 일으키는 말이나 행동을 되풀이할 수 있습니다.

수동적인 공격성으로 상대방에게 담을 쌓게 됩니다.

- 상대방에게 부탁할 수 없으므로 혼자서만 계속 지치도록 애쓰다 가 우울해지고, 변하지 않는 상대방을 미워합니다.

- 말 못 하는 자신에게 실망합니다. 새로운 시도나 무엇을 하고 싶지 않습니다. 에너지가 고갈됩니다.
- 사람들에게 "착하다.", "원만하다."라는 말을 듣기는 하지만 자기 표현을 하지 않으므로 투명 인간처럼 존재감이 미미해지고 점점 무기력해집니다.
- 안으로 쌓이는 화가 갑작스럽게 엉뚱한 데서 폭발하기도 합니다.

4. 자기 성찰의 기회

'내가 왜 그렇게 말하고 행동했나?' 의도를 찾아봅니다.
'상대방은 왜 그렇게 말하고 행동했을까?'를 추측해 봅니다.
'각자 무엇을 원하고 있나?'를 말과 행동 속에서 찾아봅니다.
'어떻게 하면 서로가 원하는 것을 충족할 수 있나?'를 모색합니다.

- 갈등을 자연스러운 것으로 받아들이고 그것을 풀어 나가는 데 힘을 기울입니다.
- 내 탓, 네 탓 가리지 않으므로 화나 우울에 빠지지 않습니다.
- 원하고 있는 것을 찾음으로써 행동으로 연결합니다.
- 배우고 성장하는 기회가 됩니다.

비난, 자책, 회피는 갈등을 증폭하거나 반복할 가능성이 큽니다. 어떤 경우에는 그 자리를 피하는 것이 도움이 될 때도 있습니다. 자리를 피하더라도 자신이 어떻게 갈등을 풀어 나가는지 지켜봅니다. 즉각적인 반응으로 갈등을 키우기보다 호흡을 가다듬어 마음을 진정시킨 후 반응합니다. 자극에 반응하는 자신의 모습을 보고 진행 과정을 살펴보면 성찰이 가능합니다.

신임 교사 연수에서 한 선생님이 "학생에게는 내가 갑이니 학생이 하는 말을 들으려고 노력하겠습니다. 부장이나 교감, 교장에게는 내가 을이니 고충을 어떻게 말하는 것이 효율적인지를 고민하겠습니다."라고 말해서 박수를 받았습니다.

갈등을 풀어 나가려면 "존재는 유익을 추구한다.", "존재는 존중받기를 원한다."라는 사실을 기억해야 합니다. 상호 존중에 초점을 맞추면 내가 원하는 것을 효율적으로 전달하는 데 힘을 기울이게 됩니다. 또, 상대방이 원하는 것이 무엇인가에 귀를 기울이게 됩니다. 내 말에 귀를 기울여 주는 사람에게 우리는 마음을 열게 됩니다. 갈등 해소는 마음 열기로 시작됩니다.

- 갈등이 생겼을 때 어떻게 반응하는지는 경우에 따라 다르기도 합니다. 왜 다른지 그 이유를 찾아봅니다.
- 자신이 갑으로서 힘(비난, 공격)을 행사하고 있는지, 을로서 피해 의식(자책, 회피)을 갖고 있는지 알아봅니다.
- 갑인 상황에서는 듣기가 중요하고, 을인 상황에서는 효율적인 자기표현이 중요합니다.

갈등을 불러일으키는 말

마음을 알아주는 말 한마디로 관계의 온도가 높아졌다가 마음을 상하게 하는 말 한마디로 얼음장처럼 차가워지기도 합니다. 마음의 창을 활짝 열어젖히게 하는 말이 있는가 하면 열었던 창마저 '쾅' 하고 닫게 만드는 말이 있습니다. 이 모든 일이 한순간에 벌어집니다. 내가 하는 말이 마음의 문을 열게 하는지 닫게 하는지를 알아챈다면 관계의 질이 달라집니다.

화살
고형렬

세상은 조용한데 누가 쏘았는지 모를 화살 하나가 책상 위에 떨어져 있다.
누가 나에게 화살을 쏜 것일까. 내가 무엇을 잘못한 것일까.
화살은 단단하고 짧고 검고 작았다. 새 깃털 끝에 촉은 검은 쇠. 인간의 몸엔 얼마든지 박힐 것 같다.
나는 화살을 들고 서서 어떤 알지 못할 슬픔에 잠긴다.

심장에 박히는 닭똥만 한 촉이 무서워진다. 숨이 막히고 심장이 아파 왔다.
—혹 이것은 사람들이 대개, 장난삼아 하늘로 쏘는 화살이, 내 책

상에 잘못 떨어진 것인지도 몰라!

－『김포 운호가든집에서』, 창비

시에서처럼 장난삼아 한 말이 상대방의 가슴에 아프게 꽂힐 수 있습니다. "상처 받은 말이나 행동은 무엇인가?"라는 질문을 던지면 사람들은 별 망설임 없이 금세 찾아 적습니다. 반대로 "내가 누구에겐가 상처를 준 말이나 행동은 무엇인가?"라는 질문에는 고개를 갸우뚱하고 찾아내기 힘들어합니다. 상처 받은 사람은 있는데 상처를 준 사람은 없습니다. 내가 받은 상처에는 민감하고 내가 주는 상처에는 둔감한가 봅니다.

교감 선생님에게 "선생님, 어제 그 반 청소 뒷정리가 제대로 안 됐던데요."라는 말을 들었습니다. '아차, 어제 내가 청소 점검을 했나, 안 했나?'라는 생각이 스치자 민망해서 "어머, 그래요?"라고 공손하게 말을 받았습니다. 교감 선생님한테 지적받은 일로 불쾌함이 마음을 흔들었습니다.

교실로 돌아와 살펴보니 여기저기 눈에 거슬리는 데가 많았습니다. 파충류의 뇌 상태로 봤을 테니 오죽했겠습니까? 화가 나서 "어제 이 구역 맡은 사람 누구야?"라고 외치고는 담당했던 학생들을 불러 야단을 쳤습니다. 무엇을 잘못했는지 조목조목 지적해 가면서 말이지요.

학생들의 반응은 어땠을까요? 학생들 역시 파충류의 뇌 상태였겠지요. 기죽은 표정으로 순순히 듣고 있는 학생도 있었지만 반격을 하는 학생도 있었습니다. "치운 게 이거니?"라고 말하자, "치우고 갔는데요."라며 심히 불쾌하다는 표정을 역력히 드러내는 학생도 있었습니다. 다시 하라고 하자 "오늘 청소 당번이 할 일인데 왜 우리가 해요?"라며 눈을 모로 치켜뜨는 학생도 있었습니다. 학생들 입장에서는 나올 수 있는 반응이었는데 적반하장으로 여겨져 버럭 화를 냈습니다.

"지금 네 잘못은 생각 않고 선생님한테 대드는 거야?"라며 기어이 불쏘시개를 던져서 이기고 지는 싸움으로 만들고 말았습니다. '잘못해 놓고 반성하는 기색도 없이 대들다니.', '눈을 부릅뜨고 노려보다니.', '기가 막혀. 나를 우습게 보는 거 아냐?', '그동안 내가 애들한테 너무 잘해 줬나?'……. 학생들이 괘씸하면서 한편으로는 아침부터 실속 없는 실랑이를 한 자신이 한심하게 여겨졌습니다.

교사라는 지위를 이용해 댓바람에 학생들을 제압하고 당당했지만, 아침부터 화살을 맞은 학생들의 심정을 생각하면 부끄럽습니다. 지적과 비난 대신 학생들의 협조를 얻을 수 있는 말을 했다면 서로 마음 상하지 않고 하루를 시작할 수 있었을 텐데 말입니다. 그런 일이 비일비재했고, 지금도 입찬말을 하는 자신을 발견하는 순간들이 많습니다. 그나마 그것을 알아차리는 속도가 빨라졌고 횟수가 늘었으니 다행입니다.

탁구공이 오가는 것 같은 경쾌한 대화가 순식간에 살얼음을 딛는 듯한 유리 공 대화로 변합니다. 낱말 하나 때문일 수도 있고, 표정이나 어조, 동작 등이 변화를 일으키기도 합니다. 학부모가 교무실로 들어와 문에서 가까운 곳에 앉아 있는 선생님에게 다른 선생님의 자리를 물었습니다. 컴퓨터 작업을 하던 선생님은 고개를 들어 턱으로 "저기요."라고 방향을 가리켰습니다. 순간 공손하게 말했던 그 학부모의 표정이 '싸해'지는 것을 볼 수 있었습니다.

탁구공 대화를 하고 있는지, 유리 공 대화를 하고 있는지 알아채는 민감성이 필요합니다. 목소리에 묻어나는 감정을 듣고, 표정과 동작 등의 변화를 관찰합니다. 대화가 탁구공처럼 오가고 있는지 누군가가 불쏘시개를 던지고 있는지 알아차리는 힘이 필요합니다. 갈등의 불을 지피는 쏘시개를 던졌다는 것을 알아차려야 불을 끄는 소화기를 들 수 있기 때문입니다.

1. 도덕주의적 판단이 들어간 말

상대방이 하는 말이나 행동을 '맞다/틀리다', '옳다/그르다', '좋다/나쁘다', '정상/비정상' 등과 같이 이분법으로 구분하는 말입니다. 자신의 가치관에 어긋나는 말이나 행동은 부정적으로 해석하고 평가하는 말로, 비난, 모욕, 분석, 꼬리표 등이 여기에 해당합니다. 상대방이 하는 말이나 행동이 자신의 가치관에 적합하면 칭찬하고 반대의 경우에는 비난을 합니다.

자신이 세세한 것에 신경을 쓰는 성격이면 상대방이 한 일이 마음에 들지 않았을 때 "저 사람 너무 덤벙거려.", "일을 너무 대충 해."라고 말하고, 그 반대의 경우에는 "저 사람 너무 예민해.", "까다로워."라고 말합니다. 칭찬을 하는 것도 험담이나 비난을 하는 것도 자기 기준이라는 점에서 '색안경'을 쓰고 하는 말입니다.

이러한 말에는 '잘한다/못한다', '뭘 안다/뭘 모른다', '믿을 만하다/믿을 수 없다', '부지런하다/게으르다', '무책임하다/책임감이 있다', '까다롭다/원만하다', '문제아', '낙오자' 등이 있습니다.

예) "왜 그렇게 예의가 없어?"
"자기 멋대로야."
"요즘 애들은 이기적이다."
"걔, 관종이야." 등

누군가가 특정 상황에서 한 말이나 행동에 대해 '이렇다 저렇다'라고 평가를 하는 것은 그야말로 "장님 코끼리 만지는 격"입니다. 그 사람이 그런 말이나 행동을 하게 된 처지나 이유를 알게 된다면 그리 쉽게 말할 수 없습니다. 전후 사정을 알지 못하면서 내 잣대를 들이밀어 이러니저러니 말하면 듣는 사람은 억울하고 분합니다. 이런 말을 듣게 되면 자신이 '문제가 있다.', '못났다.'라는 생각이 들면서 화가 나기도 하지만 쓸모없는 존재처럼 느껴져 우울해집니다.

존재에 대한 평가로까지 이어질 수 있기 때문에 언어폭력입니다. 말로 하는 돌직구에도 사람이 쓰러질 수 있습니다. 이 세상의 모든 것이 변한다는 것을 인정한다면 한 존재에게 내리는 판단과 평가는 신중해야 합니다. 내가 내린 판단과 평가는 순전히 내 관점에서 특정 상황, 특정 시기를 근거로 한 것입니다. 그것마저도 내가 쓰고 있는 색안경이라는 것을 인정해야 합니다.

2. 비교하는 말

도덕주의적 판단의 한 형태로, 어떤 기준을 두고 사람을 거기에 견주는 말입니다. 외모, 학력, 사는 곳, 직업 등 여러 가지 기준으로 우열을 가립니다. "순식간에 비참해지려면 자신보다 낫다고 여기는 사람과 비교하라."는 말이 있습니다. 비교하게 되면 상대방을 경쟁 대상으로 여겨 우월감이나 열등감을 갖게 됩니다. 그에 따른 적대감으로 다른 사람을 배려하거나 존중하기 힘듭니다. 두렵고 불안해지므로 폭력성이 높아집니다. 자존감을 무너뜨리는 가장 쉬운 방법입니다.

예) "몇 등이냐?"

"언니(동생)를 봐라."

"누구 아들(딸)은~."

"어느 학교에 다니냐?"

"어디 사냐?"

"네 누나는 안 그랬는데 넌 왜 그러니?"

"옆 반 샘은 종례 일찍 끝내 주시던데……." 등

토론 대회에 심사 위원으로 참석했던 선생님에게 들은 이야기입니다. 이름이 널리 알려진 특목고 학생들이 토론 대회에서 한 학생이 제대로 대응을 하지 못해 등위에 들지 못했다고 합니다. 그 학생들이 심사 위원을 찾아와서 하는 말이 "우리는 지는 것에 익숙하지 않거든요."

라고 말하며 심사 결과표를 보자고 공격적으로 따졌다고 합니다. 우월감에 젖어 자만심에 가득 차 있는 학생들의 표정을 보고 "우리 교육의 명암을 보았다."라고 말하며 한숨 쉬던 일이 떠오릅니다.

머리를 키우다 보면 가슴은 무감각해지기 쉽습니다. 삶에서 일어나는 사건들을 이기고 지는 관점으로 보고 존재의 우열을 가리게 되면 어떤 일이 일어날까요? 경쟁을 조장하는 교육은 공감하지 못하는 몰인정하고 무자비한 괴물을 만들 가능성이 큽니다.

모든 생명체는 인류 역사에 단 한 번 등장했다가 사라지는 소중한 존재입니다. 유일무이한 특별한 존재로서 그 무엇과도 비교할 수 없습니다. 누구든 잘하려고, 잘 살려고 애쓰는 존재임을 깨닫게 되면 우열을 견주어 '잘났다/못났다'라는 평가를 붙일 수 없습니다.

3. 강요하는 말

힘을 가진 사람이 상대방의 처지나 욕구를 고려하지 않고 특정 행동을 하기를 요구하는 말입니다. '~해라. ~하지 마라.' 식의 말하기가 대표적입니다. 말하는 이가 어떤 목표를 갖고 있거나 상대방에게 도움이 된다고 생각하고 있으면 강요 정도가 더 심해집니다.

> 예) "공부해라."
> "조용히 해라."
> "청소해라."

"하던 짓도 하라고 하면 하기 싫다."라는 말이 있습니다. 스스로 하던 일도 누군가가 하기를 요구하면 저항감이 생긴다는 말입니다. 더욱이 강요라고 느껴지면 화가 나고 복종하더라도 억울합니다. 원한이나 앙심은 강제적으로 행사하는 힘에 굴복했을 때 생깁니다.

내가 생각하기에 '좋다. 바람직하다.'라고 여기는 것이 상대방에게도 그러할지는 장담할 수 없습니다. "지옥으로 가는 길은 선의로 포장돼 있다."라는 말의 속뜻을 음미해 볼 필요가 있습니다. 설혹 원하는 결과를 가져온다고 할지라도 듣는 이의 선택과 자율에 대한 배려가 없으므로 자율성을 훼손하고 진정한 관계 맺기를 방해합니다.

특정 행동을 하라고 요구하기 전에 왜 그것이 안 되는지를 알아보려는 노력이 필요합니다. 왜 그런 행동을 하는지를 알아보면 강요 대신 공감의 말을 건넬 수도 있습니다. 공감을 하면 변화를 위한 협력이 가능해집니다.

한 선생님이 수업 시간에 자고 있는 학생에게 "아프냐?", "무슨 일이 있냐?", "일어나라."라고 말했지만 아무 반응이 없어 화를 냈다고 합니다. 집에 가서 그 얘기를 했더니 듣고 있던 딸이 "엄마, 몸이 아프거나 맘이 괴로우면 말하기 싫어요. 그런 때는 주변 친구들에게 물어보세요."라고 하더랍니다.

　딸의 말을 듣고 나서는 주변 학생들에게 "무슨 일이 있냐?"라고 물어보면 친구들이 대답을 해 주었고, "어떻게 하면 좋을까?"라고 물어 "선생님, 가만두는 게 좋을 것 같아요."라는 답을 들으면 "알겠다."라고 말하는 것으로 해결했다고 합니다. 수업을 들으라고 강요하는 것이 힘들었지만 그대로 두면 다른 학생들한테 영향을 줄까 봐 걱정스러웠는데 주변 친구들에게 물어보는 것으로 문제가 풀렸다고 했습니다. 수업시간에 잠을 자는 일이 잦은 학생과는 따로 시간을 내 면담을 했고 상담 선생님의 도움으로 이해가 깊어졌다고 했습니다. 그 일을 계기로 학생들에게 의견을 물어 진행하는 일이 많아졌고 그 덕분에 마음이 한결 가벼워졌다는 말씀을 하셨습니다.

4. (상벌을) 당연시하는 말

　성별, 나이, 역할, 지위 등을 이유로 특정 말이나 행동을 당연시하는 말입니다. 많은 사람들이 비판 없이 따르고 있어서 자각하기가 힘듭니다. 그 결과 칭찬이나 비난, 상과 벌이 자연스럽게 이어집니다.

예) "상 받을 만하다."
　　"벌을 받아도 마땅해."
　　"선배(후배)니까 그 정도는 당연한 거 아니야?"
　　"남자(여자)니까 무거운 걸 (가벼운 걸) 들어야지."

무엇을 평가하는 기준은 자신의 앎입니다. 답습된 지식을 바탕으로 "그 사람은 그 상을 받을 자격 있어.", "맞을 만하니까 맞지.", "형(동생, 선배, 후배)이니까 ~해야 한다." 등과 같은 말을 합니다. 상이나 벌, 칭찬이나 비난으로 역할에 맞는 행동을 강요합니다. 당연시하는 강요를 따르다가 힘겨워지면 가까이 있는 사람들이 부담스럽고 원망스럽습니다.

학교에서도 상으로 어떤 행동을 유도하고 벌로 어떤 행동은 금지합니다. 상을 받으러 나가는 친구를 바라보는 학생들의 미묘한 표정들을 본 적이 있습니다. 부러움이 시기, 시샘으로 번져서 관계의 소외와 단절을 불러일으킬 수 있다면 지나친 우려일까요? 벌을 받는 친구를 보면 어떤 감정을 느낄까요? 그런 것들이 한 인간의 성장에 어떤 영향을 끼칠까요? 칭찬과 비난, 상이나 벌을 의식하는 우리 영혼을 그림으로 그린다면 어떤 모습일까요?

유럽 전체 출소자들의 재범률이 75퍼센트인데 가장 낮은 나라가 노르웨이이고, 그중에서도 바스토이 교도소 출신의 재범률은 16퍼센트로 가장 낮다고 합니다. 바스토이 교도소는 호텔 같은 최상의 환경을 제공한다고 합니다. 언제든 통화가 가능한 전화 부스가 있고 노동 시간에 취미 활동을 하는 시간까지 있습니다. 범죄 요인을 인간성에 두지 않고 그 사람이 처한 삶의 조건과 무지에 있다고 보고 '죄수'라는 호칭 대신 '교육생'이라고 부릅니다.

교도소장 닐센 씨는 "감옥은 분명 사회적으로 죄를 지은 사람이 벌을 받으러 오는 곳이지요. 자유를 잃고 격리되는 것 자체로 죗값을 치르고 있는 셈입니다. 감옥에 왔다는 이유로 필요 이상의 고통을 느끼도록 막 대하는 건 아무런 도움이 되지 않습니다. 인간도 짐승 대우를 받다 보면 정말 짐승처럼 행동하며 살게 되거든요. 이들이 감옥에서 나가 사회로 돌아간 뒤 또다시 범죄를 저지를 확률을 낮추도록 돕는 것이 정부가 할 일입니다."라고 말합니다.

5. 자신의 행동에 책임을 인정하지 않는 말

막연한 이유, 다른 사람의 행동, 권위자의 지시, 집단의 압력, 제도, 규칙, 성, 나이, 지위 등을 근거로 자신의 말이나 행동에 대해 책임을 인정하지 않는 말입니다. 많은 사람들이 사회적 관습, 규범에 따라 무의식적으로 말하고 행동하고 있으므로 자신이 한 말이나 행동에 책임의식을 느끼기 어렵습니다.

예) "부장님이 이렇게 하라고 했는데요."
"교칙 위반이라 처벌할 수밖에 없습니다."
"친구가 해서 저도 했어요."
"교육부 지침을 따랐을 뿐입니다."
"사람들이 매로 다스려야 한다고 해서 때렸어요." 등

이러한 말이나 행동의 위험을 작가 조르주 베르나노스(Georges Bernanos)는 이렇게 표현했습니다. "우리가 지금까지 보아 온 끔찍한 일들, 또 앞으로 일어날 더욱 전율한 만한 사건의 원인은, 이 세상 여러 곳에서 반항적이고 길들여지지 않은 사람의 수가 늘어나고 있기 때문이 아니라, 오히려 부당한 명령에 비굴하게 복종하는 온순하고 순종적인 사람의 수가 계속 늘어나는 데 있다."

그런 극단적인 한 예로 유대인 집단 학살 정책 가담자 아돌프 아이히만(Otto Adolf Eichmann)을 들 수 있습니다. 한나 아렌트(Hanna Arendt)는 『예루살렘의 아이히만: 악의 평범성에 대한 보고서』라는 책에서 아이히만이 유대인 말살이라는 반인륜적 범죄를 저지른 것은 그의 타고난 악마적 성격 때문이 아니라, 아무런 생각 없이 상부의 명령에 따라 자신의 직무를 수행한 '사고력의 결여' 때문이라고 주장했습니다. 그는 가정에 충실한 사람이었으며 개인적인 인간관계에서도 매우 '도덕적'인 사람이었습니다. 그는 자신이 한 일에 대해 어떤 잘못도 느끼지 못했고, 오히려 자신이 받은 명령을 수행하지 않았다면 양심의 가책을 느꼈을 것이라고 대답했습니다.

저를 돌아보니 끊임없이 남들을 판단·평가하고 있었습니다. '~해야 한다. ~하지 말아야 한다.'라는 당위성을 적용해 도덕주의적 판단을 하고 있었습니다. 학생들이 그에 어긋나는 말이나 행동을 하면 '가르쳐야 한다.'라는 생각이 앞섰습니다. 그에 따라 칭찬이나 비난을 당연시했고 내가 하는 말과 행동에 전혀 책임을 느끼지 못했습니다.

학생들의 특정 행동을 도덕주의적으로 판단하고 평가하면 '문제 행동'이라는 이름을 붙이게 됩니다. '문제 행동'이라고 부르는 순간 교사는 자칫하면 프로크루스테스가 될 수도 있습니다. 문제 행동을 지도하게 되고 학생은 그 지도를 따라야 한다는 당위성이 일어납니다. 상호 존중이 없는 일방적인 지도는 갈등을 키우기 쉽습니다. 짜증에서 화로, 심지어는 말싸움으로 번지기도 합니다.

사람이 같이 있다 보면 자연히 말싸움과 다툼이 있게 됩니다. 갈등이 생겼을 때 '네 탓, 내 탓' 따지는 것은 서로에게 손해입니다. 학생의 변화를 원한다면 지도 대신 유대와 협력에 초점을 맞추시기를 바랍니다. 유대와 협력은 상호 존중을 기반으로 할 때 가능합니다.

'문제 행동'이라고 보는 것을 '낯선 행동'으로 보자는 선생님들이 계십니다. '문제 행동'을 '낯선 행동'으로 관점을 바꾸는 순간 어떤 일이 일어날까요? '왜 저런 말이나 행동을 하게 될까?'라는 '호기심'이 생기고 그것을 살피다 보면 전후 상황, 학생의 처지를 알게 되어 이해가 찾아옵니다. 그렇게 되면 '낯선 행동'은 일방적인 지도의 대상이라기보다 학생과 교사의 협력으로 개선할 수 있는 과제가 됩니다.

- 대화를 할 때 말에 실리는 감정에 귀를 기울이시기 바랍니다.
- 도덕주의적 판단, 비교, 강요, 당연시, 책임 부인 등의 말이 떠오르면 이런 질문을 던져 보시기 바랍니다. '무엇을 원하고 있나?'
- 갈등하는 사람과의 대화를 녹음해서 들어 보시기 바랍니다.

2장

힘들 때
던져야 하는 질문

선생님의 메일을 읽고, 또 전화 통화를 하면서 많이 놀랐습니다. '아! 그럴 수 있겠다.'라는 생각이 들었습니다. 어쩌면 저는 그렇게 사람의 마음에 무지했을까요? 제 마음도, 학생들의 마음도 전혀 몰랐네요. '몸과 마음이 있다.'라고 하면서도 마음에 신경을 쓴 적이 거의 없었습니다. 몸이 아프면 병원에 갔지만 마음은 아픈지도 어떤지도 모르고 살아왔네요. 제 마음이 어떤지도 모르고 살아왔으니 누구 마음인들 알았을까요? 무엇에 관심을 두고 살아왔는지 모르겠습니다. 그러고도 이제껏 별 탈 없이 살았으니 이걸 감사해야 할지 통탄해야 할지 모르겠습니다.

선생님과 통화 후 "선생님이 일을 크게 만들었다."라고 말했던 학생들을 불렀습니다. 솔직하게 제 심정을 말했습니다. "나는 너희들 싸움이 학교 폭력으로 가게 될까 봐 걱정했어. 다행히도 너희들이 잘못을 인정했고 더 이상 문제가 확대되기를 원하지 않아서 거기에서 멈췄지. 그런데 선생님이 일을 크게 만들었다는 말이 들려오니 얼마나 서운하고 속상했는지 모른다. 어떻게 해서 그런 말을 하게 됐니?"라고 물었습니다.

학생들 말을 들어 보니 상황이 어떻게 흘러갔는지 이해가 됐습니다. 교실로 돌아갔는데 친구들이 "너희들 학교 폭력이지?"라고 물어서 "아니!"라고 했더니 그럴 리 없다며 "더 작은 일로도 학교 폭력으로 가던데?"라고 했다는 것입니다. 그래서 한 학생이 화가 나서 "선생님이 학교 폭력 아니라고 했어. 만약 학교 폭력으로 가게 되면 선생님이 일을 크게 만든 거야."라고 말했다는 것입니다. 이야기를 듣고 보니 말을 옮기는 과정에서 와전이 된 것이었습니다. 나라도 그 상황에서는 그렇게 말했을 것 같은 생각이 들어 고개를 끄덕였습니다.

"선생님이 이상하게 말했다."라고 말했던 학생은 만나서 사과를 했습니다. "선생님이 순간 당황해서 그렇게 말했어. 친구들 앞에서 네가 얼마나 놀라고 무안했겠니. 정말 미안하다."라고 말했습니다. 심드렁한 표정으로 서 있던 아이가 제가 사과를 하자 눈물을 흘리더군요. 두 손으로 가만히 학생의 손을 잡아 제 마음을 전했습니다. 학생이 돌아가고 나서 얼마나 마음이 홀가분하던지 걸음마저 가벼워지는 것을 느꼈습니다.

그 일이 있고서 학생들과 사이가 더 가까워진 듯합니다. 저를 바라보는 시선도 편하고 "선생님." 하고 부르는 목소리에도 정겨움이 묻어나고요. 마음을 털어놓고 알아주고 하는 것에 이렇게 큰 힘이 있다는 것을 이제야 알았네요. 선생님께 메일을 보냈던 제가 기특하고 자랑스러워 쓰담쓰담하고 있습니다.

선생님, 저는 이번 일을 겪으며 제가 심맹(心盲)이라는 것을 깨달았습니다. 이런 상태로 교직 생활을 계속한다면 저도 모르게 가해자가 될 게 뻔합니다. 그러면서도 힘들면 '피해자 코스프레'로 다시 학생들을 닦달할지 모른다는 생각이 들면 겁이 납니다. 뭔가 달라져야 할 텐데 무엇을 어떻게 해야 할지 막막합니다.

그러면서도 통화 중에 선생님께서 해 주신 "갈등의 순간에 마음의 움직임을 살피게 되면서 편안한 순간들이 많아졌다."라는 말씀이 기억에 남아 희망을 가져 봅니다. '나도 그것을 지표 삼아 마음의 움직임을 살펴봐야지.'라는 결심을 하는데 가능하겠지요? 그 방법을 알고 싶습니다. 마음의 움직임을 살피다 힘에 부치면 메일드리겠습니다. 선생님, 고맙습니다.

선생님, 감동입니다. 학생들을 만나 마음을 풀어내셨군요. 많이 망설이시더니 기어코 해내셨네요. 걸음까지 가벼워지셨다니 얼마나 후련하고 홀가분하셨을지 짐작이 갑니다. 메일을 읽고 있는 저에게도 그 기운이 전해졌습니다. 선생님과 학생들이 어떤 마음이었을지 상상만으로도 가슴이 벅찹니다.

선생님이 학생에게 사과하신 대목을 몇 번이나 읽었습니다. 선생님이 느꼈던 감정, 학생이 느꼈을 감정에만 초점을 맞춘 말씀이 〈빗방울 전주곡〉처럼 가슴을 두드렸습니다. 설명이나 구구한 변명 없는 간결한 말씀, 그 말이 지닌 진정성에 가슴이 뭉클했습니다. '아, 사과란 이렇게 하는 거구나!'라는 것을 배웠습니다.

학생들이 선생님을 바라보는 시선에도, 목소리에도 정겨움이 묻어나는 것은 선생님의 그런 진심이 학생들의 가슴에 닿았기 때문이겠지요. 그 학생들은 선생님이 물어봐 주고, 말을 들어 주고, 고개를 끄덕여 주고, 두 손을 잡아 주었을 때 느꼈을 진정성과 친밀감을 오래도록 기억할 것입니다. 특별한 선물로 마음속 깊은 곳에 자리 잡을 것입니다.

마음이 오가는 것에 관심을 두지 않고 어떻게 살아왔는지 모르겠다고 하신 말씀에 동감하고 공감합니다. 이렇게 '심맹(心盲)', '마음맹'으로 살면 가해자이면서 오히려 피해자 코스프레로 학생들을 닦달할지 모른다는 생각에 겁난다고 하셨지요. 그 글을 읽으며 저도 마음이 무거웠습니다. 가해에는 무감각하고 피해는 곱씹는 저를 발견하기 때문입니다. '교육'이라는 당위성을 갖게 되면 상처를 주는 말이나 행동을 하기 쉬웠습니다. 그것이 상처를 주는 행위가 될 수 있음을 인식하기도 힘들었습니다. '~을 위해서'라는 명분이 확실했기 때문입니다. 폭력적인 말을 하면서도 상대방이 변화를 보이지 않거나 반발을 하면 비난이나 원망을 했으니 영락없는 피해자 코스프레였습니다.

불쾌감이 일어나는 순간을 알아차리면 자신이 어떻게 반응하는지를 살핍니다. 원인과 책임을 외부로 넘기면 피해자 의식으로 분노와 원망, 억울함이 커져서 서로 으르렁거리는 상황으로까지 치닫게 됩니다. 그로 인한 앙금은 마음의 그늘을 만들어 표정으로 드러났습니다.

시선을 '나'에게로 돌려 왜 속상한지 그 이유를 찾다 보면 속마음을 만나게 되었습니다. 탐구 과정에서 드러나는 수많은 내 모습을 만나자 겹겹이 쌓여 있는 속마음을 만나는 것이 세상에서 가장 흥미로운 여행이라는 말뜻을 이해하게 되었습니다. 내 안에 숨어 있는 다양한 모습들을 만나자 누구를 우러러볼 필요도, 낮춰 볼 필요도 없다는 말이 왜 나왔는지도 알게 되었습니다. 나에 대한 이해를 바탕으로 상대방의 안 팎 사정을 헤아리자 예전과는 다른 반응을 선택할 수 있었습니다.

"갈등의 순간에 마음의 움직임을 살피게 되면서 편안한 순간들이 많아 졌다."라는 말을 기억하셨군요. 마음의 움직임을 살피게 되면서 가해 자와 피해자라는 역할 구분을 멈췄기 때문입니다. '나는 무엇을 원하 고 있는가? 상대방은 또 무엇을 원하고 있는가?'를 찾다 보면 족쇄에 서 풀려난 것처럼 당위적인 생각을 내려놓을 수 있었습니다. 그 덕분 에 상처를 받는 일도, 상처를 주는 일도 줄일 수 있었습니다.

옛 승려들은 길을 떠날 때면 석장이라는 지팡이를 챙겼다고 합니다. 석장을 짚을 때마다 고리들이 흔들려 짤랑거리는 소리를 내어 산길이 나 숲길에 있는 생명들에게 가는 길을 미리 알려서 살생을 막기 위함 이었습니다. 발걸음 하나에 생명이 다칠 수 있듯이 말 하나에 사람이 다칠 수 있다는 것을 기억하려고 합니다.

"삶에서 일어나는 힘든 일들이 인생 수업이고, 나를 힘들게 하는 사람 이 나의 스승이다."라는 말을 들었습니다. '어쩌다 이런 일이……'라는 놀람과 황당함에서 '그래, 이 일에서 나는 무엇을 배울까?'라는 질문으 로 넘어가면 가능하겠지요. 갈등을 연결의 기회로 만들어 인생 수업의 한 장을 넘기신 선생님께 박수를 보냅니다. 고맙습니다.

자극과 반응 사이에는 빈 공간이 있다.
그 공간에 우리의 반응을 선택할 자유와 힘이 있다.
그 반응에 우리의 성장과 행복이 달려 있다.
-빅터 프랭클(Viktor Frankl)-

 ## 빈 공간
살피기

불쾌한 자극에 어떻게 반응하시나요? 그 자극에 어떻게 반응하느냐에 따라 성장과 행복이 달려 있다고 합니다. 그런 반응을 선택할 수 있는 자유와 힘은 빈 공간에 있다고 합니다. 그 빈 공간의 한 예를 「요한복음」에서 찾을 수 있습니다.

율법학자들과 바리새파 사람들이 예수를 시험하여 고발할 구실을 찾으려는 속셈으로 간음한 여인을 가운데 세워 놓고 "모세는 율법에서 이런 여자들을 돌로 쳐 죽이라고 우리에게 명령했습니다. 그런데 선생님은 뭐라고 말씀하시겠습니까?"라고 묻습니다. 예수는 그 질문에 대답을 하지 않고 몸을 굽혀서 손가락으로 땅바닥에 무엇인가를 씁니다. 그들이 다그쳐 물으니 예수는 몸을 일으켜 "너희 중에 죄 없는 사람이 먼저 이 여자를 돌로 치라."고 말하고는 다시 몸을 굽혀서 땅바닥에 무엇인가를 씁니다.

예수는 자극에 곧바로 반응하지 않았습니다. 대신 몸을 굽혀서 손가락으로 땅바닥에 무엇인가를 적습니다. 예수와 여인을 향하던 시선들이 땅으로 내려가겠지요. 예수가 "너희 중에 죄 없는 사람이 먼저 이 여자를 돌로 치라."는 반응을 보이자 나이 많은 이들부터 한 사람 한 사람 그 자리를 떠나가기 시작합니다.

예수의 반응 덕분에 모두가 성장과 행복을 얻었습니다. 예수는 시험에 들지 않아 고발당할 위험에서 벗어났고, 율법학자들과 바리새파 사람들은 자기 안의 죄를 깨닫게 되었으며, 여인은 구원을 받았습니다. 반응하기 전에도, 후에도 몸을 굽혀서 손가락으로 땅바닥에 무엇인가를 썼던 예수의 동작에서 빈 공간에 대한 비유를 읽을 수 있습니다. 빈 공간이란 성찰하는 시간입니다. 시선을 상대방에서 나에게로 돌리는 관점의 전환이 일어나는 곳입니다.

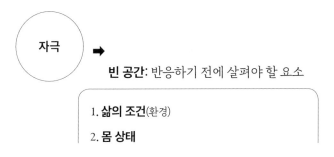

자극 ➡️

빈 공간: 반응하기 전에 살펴야 할 요소

1. **삶의 조건**(환경)
2. **몸 상태**

3. **마음 상태**(생각)

　• 내 안의 답(고정관념, 당위적 사고 등 답습된 지식)에 질문 던지기

　• 생각 바꾸기: 네 가지 질문 던지기

　• 기억, 경험이 어떤 영향을 끼치고 있는 가?: 선입견, 편견 점검

4. **바로 이전에 어떤 일**이 있었나?

➡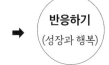

반응하기
(성장과 행복)

삶의 조건이 어떠한가?

한 반 정원이 70명이었던 때가 있었습니다. 그야말로 학생들로 꽉 찬 교실이었지만 폭력, 왕따는 다른 나라 얘기였습니다. 실제로 이웃 나라인 일본에서 학교 폭력이나 왕따가 일상적으로 벌어진다는 것을 뉴스에서 접하고 충격을 받았습니다. '세상에 저런 일'이었던 것이 어느 사이 '우리의 일'이 되었습니다.

사회 현상은 우리의 현재를 반영한 결과입니다. 사회 구성원들이 어떤 가치를 중요하게 생각하느냐에 따라 삶의 모양새가 결정되고 사회적 조건이 만들어집니다. 그 조건은 다시 우리의 삶에 영향력을 행사합니다. 지금 우리는 어떤 가치를 추구하고 있고, 어떤 모습으로 살

아가고 있을까요?

삶의 가치	성과, 성취, 소유 → 학력, 직업, 재산	존재 그대로 인정 → 공유, 상생, 연결
초점	일 중시 → 능력, 효율, 결과	관계 중시 → 존중, 조화, 과정
관계	비교, 경쟁	협력, 유대
기준	이익, 손해	상호 만족
감정	불안, 두려움, 긴장, 초조 → 화, 우울감	안전, 안정, 여유, 평온 → 편안, 감사
언어	**머리 언어:** 도덕주의적 판단, 비교, 강요, 당연시, 책임 부인	**가슴 언어:** 느낌 존중, 원하는 것에 초점

'어떤 학교를 나와 어떤 직업을 가지고 어디에 살고 있는가?'에 관심이 집중된 사회는 소유와 성취 쪽으로 기울어져 있다는 것을 알 수 있습니다. 학과보다 특정 대학에 가는 것을 목표로 한다든가, 특정 직업과 연결된 학과를 선호하는 사람들이 많다는 것이 그 증거입니다.

개인차가 있기는 하지만 그 누구도 사회를 지배하는 가치에서 자유롭기란 어렵습니다. 이런 사회에서는 비교 경쟁이 심하기 때문에 많은 사람이 스트레스 속에 살아갑니다. 스트레스에 따른 긴장과 불안은 화와 우울을 초래해 말과 행동이 폭력적이기 쉽습니다.

제가 지향하고 있는 삶의 가치는 '존재 그대로 인정하는 것'이었지만 말과 행동은 '성취'와 '소유'를 향하고 있었습니다. 아들들이 내미는 성적표에 따라 감정의 높낮이가 변하는 것을 보고 알게 되었습니다.

그야말로 생각 따로, 행동 따로인 분열 상태였습니다.

비폭력 대화를 배울 초기 무렵, 시험을 앞둔 둘째 아들에게 "내일 한문 시험이네. 걱정돼서 도움을 주고 싶은데 엄마랑 시험 범위 공부할래?"라고 말했더니 "엄마, 그거 비폭력을 가장한 폭력이야."라고 답하는 겁니다. "이게 왜 폭력이야?"라고 버럭 화를 냈지만 맞는 말이었습니다. 말만 바꿨지 강요를 하고 있었습니다. 성경에 "저들은 자기들이 무슨 일을 하는지 알지 못합니다."라는 구절이 있는데 거기 나오는 '저들'이 바로 저였습니다.

성취와 소유를 중시할수록 비교와 경쟁은 심해지고 사람들은 어떤 결과를 내든 조급하고 불안합니다. 긴장, 초조, 불안, 두려움, 우울, 화 등 힘든 감정에 휩싸이면 사건을 보는 관점도 좁아지고 부정적으로 해석하기 쉽습니다. 몸과 마음에 쌓인 앙금을 험담, 욕설, 악성 댓글, 왕따, 폭력, 음주, 흡연, 마약, 게임, 일탈 행동 등으로 풀기도 합니다.

다른 사람보다 우위에 서야 하는데 나보다 뛰어난 사람들은 항상 있으니 만족할 수 없습니다. 능력과 성취를 비교하다 보면 적대감으로 인해 폭력에 무뎌집니다. 목표 달성을 위해 거기에 이르지 못하거나 방해되는 것에는 가차 없기 때문입니다. 우월하다는 인정을 받으면 그 기준에 이르지 못하는 사람을 멸시하기 쉽고, 멸시를 받으면 무기력해지거나 분노나 증오로 앙갚음하려고 합니다.

많은 사람이 그 길을 달려가고 있어서 몸이나 마음을 살필 겨를이 없습니다. 자신을 돌볼 수 없는데 누구를 돌볼 수 있겠습니까? 경쟁 사회의 비극은 자신뿐만 아니라 누구에게도 공감하기 어렵다는 것입니다.

성취와 효율을 앞세우다 보면 관계가 뒷전으로 밀려나기 때문입니다.

지금도 그 얼굴이며, 목소리, 표정까지 생생하게 기억나는 제자가 있습니다. 아이의 죽음에 얽힌 여러 가지 조건들을 살펴보면서 '가족의 문제만은 아니구나.'라는 생각이 들었습니다. '우리가 죽음으로 내몰았구나.'라는 생각을 하게 되었습니다. 사회 구성원인 저도 역시 그 죽음에 책임을 져야 할 한 사람이었습니다.

개츠비를 주인공으로 한 소설에서 3인칭 관찰자인 닉에게 아버지가 말합니다. "누군가를 비난하기 전에 그 사람이 처한 삶의 조건을 살펴보라."고. 이해할 수 없는 상대방의 말과 행동도 전후 사정을 살펴보면 고개가 끄덕여졌습니다. 친구들과 일탈 행동을 일삼던 아이의 집에 가 보니 그곳에는 아이의 몸도 마음도 둘 데가 없었습니다. 친구들은 무조건 자기를 받아 주고 제 편이 되어 주니 기댈 곳은 거기뿐이라는 생각이 들만도 했습니다.

"평화(平和)는 입(口)에 곡식(禾)이 고루 들어가는(平) 세상에서 가능하다."라는 말을 들은 적이 있습니다. 한쪽으로 심하게 치우친 사회에서 내가 어떻게 살고 있는지를 자각하면 마음을 어디에 둬야 할지 알 수 있습니다. 세상의 변화는 나의 변화와 함께하기 때문입니다.

몸 상태가 어떠한가?

몸 상태는 일이나 관계에 영향을 크게 끼칩니다. 『너무 잘하려고 하지 마세요』에서 작가는 "삶의 근원은 마음 쓰는 것, 밥 먹는 것, 운동하는 것입니다. 이런 것에 관심을 가질 때 몸과 마음을 조화롭게 다스릴 수 있으며, 결국 이런 문제를 해결하기 위해서 공부가 필요한 것입니다."라고 말합니다.

몸과 마음을 조화롭게 다스린다는 것은 몸이 지금 어떤 상태인지 알아채는 일에서 시작합니다. 사람마다 다르지만 일반적으로 몸 상태가 다음과 같으면 자극에 불쾌하게 반응할 가능성이 큽니다.

- 피곤할 때
- 배고플 때
- 몸이 무거울 때
- 긴장하고 있을 때
- 몸이 아플 때
- 일에 지칠 때
- 무거운 것을 들었을 때
- 자고 있는데 깨울 때
- 깜짝 놀랐을 때
- 생리 전후
- 원하지 않는 일을 할 때
- 생리적 욕구를 누르고 있을 때
- 줄을 서서 기다리고 있는데 누군가 앞에 끼어들었을 때 등

몸이 불편한 순간은 저마다 다릅니다. 몸이나 마음이 힘든 것을 방치하면 병이 찾아옵니다. 몸이 힘든 순간순간을 알아채어 그때그때 몸을 챙기는 것이 중요합니다. 몸을 제대로 돌보면 의욕이 솟는 것을 느낍니다. 미소와 친절은 건강한 몸과 마음에서 우러납니다.

몸 활동이 마음에 끼치는 영향에 놀랐던 경험이 있습니다. 한 학교에서 유형이 다른 두 그룹의 학생들과 활동한 적이 있습니다. 한 그룹은 학교에서 '문제아'라고 불리는 학생들로, 말도 많고 행동도 많아 진행이 힘들었습니다. 소년원에 다녀온 친구들도 많았습니다. 다른 그룹은 무기력한 행동 특성으로 무엇에도 반응하지 않는 학생들로, 도통 입을 열지 않았습니다. 말을 해도 어찌나 작은 소리로 하는지 알아듣기 어려웠고, 움직이는 것도 싫어해서 진행은 산 넘어 산이었습니다. 이 그룹 아이들의 말문을 틔우기 위해 타로까지 배웠습니다.

활동 전에 행동이 많은 그룹은 아주 느린 음악에 맞추어 목표 지점까지 최대한 천천히 걷기를 하게 했고, 다른 그룹은 빠른 음악에 맞추어 서로의 몸에 스티커를 붙이게 했습니다. 목표 지점에 늦게 도착하는 것, 스티커를 많이 붙이는 것이 목표였습니다. 처음에는 '뭐 이런 걸 하나?'라는 표정을 짓더니 음악을 자신들이 선정해서 활동하게 하자 참여도가 높아졌습니다. 천천히 움직인 학생들은 차분해졌고, 빨리 움직인 학생들은 목소리가 커졌습니다. 몸을 어떻게 하느냐에 따라 마음이 달라진다는 것을 눈으로 확인할 수 있었습니다.

몸 챙김은 '몸이 있는 곳에 마음이 함께하는 것'을 말합니다. 먼저 호흡과 마음이 함께하기를 권합니다. 호흡과 함께한다는 것은 생명의 움직임을 느끼는 것입니다. 코로 숨을 들이쉴 때 배가 나오는 것을, 코로 숨을 내쉴 때 배가 들어가는 것을 느낍니다. 내쉬는 숨에만 숫자를 붙여 "하나, 둘, 셋……."을 셉니다. 이것이 익숙해지면 내쉬는 숨에 하나에서 시작해 열까지, 그다음 내쉬는 숨에는 열에서 시작해 하나까지 숫자를 셉니다. 처음에는 하나에서 시작하고 그다음에는 열에서 시작하고, 다시 하나에서 시작하기, 열에서 시작하기를 왔다 갔다 합니다.

이러한 몸 챙김은 그 명확한 초점으로 인해 '알아차림'의 힘을 기르는 데 효과적입니다. '아이고, 또 숫자를 놓쳤네.'라고 판단하는 것이 아니라 '놓쳤구나.'라고 알아차리면 됩니다. 처음에는 집중이 잘 안 되어 어렵게 느껴지기도 합니다. 누구나 그런 과정을 거칩니다. 다른 생각이 들어오면 '다른 생각을 하는구나.'를 알아차리고 다시 내쉬는 숨을 세는 것으로 돌아가면 됩니다.

몸의 감각을 활성화하는 것도 몸 챙김입니다. 사과를 먹을 때 먼저 그 모양을 봅니다. 사과의 전체 모양을 보고, 이리저리 돌려 가며 부분부분 색의 다름을, 굴곡을, 꼭지와 그 아래를 봅니다. 손으로 만질 때 촉감을, 코로 맡을 때 향을 느껴 봅니다. 한 입 베어 물 때 나는 소리를, 혀에 느껴지는 맛을, 코로 들어오는 향을 느낍니다. 두 입, 세 입 베어 물 때마다 달라지는 맛을 느낍니다.

몸의 감각이 활성화되면 몸이 보내는 신호를 잘 읽을 수 있습니다. 몸이 보내는 신호를 읽으면 몸을 잘 돌볼 수 있습니다. 배가 고파서 먹는지, 정신적인 허기를 달래려고 먹는지도 알 수 있습니다. 피곤하면 교무실 의자에 등을 기대고 앉아 눈을 감으시기 바랍니다. 눈을 감고

3분이라도 휴식을 취하면 이전 상태와는 다른 것을 느낄 수 있습니다. 몸과 마음이 일치된 삶은 몸과 마음의 회복력뿐만 아니라 관계의 회복력까지 높일 수 있습니다.

"유연하고 건강한 신체를 만들기 위해 해야 할 일 가운데 하나는 '자기 들여다보기' 명상을 하는 것입니다. 명상은 밖으로 나갔던 시선을 내부로 돌려 자기 몸과 마음을 있는 그대로 보는 것입니다. 우리가 자연을 볼 때 '저 푸른 것이 빨갛게 됐으면 좋겠네. 파랗게 됐으면 좋겠네.' 하고 보지 않듯이 자기 몸과 마음도 그냥 있는 그대로 보는 연습입니다. '내가 어떤 상태로 존재하기를 바라는 뜻'으로 보는 게 아닙니다. 그렇게 하다 보면 되고 싶은 미래의 자기를 내려놓게 되고, 있는 그대로의 자기를 온전히 껴안게 됩니다. 이 마음이 신체를 유연하게 만드는 기반이 됩니다."라는 정화 스님의 가르침을 옮깁니다.

'어떤 상태로 존재하기를 바라는 뜻'을 내려놓고 '몸과 마음을 그냥 그대로 보는 연습'을 하는 데에는 시간이 필요했습니다. 10여 년 세월이 흐르면서 가랑비에 옷 젖듯이, 낙숫물이 바위를 뚫듯이 조금씩 변화가 이루어졌습니다. 먹을 때는 먹는 것에 마음을 두고, 걸을 때는 걷는 것에 마음을 둡니다. 지금 내가 하는 일에 마음을 두자 '이랬으면, 저랬으면' 하는 기대가 조금씩 줄어들면서 시간과의 연애가 시작되었습니다. 누군가와 연애를 할 때는 넋이 나갔었는데 시간과의 연애는 넋이 돌아왔습니다. 덕분에 그 순간을 온전히 살 수 있었습니다.

마음 상태가 어떠한가?

날씨에 관심을 쏟는 때가 있습니다. 먼 길을 떠나거나 특별한 행사가 있을 때 비나 바람, 눈 같은 기후 조건에 대비하기 위함이지요. 마음에도 날씨가 있습니다. 비가 오거나 천둥 번개가 치기 전에 먹구름이 보이듯이 마음에 먹구름이 낄 때가 있습니다. 쾌청했다가도 자극을 불쾌하게 받아들이면 순식간에 먹구름이 낍니다. 그것을 알아채지 못하고 습관적으로 반응하게 되면 천둥 번개를 때리거나 거센 비를 쏟기도 합니다. 말하고 행동하고 나서 후회하는 것을 줄이려면 마음에 먹구름이 일어나는 순간을 알아차립니다.

마음에 먹구름이 끼는 상황은 사람마다 다릅니다.

- 상대방이 하는 말이나 행동이 불쾌할 때(기대하는 것이 어긋났을 때): 기대했던 강도가 클수록 먹구름은 짙어집니다.
- 비난, 무시, 조롱을 받았다는 생각이 들 때
- 비교가 일어날 때
- 일이 부담스러울 때
- 급할 때
- 상대방이 강요한다는 생각이 들 때
- 상대방이 말을 가로채어 자기 말을 할 때
- 상대방이 자기 말만 계속 할 때
- 상대방이 자랑을 늘어놓을 때

- 상대방이 지적하는 말, 가르치려는 말을 할 때(원하지 않는 충고, 조언)

- 모임에서 소외를 느낄 때

- 일 처리 마감이 다가올 때

- 상대방이 내가 한 말에 대해 "아니, 그게 아니고~."라며 부정할 때 등

어떤 자극에, 어떤 대상에 쉽게 마음에 먹구름이 끼는지를 알아차리면 자신이 무엇에 민감한지, 무엇에 의미를 두는지 알 수 있습니다. 상대방의 말과 행동은 외부에서 벌어지는 하나의 소재, 자극입니다. 그것을 어떻게 받아들이는가는 생각, 몸과 마음의 상태가 결정했습니다. 누군가와 어깨를 부딪쳤을 때에도 상대방이 누구인가, 내가 어떤 생각을 하고 있는가, 내 몸이나 마음 상태가 어떠한가에 따라 담담하기도 하고 불쾌하기도 했습니다.

어떤 자극을 받았든 내가 한 말과 행동은 내 책임이었습니다. 자극에 대한 해석도, 반응도 내가 선택했기 때문입니다. 그런 자각으로 '언제 후회할 말이나 행동을 하는가?'를 관찰하기 시작했습니다. 몸과 마음의 기상 캐스터가 되어 먹구름이 일어나는 것을 깨닫는 순간 습관적인 반응에서 벗어날 수 있었습니다.

1. 내 안의 답(답습된 지식)에 질문 던지기

말하고 행동하게 하는 것은 '생각'입니다. 생각은 태어나서부터 받은 학습의 결과로 거의 자동적이고 무의식적입니다. '약속을 지켜야

한다.', '학교에 다녀야 한다.', '어른을 공경해야 한다.', '하루 세 끼를 먹어야 한다.' 등등 우리 사회에서 당연하게 여기는 생각들은 모두 답습된 지식입니다. 왜 그렇게 해야 하는지 이유도 모르면서 당연히 해야 하는 것처럼 알고 있는 내 안의 답(답습된 지식)이 너무도 많습니다.

사회의 관습과 통념에는 답습된 지식이 잘 드러나 있습니다. '사회화'라는 이름으로 우리 대부분은 사회가 요구하는 대로 보고 듣고 말하고 행동하게 됩니다. 왜 그렇게 해야 하는지 이유도 모르면서 당연히 해야 하는 것처럼 알고 있는 답습된 지식이 생각을 강화하고, 그에 따라 말하고 행동하게 합니다. 곧바로 말하고 행동하는 것들은 그런 결과입니다. 답습된 지식이 어떻게 작용하는지 알아볼까요?

자극

"선생님 수업 재미없어요."라는 말을 들었을 때

답습된 지식

'버릇없다. 말을 함부로 한다.'라는 생각이 든다면 '어른(선생님)에게는 예의를 지켜야 한다. 고로 저런 말을 해서는 안 된다.'라는 답습된 지식이 작동하고 있는 것입니다.

느낌(쾌/불쾌)

짜증이 나고 화가 나서

반응

"네 할 일이나 하고서 그런 말 해라."라고 말합니다.

　"선생님 수업 재미없어요."라는 말을 들었을 때 제가 보인 반응입니다. 마음속 화를 드러내지는 않았지만 냉소적인 어투로 말을 했습니다. '별생각 없이 한 말이야.'라고 애써 가볍게 넘기려 했지만 "선생님 수업 재미없다."라는 말이 목에 가시처럼 자꾸 걸렸습니다. '공부가 재미있는 게 어딨어?'라고 스스로 합리화하며 '말을 함부로 하는 학생의 잘못'으로 돌렸습니다. '어른(선생님)에게 그런 말을 해서는 안 된다.'라는 내 안의 답이 그런 행동을 지지해 주었습니다.

1) 보다. / 듣다.

⬇

2) 생각 작동: 성장 과정에서 주입된 지식(답습된 지식)·신념·가치관

 당위적인 생각　　(좋으니) ~해야 한다.

(나쁘니) ~하지 말아야 한다.

⬇

3) 느낌(쾌/불쾌)

⬇

4) 말과 행동(자동 반응·습관적·무의식적)

⬇

5) 습관＝삶

- 무의식적·자동적 반응으로 정형화된 삶을 살게 됩니다.

- 답습된 지식은 가족 안에서 역동을 일으키며, 이는 다음 세대로 전해집니다.

성장 과정에서 "이것은 좋은 것이다. ~해야 한다.", "이것은 나쁜 것이다. ~하지 말아야 한다."라는 말로 여러 가지 규범이나 지식을 배우게 됩니다. 그것은 그 사회에서 오랫동안 인정받고 있는 가치, 신념입니다. 그 답대로 행동하면 칭찬을 받고, 거기에 어긋나면 꾸지람을 듣거나 벌을 받습니다. 생각이 같은 사람들 사이에 암묵적인 동의가 형성되면 경험 중에 그것들이 도드라짐으로써 다음 세대에 전승됩니다. 특정 사회에 속한 사람들이 사물에 비슷한 반응을 보이는 것은 이런 답습된 지식 때문입니다.

우리말에는 호칭에도 높임과 낮춤이 있고, 상대가 누구냐에 따라 아주 높이는 말에서 아주 낮추는 말까지 하는 말이 달라집니다. 그에 따라 행동도 다르기를 요구합니다.

두 손으로 쥐
이월아

우리는 어른들한테 뭐 줄 때
두 손으로 주는데
엄마는 왜 나한테 던지는 거야
엄마도 우리한테 뭐 줄 때

이리 와서 두 손으로 쥐

-『맨날맨날 우리만 자래: 마주이야기로 백창우가 만든 노래』, 보리

아이가 어른에게 물건을 드릴 때는 두 손으로 공손하게 드려야 하지만 어른이 아이에게 물건을 줄 때는 한 손으로 줍니다. "엄마도 우리한테 뭐 줄 때 이리 와서 두 손으로 쥐."라는 말을 들었을 때 "그게 무슨 소리야. 어른들은 애들한테 한 손으로 쥐도 돼."라고 반박하지 않고 '어른에게는 두 손으로 드리고 아이에게는 한 손으로 쥐도 무방한가?' 하고 관습에 질문을 던집니다.

성장과 행복을 가져오는 반응을 연습해 볼까요?

자극

"선생님 수업 재미없어요."라는 말을 들었을 때

감정(쾌/불쾌)

당황스러운, 화나는

- 느낌을 일으키는 생각 찾기: '버릇없는, 교사를 무시하는 말이다.'

- 자극이 불쾌하게 다가오면 다음 단계로 넘어갑니다.

의도 파악하기(속마음 읽기)

- '상대방이 어떤 의도로 저런 말을 했을까?', '나를 무시하려는 의도인가?'

  물어볼 수도 있습니다.

→ "그 말이 선생님한테는 선생님을 무시하는 말로 들리는데 그런 의도로 말했니?"

• 상대방이 수업 컨설팅을 하는 교사였다면 어떻게 받아들일까?

→ 재미있는 수업을 운영할 수 있는 조언을 부탁한다.

• 내가 원하는 것은 무엇인가?

→ 재미있는 수업을 하고 싶다.

• 학생은 무엇을 원하고 있는가?

→ 수업이 재미있었으면 한다.

↓

부탁하기

"나도 재미있게 하고 싶어. 어떻게 하면 재미있을까? 도와줄래?"

학생은 신이 나서 인터넷 강의를 알려 주었고, 학생이 알려 준 아이디와 비밀번호로 그 사이트에 들어가 보고 나서 느끼는 바가 많았습니다. 그 학생이 왜 그런 말을 했는지 확실하게 알 수 있었습니다.

'~해야 한다. ~하지 말아야 한다.'라는 당위성이 유익할 때도 있습니다. "아이들은 어른들의 말에 따라야 한다."라는 답이 지금 이 순간 나에게도 이롭고 상대에게도 이롭다면 그것에 저항할 사람이 누가 있을까요?

먹구름이 끼는 순간, 내 안의 답(답습된 지식)을 밀어붙이는 것이 서로에게 유익한지 해로운지를 헤아려 봅니다. 마음이 불편하다면 누군가가 자기 생각을 밀어붙이고 있다는 증거입니다. 상대방의 생각을 바꾸는 것은 내 일이 아니고 그 사람의 일이었습니다. 내 일은 내 생각을 바꾸는 것이었습니다.

다수의 사람이 따르고 있는 신념일지라도 누군가가 그 타당성에 이의를 제기하거나 불편해하거나 저항한다면 다시 생각해 볼 필요가 있습니다. 세상의 변화로 인해 '그때는 맞고 지금은 틀린' 것들이 너무도 많습니다. 주입된 해묵은 신념을 고집할 것인지, 새로운 답을 찾을 것인지를 선택합니다.

상대방이 교장이든 학생이든 나와 똑같은 인격체로 존중할 때 내게도 이롭고 상대방에게도 이로운 것을 찾을 수 있었습니다. 우리 모두를 이롭게 하는 옛것은 지켜야 마땅하지만, 누군가가 고통을 받거나 불이익을 받는 것에 대해서는 고수해야 할지를 물어봅니다.

1991년 12월, 출산을 앞두고 출산 휴가(산휴)에 들어가기 위해 산휴 강사를 알아보던 중 산휴 강사에 대한 보수가 시간당 5000원이라는 것을 알게 되었습니다. 게다가 휴직으로 들어가면 산휴 2개월을 보장받지 못하는 경우도 있었습니다. "보수가 너무 적다."라고 하자 "개인적으로 강사에게 웃돈을 얹어 주는 선생님도 있다."라는 말을 들었습니다.

'산휴 강사로 오시는 선생님이 경력을 인정받고, 휴직으로 들어가도 산휴 2개월을 보장받아야 한다.'라는 주제로 여러 신문사에 독자 투고를 했습니다. 두 개 신문사에 실렸고 한 신문사 기자는 인터뷰를 요청하기도 했습니다. 1993년, 교무 회의에서 휴직으로 이어져도 산휴 2개월을 보장하고 산휴 강사도 경력을 인정해 보수를 지급하는 것으로 결정된 사항을 듣게 되었습니다.

2. 네 가지 질문

관계에 걸림돌이 되는 생각에 대해 바이런 케이티(Byron Katie)의 『네 가지 질문』을 적용하기 시작했습니다. 작은 수첩을 하나 마련해 갈등을 일으키는 생각에 질문을 던졌습니다. 그 네 가지 질문은 다음과 같습니다.

1. 그것(내 생각)이 진실인가요?
2. 그것이 진실인지 당신은 확실하게 알 수 있나요?
3. 그 생각을 믿을 때 당신은 어떻게 반응하나요?
4. 그 생각이 없다면 당신은 누구일까요?(당신의 삶은 어떠할까요?)

1. 그것이 진실인가요? ('예/아니요' 둘 중 하나로 답합니다.)

불쾌한 자극에 따른 내 생각(해석, 판단, 평가, 추측)을 진실이라고 우깁니다. 그 일이 몇 번 되풀이되면 생각은 돌처럼 굳어집니다. 그것을 "아니요."라고 말하는 것이 나를 부인하는 것처럼 여겨져 화가 납니다.

2. 그것이 진실인지 당신은 확실하게 알 수 있나요?

('예/아니요' 둘 중 하나로 답합니다.)

"확실하게 알 수 있나요?"에 고개를 끄덕이기 어려웠습니다. 그건 내 생각일 뿐 다른 사람은 다르게 생각할 수도 있기 때문입니다. 생각에 금이 가기 시작했습니다.

3. 그 생각을 믿을 때 당신은 어떻게 반응하나요?

감정을 해석하는 첫 번째 관문이라 할 수 있는 편도체의 신경 세포는 80퍼센트가 부정적인 해석에 관여한다는 것이 밝혀졌습니다. 인류가 생존을 위해 불안과 두려움을 활성화했던 결과입니다. 원시 시대와 비교할 수 없을 정도로 안전이 확보된 지금에도 부정적인 판단을 근거로 반응하니 나도 힘들고 상대방도 힘듭니다.

4. 그 생각이 없다면 당신은 누구일까요?

그 생각이 없다면 나는 자유롭고 편안하며 행복한 사람이었습니다. 마음이라는 도화지 위에 여러 가지 그림을 그릴 수 있는데, 그것을 결정하는 것은 내 생각이었습니다. 생각이 쾌·불쾌를 만들고 행·불행으로 이어지면서 운명을 만들고 있다는 것을 깨달은 순간 그림을 바꿀 수 있었습니다.

예) 학생이 나를 무시한다.

1. 그것이 진실인가요?

　예.

2. 그것이 진실인지 당신은 확실하게 알 수 있나요?

　아니요.

　→ 학생이 한 말이나 행동에 대한 나의 해석이기 때문에 확신할 수는 없었습니다. 물어보지 않았기 때문입니다. 불쾌하면 상대방에게 솔직하게 물어보기를 권합니다.

"내 질문에 네가 '됐거든요.'라고 말했을 때 나를 무시한다는 생각이 들었는데 그런 뜻에서 한 말이니?"

3. 그 생각을 믿을 때 당신은 어떻게 반응하나요?
   화가 나서 상대방을 꾸짖게 된다.

4. 그 생각이 없다면 당신은 누구일까요?
   친절하고 너그러운 사람

1번, 2번 질문: "예." 또는 "아니요."로 답을 합니다. '학생이 나를 무시한다.'라는 것은 나의 생각이지, 진실이라고 판단을 내리기 어려웠습니다. 특히 "확실하게 알 수 있나요?"라는 질문에 "예."라고 답하기 어려웠습니다.

3번 질문: 부정적인 생각을 믿을 때 나도 상대방도 괴롭습니다. 결과는 관계의 악화, 소외, 단절뿐이었습니다. 삶의 걸림돌이라는 것이 분명해졌습니다.

4번 질문: 그 생각이 없다면 '편한 사람(삶)'으로서 평온한 마음으로 상대방을 볼 수 있었습니다. 그 생각을 지우는 순간 삶은 고요하고 평화로워졌습니다. 어떤 생각을 선택할지 분명해졌습니다.

연수에 대한 불만도 마찬가지였습니다. "쓸데없는 일로 사람을 괴롭힌다. 정작 해야 할 일을 못하게 한다."라고 불평불만을 쏟아 내며 연수에 참여하거나 빠졌습니다. 일거리를 들고 참여하기도 했습니다.

예) 쓸데없는 연수로 나를 괴롭힌다.

1. 그것이 진실인가요?

예.

2. 그것이 진실인지 당신은 확실하게 알 수 있나요?

아니요.

→ 쓸데없다는 것은 내 생각입니다. 누구에겐가 쓸모가 있을 수
있습니다.

3. 그 생각을 믿을 때 당신은 어떻게 반응하나요?

짜증이 나고 화가 난다.

4. 그 생각이 없다면 당신은 누구일까요?

연수를 듣는 목적을 분명하게 인식하고 그것에 집중하는 사람

마음을 불편하게 만드는 생각에 질문을 던지는 작업은 마음속에 있
는 화살을 제거하는 작업이었습니다. 나를 찌르거나 다른 사람을 찌를
수 있는 화살! 여러 가지 이유를 들어 화살을 날렸습니다. 그 생각을 정
당화하고 합리화할 수 있는 근거를 찾자면 수천수만 가지였습니다. 그
생각이 일을 망치고 관계에 독이 되고 있음을 보면 생각을 멈추게 되
었습니다.

3. 기억과 경험이 만들어 낸 선입견·편견

고등학교 1학년 때였습니다. 학교 매점에서 물건을 사려고 줄을 서 있는데 뒤에서 "전라도 사람들은 사기꾼이야."라는 말이 들렸습니다. 돌아보니 같은 반 아이였습니다. 전라도 출신인 저로서는 그대로 넘기기 너무도 억울한 말이었습니다. 그 친구와 친해진 뒤 그 말에 대해 물어보니 아버지가 전라도 사람들에게 사기를 당했다는 것입니다.

전라도 사람들에 대한 험담은 열거하기 어려울 정도로 많았습니다. '전라도 사람들이나 다른 도 사람들이나 다른 게 없어 보이는데 전라도 사람들이 유독 온갖 비난을 듣고 있는 이유가 뭘까?'라는 질문을 들고 전라도 사람들을 관찰하게 되었습니다.

고향을 떠나온 전라도 사람들은 대부분 경제적으로 어렵게 살고 있었습니다. 가난한 사람들은 생존을 위해 수단과 방법을 가릴 여유가 없었습니다. 남루한 옷차림, 천대받는 직업들(직업에 귀천이 없다는 말은 공허한 말장난이었습니다). 그에 따른 냉대, 무시, 멸시는 그들이 감당해야 할 몫이었습니다. 약자를 함부로 대하던 폭력적인 시대였습니다.

"전라도 사람들은 앞뒤가 다르다."라는 말이 그 현실을 반영하고 있었습니다. 자본주의 사회에서 가난한 사람들은 철저한 '을'로, 자기표현이 불가능했습니다. 을은 갑 앞에서와 뒤에서의 행태가 다를 수밖에 없다는 것도 알았습니다. 갑들은 을에게 당당하고 솔직하게 자기표현을 할 수 있지만 을은 자신의 의사를 갑에게 솔직하게 드러낼 수 있을까요? 사람들은 한두 번의 경험으로 또는 전해 들은 말로 "전라도 사람

들은~"이라는 말을 너무도 쉽게 하고 있었습니다. '경상도 사람들은
~. 충청도 사람들은~.' 하는 일반화가 얼마나 무서운 말인지 깨달았
습니다.

기억이나 경험은 삶에서 디딤돌이 되기도 하지만 걸림돌이 되기도
합니다. 긍정적인 경험으로 함께하고 싶은 관계도 있고, 부정적인 기
억으로 피하게 되는 관계도 있습니다. 기억이나 경험이 걸림돌로 작용
할 때 질문을 던집니다. '이것을 붙잡을 것인가, 내려놓을 것인가?'

저는 그 경험 덕분에 지역, 계층, 학력, 빈부 등을 기준으로 부정적
으로 평가하는 말에 고개를 끄덕이지 않게 됐습니다. 그것을 믿게 되
면 그런 일만 눈으로, 마음으로 온다는 것을 알기 때문입니다. 그것을
당연시하지 않게 되자 다양한 모습들을 볼 수 있었습니다. 선입견과
편견이 자리하지 않은 마음에는 처음 만난 이도 어제 만난 이웃 같은
친밀함을 느낄 수 있었습니다.

바로 이전에
어떤 일이 있었나?

체육 대회에서 진행 보조를 했었는데 날이 더워서였는지 금세 지쳤
습니다. 중간에 잠시 쉬는 시간이었는데 "팀별 중간 합산을 해 달라."
는 말을 듣자 짜증이 났지만 점수 계산을 마쳤습니다. 잠시 쉬러 교무
실로 갔더니 "오늘 보고해야 하는 급한 공문이 왔다."라며 제게 공문을
내밀었습니다. "아니, 시도 때도 없이 공문이야!"라고 버럭 화를 내며

제 자리에 와서 공문을 책상 위로 던졌습니다.

바로 전 "팀별 중간 합산을 해 달라."는 말을 들었을 때 먹구름이 뭉게뭉게 일고 있다가 다른 곳에서 천둥 번개를 때린 것입니다. 그 공문을 전한 이는 신임 선생님이었는데 몹시 당황스럽고 놀랐었다고 합니다. 그 기억 때문에 우리 반 수업에 들어가서 따지거나 대든다고 여겨지는 학생을 보면 제가 연상되어 더 미웠다고 말했습니다.

지각을 한 학생에게 "또 지각이니?"라고 말하자 그 학생이 "씨팔!" 하더니 가방을 들고 교실 밖으로 나갔어요. 깜짝 놀라 뒤따라 나가서 "그 말이 마음을 상하게 했다면 사과한다."라고 말했어요. 그러자 학생은 울며 그날 아침에 일어난 일을 들려주더군요. 아침부터 싸우는 부모를 피해 밥도 못 먹고 학교로 오는데 초등학교 다니는 동생이 계속 울어서 동생이 교실에 들어가는 것을 보고 학교로 왔다고 했습니다. 사정을 알면 "기특하다."라고 칭찬을 했을 터인데 교문에서 지각이라고 적히고 교실에 들어왔는데 나까지 한몫 거들었으니 그 아이 마음이 어떠했을지 짐작이 갔어요. "아침부터 얼마나 힘들었니. 그런데도 동생을 데려다주고 오는데 지각이라고 야단을 쳐서 정말 미안하다. 말해 주어 고맙다."라고 사과하자 아이는 엉엉 울었습니다. 선생님이 자신을 붙잡지 않았다면 "어디론가 가서 죽어 버리고 싶었다."라고 말하는 학생을 보며 가슴을 쓸어내렸어요.

이 일화를 들려주던 선생님은 "학생 한 명 한 명 삶의 역사를 알아야 교육이 가능할 것 같다."라며 숙연한 표정을 지었습니다.

불쾌한 느낌이 들면 잠시 심호흡을 하고서 바로 전에 내가 어떤 일을 겪었는지 점검합니다. '어떤 일이 지금 영향을 주고 있나?'라고 물어봅니다. 상대방이 불쾌감을 표시하면 나와 연결 짓지 않고 '이전에 무슨 일이 있었나?'를 추측해 봅니다.

"자라 보고 놀란 가슴 솥뚜껑 보고 놀란다."라는 말이 있습니다. 자극에 따라 과하게 반응해서 작은 일이 커다란 일로 번지기도 했습니다. 과한 반응은 내가 살펴야 할 과제였습니다. 어떤 자극이든 반응하기 전에 네 가지 질문 중 하나라도 점검하려고 애썼습니다. 몸 상태, 마음 상태는 어떠한가, 어떤 당위성을 갖고 있나, 바로 이전에 어떤 일이 있었나를 점검하는 것이 습관화되자 천둥 번개를 치는 일이 드물어졌습니다.

불쾌한 느낌이 들면

1. 삶의 조건(처지)이 어떠한가?
2. 몸 상태가 어떠한가?
3. 마음 상태(기대, 당위성, 기억과 경험)가 어떠한가?
4. 바로 이전에 어떤 일이 있었나?
→ 위의 네 가지를 살피고 '반응'을 선택합니다.

3장

마음의
소리 듣기

선생님께서 지도하기 힘든 학생과 나눈 대화를 녹음해서 들어 보라고 하셔서 우리 반 '그 녀석'과의 대화를 녹음해 봤습니다. 선생님 말씀대로 혼자 있는 한가한 시간에 들었는데 정말 충격 그 자체였습니다. 내가 이렇게 말하고 있었다니……. "백문이 불여일견"을 강조하는데 여기에 '백문이 불여일청'을 더해야 한다는 생각이 들 정도였습니다. 제대로 들어야 한다는 뜻에서요.

까칠하고, 못되고, 건방지고…… 속으로 온갖 비난을 퍼부어 댔던 그 녀석이나 저나 똑같더군요. 한 치도 물러서지 않는 팽팽함 속에 '네가 이기나 내가 이기나 두고 보자.'라는 식이었어요. 대화가 아니라 말싸움이었습니다. 서로 자기 말만 하는 것이 일방통행으로 질주하는 난폭 운전 같았습니다. 녹음을 듣다 보니 둘이서 말로 주먹을 날리는 그런 그림이 떠올랐습니다. 온갖 꼬리표를 붙여 놓은 아이와 똑같이 맞서고 있다니 누가 들을까 창피했습니다.

잘못한 것을 지도하려 들면 자기 잘못은 인정하지 않고 오히려 대거리로 열불이 나게 만든다고 생각했었습니다. 그런데 녹음한 것을 들어 보니 저는 지적과 추궁하는 말을 속사포로 쏘아붙이고 있었습니다. 그런 말을 순순히 듣고 지도에 따를 학생이 있을 리 만무했습니다.

이젠 말하기도 무섭고 녹음은 엄두도 안 납니다. 다시 시도한다

해도 이번과 별반 다를 것 같지 않기 때문입니다. 못마땅하게 여기는 학생과 대화가 가능할까요? 비법이 있을까요?

녹음한 것을 들어 보고 많이 놀라셨군요. "말하기도 무섭다."라는 문장에서 선생님이 받은 충격의 정도가 느껴집니다. 평소 대화를 녹음해서 들어 봐도 "아아!" 하고 한숨이 나오는데, 갈등 상황을 녹음하셨으니 오죽했을까요?

선생님께서 녹음을 해서 대화를 들어 본 것은 대단한 시도라고 생각합니다. 선생님께서 학생과의 관계에 변화를 바라는 의도가 있었기에 가능한 일입니다. 덕분에 그 못마땅한 녀석과 똑같이 맞선 것도, 지적과 추궁을 속사포로 쏘아붙인 것도 알게 되었으니 말입니다.

"대화가 가능할까요?"라고 물으셨지요? 그 학생과 대화를 어떻게 하고 있는지 확실하게 보신 것이 열쇠입니다. '까칠하고, 못되고, 건방지고…….'라고 생각하게 된 데에는 선생님이 한 말도 일조했다는 것을 알아채셨기 때문입니다. 내가 한 말과 행동이 관계 맺기에 어떤 영향을 끼치고 있는지 알았으니 대화는 가능합니다.

선입견이나 편견은 한 공간에서 지내는 사람에게 오히려 쉽게 작동합니다. 대화가 잘 흘러가다가도 상대방에게 붙여 놓은 판단이나 평가가 떠오르면 마음속으로 '또 저러네.'라는 생각이 들면서 대화가 힘들어집니다. 상대방도 그 기운을 느낍니다. 표정, 어조, 동작에서 기운이 흐르기 때문입니다. 감정이 상한 것을 알아차리면 내가 내린 판단에 어떤 의도가 숨어 있는지 찾아보시기 바랍니다.

"비법이 있을까요?"라고 물으셨지요? 선생님께서는 이미 답을 알고 계십니다. "백문이 불여일청"이라는 말로 답을 콕 집어 주셨어요. '백 번 듣기보다 한 번 제대로 듣기'는 말하고 있는 이의 진심을 듣는 것이겠지요. 말할 때는 내 마음의 소리를 들은 뒤에 말하고, 상대방이 하는 말에서도 마음의 소리를 들을 수 있는 것이 비법이라 생각합니다.

마음의 소리를 전하고 듣기 위한 준비로 다음 세 가지를 권합니다.

- **시간(T)**: 마음 편할 때, 함께 정한 시간
- **장소(P)**: 대화를 나누기에 알맞은 편안한 공간, 함께 정한 공간

  ※ 공간이 주는 힘이 큽니다. 공간 선정에도 주의를 기울이시기 바랍니다.

- **필요(N)**: 원하는 것을 말하기

'시장필' 또는 'TPN'으로 기억하시기 바랍니다. 함께 다과를 나누며 이야기하기를 권합니다. 차가운 음료보다는 따뜻하거나 미지근한 음료와 달콤한 먹거리가 좋습니다. "은 쟁반에 하이얀 모시 수건"을 마련하는 것처럼 마음을 나누기 위한 준비를 합니다.

대화도 운전처럼 배워야 하는 기술임을 뒤늦게 알았습니다. 그런 기술의 하나로 비폭력 대화를 권합니다. 마셜 로젠버그(Marshall B. Rosenburg)가 만들어 낸 '비폭력 대화'는 원하는 것을 말하고 들어 주는 대화법입

니다. 원하는 것을 말하고 들어 줄 때 소통이 가능했습니다.

원하는 것을 말하려면 마음의 움직임을 들여다보는 관찰이 중요했습니다. "내가 말하는 진심, 나도 모르는 본심"이라는 말이 있듯 본심을 찾아내는 작업입니다. 내가 모르고 있는, 누르고 있는 속마음을 찾아보는 작업은 힘들었습니다. 솔직하다 못해 적나라한 마음의 소리를 하나하나 들어야 했기 때문입니다.

마음의 정원에는 아름다운 풀과 꽃도 자라고 있었지만 잡초와 독초도 자라고 있었습니다. 비폭력 대화는 마음을 어지럽히는 잡초와 독초에서도 생명의 소리(진심으로 원하는 것)를 들을 수 있도록 도와주었습니다. 뽑아서 버려야 할 것 같은 잡초와 독초도 내 마음의 귀한 소리였습니다. 그것들 덕분에 원하는 것을 더 정확하게 찾을 수 있을 때도 많았습니다.

처음에는 낯설고 힘들었지만 꾸준히 이 기술을 연습하다 보니 진정으로 하고 싶은 말을 하고, 상대방이 어떻게 말하든 그 사람의 진심을 들을 수 있었습니다. 아직 먼 길이지만 천천히 내딛는 한 걸음 한 걸음에서 그 의미를 깨닫고 있습니다.

선생님께서 주신 귀한 선물, "백문이 불여일청, 제대로 듣기"를 자주 떠올리겠습니다. 제대로 들으면 화, 불안, 두려움, 우울 뒤에 가려져 있는 생명의 소리, 사랑의 소리를 들을 수 있겠지요. '무엇을 듣고 있는가?'를 묻겠습니다. 고맙습니다.

자신의 본성을 이해하는 자는
천성을 이해한다.
-맹자-

 ## 마음의 소리 듣기:
의도 찾기

우리가 하는 말과 행동에는 의도가 있습니다. 의도(意圖)란 '무엇을 하고자 하는 생각이나 계획, 또는 무엇을 하려고 힘을 쓰는 것'을 뜻합니다. 의도를 한자어 그대로 풀어 보면 '원하는 것을 그림으로 그린다.'라는 뜻입니다.

원하는 것을 그림으로 그리려 하면 막연했던 욕구들이 구체적으로 모습을 드러내겠지요. '공부를 잘했으면 좋겠다.', '돈을 많이 벌고 싶다.', '살을 빼고 싶다.'라는 바람은 그림으로 그리기 힘듭니다. 어떤 목표를 위해 어떤 과목을 몇 점 올리고 싶은가, 돈을 어디에 얼마를 쓰고 싶은데 어떻게 벌 것인가, 어떤 이유로 몇 킬로그램을 빼고 싶은데 어떤 방법으로 줄일 것인가는 그림으로 그릴 수 있겠지요.

의도(意圖)가 확실해지면 주의를 그것에 모을 수 있습니다. 주의(注意)라는 한자를 그대로 풀이하면 '뜻에 물을 대다.'라는 의미입니다. '원하는 일에 정신을 한데 모음', 즉 '원하는 것을 얻을 수 있는 수단과 방법에 힘을 쓴다.'라고 풀이할 수 있습니다. 주의(attention)는 라틴어 'ad(~을 향하여)'에 'tendere(뻗치다)'가 합쳐진 말입니다. 어떤 대상이나 일에 관심을 집중하고 마음을 기울이는 것을 뜻합니다.

쉰 살이 넘어서부터 일이나 관계가 잘 풀린다는 생각이 들었습니다. 심지어는 "창의적이다."라는 소리를 듣기도 했습니다. '왜 이렇게 운이 좋지?', '머리가 좋아졌나?'라는 생각을 하기도 했습니다. 마음의 잡초와 독초에 시간을 허비하다 하고자 하는 것, 원하는 것을 찾아 그것에 마음을 썼기 때문이라는 것을 알았습니다. 의도를 분명히 하고 주의를 거기에 두면 그림은 현실이 되었습니다.

자신의 의도를 알고 그것에 주의를 기울인 선생님의 애기를 옮겨 보겠습니다.

첫아이를 낳고 2년간 휴직 후 복직한 뒤로 저는 줄곧 교무부에서 일을 했습니다. 그 이후 약 10년간 해마다 '학생부(인성부)'에 들어가려고 애를 썼던 기억이 납니다. 드디어 학생부에 입성해 바로 학생회 지도를 맡았을 때 정말 행복했었습니다.

복직 후에 만난 학생들은 많이 달라져 있었습니다. 생활 규정 때문에 제가 담임을 맡은 학생들과 계속해서 갈등을 겪었습니다. 이전에는 일부 학생들을 제외하고는 '학생이 화장을 하는 것은 학생 신분에 어울리지 않는 행동'이라는 일반화된 생각을 공유하고 있었기에 지도하는 데 큰 어려움이 없었습니다.

복직하고 보니 선생님이 보이지 않는 곳에서 화장을 하다가 걸려서 혼나고 남아야 하는 학생들을 날마다 만나는 상황에 이르렀습니다. 학생부에서 그 학생들을 지도해 달라는 요청을 계속해 와 매번 실랑이를 벌이며 진을 빼고 있는 자신을 발견했습니다.

화장과 염색 같은 용모 관련 규정을 어긴 학생들을 지도하는 것은 정말 힘이 빠지는 일이었습니다. 화장과 염색이 건강에 좋지 않아 성장기에 있는 학생들이 삼가야 한다는 것에는 동의하지만 학생들의 자율을 존중하고 있는 학교 교육 이념과는 상반되는 규정이라 담임으로서 학생들을 어떻게 설득하고 지도해야 할지 난감했습니다.

'화장하는 학생이 나쁜 아이도 아니고 나쁜 행위를 하는 것도 아니지 않은가? 화장을 하도록 허락하면 그 아이들의 욕구가 해소될 뿐만 아니라 오히려 충돌로 인해 소모되는 에너지가 줄어들면서 교사와의 관계도 개선되지 않을까?'라는 생각이 들었습니다.

교무부 소속 교사로서 학생들의 용모와 복장 자율화를 주장하며 생활 규정 개정을 추진하는 일은 어려움이 따랐습니다. 교무 회의에서 왜 화장을 하면 안 되는지, 염색을 허용하는 게 왜 문제가 되는지 물었더니 학생부 선생님이 "통제가 안 될 정도로 너무 진하게 화장을 하고 등교하거나 머리를 빨갛고 파랗게 하고 오면 감당할 수 있겠냐?"라는 반론을 제기하셨습니다. "그러면 안 되나요?"라고 물었다가 대답 대신 한숨을 돌려받은 일도 있었습니다. '언젠가는 나도 학생부에서 일하게 되겠지? 생활 규정 개정에 참여할 때 설득력 있게 발언할 수 있어야 해.'라고 스스로 다짐을 했습니다.

3년 전 1월에 교감 선생님께서 미안하다고 하시며 올해도 교무부에서 일해야겠다는 연락을 주셨을 때 어쩌면 내 생각이 옳지 않은지도 모른다는 생각이 들었습니다. 아직 때가 아닐 수도 있으니 천천히 기다리기로 했습니다. 그때부터 저는 규정을 어긴 학생들과 방과 후에 만나 밥을 먹으며 학생들의 생각을 들어 보고 글을 쓰기 시작했습니다.

전교생 통틀어 몇 명이 화장 관련 규정을 어기고 있는지 알아보기도 했습니다. 용모 규정을 어겨서 적발되어 지도를 받은 학생은 1년 동안 전교생의 10퍼센트 정도였습니다. 같은 학생들이 반복적으로 같은 규정을 어겨서 교사들에게 매번 지적을 받고 있었습니다. 그 아이들을 대상으로 의견을 묻고 왜 화장을 하는지 이유를 조사하고 그 내용으로 보고서를 작성해 교감, 교장 선생님께 드렸습니다. 그 보고서 덕분인지 하늘이 도왔는지, 저는 학생회 지도를 맡게 되었습니다.

학생들을 집으로 불러 그들의 생각을 듣고 함께 식사도 하며 우리 학교가 나아가야 할 방향에 대해 얘기를 나누곤 했습니다. 그리고 전교생 토론회를 거쳐 설문 조사를 실시해 드디어 용모와 복장 자율화를 90퍼센트 이상의 학생들이 찬성한다는 결과를 얻었습니다. 연말이 다가오자 우리는 집에 모여 캠프를 하며 학부모님을 설득하기 위한 대본까지 써 가면서 '학생생활제정·개정위원회' 회의에 참석할 만반의 준비를 했습니다.

"학생이 염색을 마음대로 한다고요?"

"파마를 허용한다면 어디까지 허용해 준다는 말씀인가요?"

파마 자율화를 공약으로 내걸고 당선된 학생회장이 파마 허용을 주장하자 한 학부모님께서 어디까지 허용해 줘야 하냐고 물었습니다. 학생들의 용모와 복장 자율화에 대한 우려의 목소리에 다른 학부모님도 동의하는 듯 고개를 끄덕이셨습니다. 우리가 예상했던 질문이었습니다. 전년도 학생회장이 나서서 아주 차분한 자세로 자신의 생각을 발표했습니다.

"우리 학교의 교육 이념은 '기독교 정신을 바탕으로 한 민주 시민을 양성한다.'라는 것이라고 배웠습니다. 우리는 수업 시간과 예배 시간을 통해 강자가 약자를 섬기고 기다려야 하며 한 명이라도 그 의견과 생각은 존중받아야 한다고 3년간 수도 없이 듣고 자랐습니다. 큰 잘못이 되거나 나쁜 행위가 아닌데도 소수가 누리고 싶은 표현의 자유를 다수가 제한하는 것은 우리 학교 교육 이념에 어긋나는 결정입니다."

학생 대표들은 준비한 대로 어른들을 설득했고, 결국 회의가 끝날 무렵 한 학부모님께서 학생들이 지켜야 할 규정이니 그들 스스로

법을 만드는 것이 옳다고 대표로 말씀하셨습니다. 이에 그 자리에 계신 모든 선생님과 학부모님이 만장일치로 손을 들어 주셨습니다.

이 일을 추진하셨던 선생님은 제게 보낸 메일에 이렇게 덧붙였습니다. "10년 전부터 '꼭 학생부에 들어가 학생들의 용모와 복장 자율화가 실현될 수 있도록 할 것이다.'라고 다짐했던 제 의도가 떠오릅니다. 10년이라는 시간이 걸렸지만 제가 의도한 것에 주의가 몰리고 그것을 위해 아주 강한 에너지로 몰입했던 순간들이 계속 떠오르네요. 몰랐었지만 이번에 배운 '의도-주의'의 원리에 살짝 소름이 돋습니다. 아! 우리에게 이런 힘이 있었구나. 놀랍습니다."

일이나 관계가 풀리는 비법

원하는 것을 그림으로 그리고,
그것을 이룰 수 있는 수단이나 방법에 시간을 씁니다.

무엇을 듣나요?

1. 마음의 소리를 듣지 못한 대화

학생: 선생님, 이거 시험에 나와요?

교사: ① 그거 말하면 시험 문제 유출이야.

② 넌 시험에 나올 거만 공부하니?

③ 그걸 가르쳐 주면 어떡하니?

④ 몰라.

⑤ 넌 왜 만날 그런 질문만 하니?

⑥ 그딴 질문 말고 다른 질문을 해라.

①~⑥은 제가 했던 말들입니다. 학생의 질문에서 '의도'를 읽는 대신 '점수를 밝히는 아이'로 판단하고 대꾸했습니다. 대꾸하는 말에 짜증의 수위가 높아만 갔으니 그 말을 들었던 학생의 심정은 어떠했을까요? 학생이 무엇을 원하고 있는지, 어떻게 답할지를 고민해 본 적이 없었습니다.

마음의 소리를 들은 뒤 말하고, 학생이 하는 말에서도 마음의 소리를 들으려고 했습니다. 그러자 말을 어떻게 하느냐에 따라 상대방이 협조적이 되기도 하고 반항적이 되기도 하는 것을 발견할 수 있었습니다. 불쾌한 상황에 부닥쳤을 때 '마음의 소리'를 떠올리면 난폭 운전을 멈출 수 있었습니다.

2. 마음의 소리를 들은 대화

"선생님, 이거 시험에 나와요?"라고 물었던 학생의 의도는 무엇이었을까요? 그 학생의 질문에서 '시험에 대한 부담이 크다.', '원하는 성과를 내고 싶다.' 등을 헤아려 볼 수 있습니다. 마음의 소리를 들은 대화는 어떨까요?

> **학생**: 선생님, 이거 시험에 나와요?
> **교사**: 궁금하니?
> **학생**: 예, 중간고사 성적이 나빠서 부모님께 많이 혼났어요.
> 이번에는 점수가 꼭 올라야 하는데…….
> **교사**: 그랬구나.
> **학생**: 저는 중요한 것을 잘 모르는 것 같아요. 공부한 것이 시험에 잘
> 안 나와요.
> **교사**: 학습 목표와 관련된 부분이 중요해. 그와 연관된 것을 꼼꼼하
> 게 살펴보고, 문제를 많이 풀어 보면 도움이 될 거야.
> **학생**: 샘, 고맙습니다.

> 마음의 소리를 듣지 못한 대화
> **학생**: 샘, 우리 반은 왜 만날 종례가 늦어요? 옆 반은 벌써 끝났는데.
> **교사**: 그럼 그 반으로 가.
> **학생**: …….

마음의 소리를 들은 대화

학생: 샘, 우리 반은 왜 만날 종례가 늦어요? 옆 반은 벌써 끝났는데.

교사: 일찍 가고 싶구나?

학생: 예, 학원을 옮겼는데 멀어요.

교사: 전달하거나 확인할 사항이 많으면 늦어질 수밖에 없는데, 방법이 있을까?

학생: 그런 것들을 칠판 옆에 미리 적어 두면 어떨까요?

교사: 오, 그것도 한 방법이네. 그럼 그걸 누가 맡아 하지?

학생: 1주일씩 돌아가면서 하면 어떨까요? 제가 먼저 할게요.

교사: 그래, 고맙다. 얘들아, 너희 생각은 어때?

1. 마음의 소리를 듣는다는 것은 원하는 것을 듣는 것입니다.
2. 내 마음의 소리를 듣고 말하고
상대방이 하는 말에서 마음의 소리를 들으려면
마음이 고요하고 편안해야 합니다.
3. 마음이 고요하고 편안한 순간이 많아지려면
호흡을 관찰하고, 몸에서 일어나는 감각, 감정, 생각 등을
지켜보는 '관찰'을 권합니다.

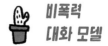

비폭력
대화 모델

1. 솔직하게 말하기: 원하는 것을 말하기

비폭력 대화에서 '솔직하게 말하기'는 원하는 것을 말한다는 뜻입니다. 마음의 소리는 주파수가 맞지 않은 라디오처럼 잡음이 있을 때가 있습니다. 마음이 고요해지면 주파수를 확실하게 맞추어 자신이 진정으로 원하는 것을 말할 수 있습니다.

비폭력 대화 말하기 모델

① **관찰**: (나는) ~을 보거나, ~을 들었을 때

② **느낌**: ~을 느껴.

③ **필요**: 왜냐하면 ~을 원하니까.

④ **부탁**: ~을 해 줄 수 있니?

① 관찰은 보거나 들은 것을 그대로 말하는 것입니다. "핑계 대지 말고."라고 말하는 대신 "몰랐다고 말하는데."라고 상대방이 말한 사실을 그대로 옮깁니다.

"끼어들지 마." → "준희가 말하고 있는데 네가 말하니."

② 불쾌한 느낌이 들면 반응을 하기 전에 감정의 흐름을 지켜봅니다. 이런저런 느낌에 이름을 붙여 봅니다. 강도가 높은 감정에 이름을 붙여 말합니다.

"불편하다."

③ 원하는 것을 찾아서 그것을 말합니다.

"준희 말을 다 듣고 난 다음 네 말을 들었으면 하는데?"

④ 구체적인 수단과 방법을 나에게 또는 상대방에게 부탁합니다.

"준희가 말을 마칠 때까지 기다려 줄래?"

'나'를 주어로 말을 합니다. 학생이 수업 진행 후에 교실로 들어왔을 때 "너 왜 이렇게 늦게 와?"라고 '너'를 주어로 말하면 상대방은 비난이나 강요, 명령으로 듣기 쉽습니다. 학생의 상황에 대한 이해나 배려, 존중 없이 선생님의 의사만 일방적으로 말하기 때문입니다.

말하기 전에 마음의 소리를 듣는 작업이 필요합니다. 학생을 꾸짖고 야단치는 것이 목적인지, 학생의 변화와 협조를 바라는 것인지를 분명히 합니다. "무슨 일이 있었니?"라고 물어서 상대방이 말할 기회를 줍니다. 상대방의 말을 다 듣고 난 뒤 "(나) 걱정했다. 늦으면 미리 알려 줄래?"라고 느낌과 원하는 것을 말하면 상대방도 편하게 들을 수 있습니다.

'너'를 주어로 말하기	'나'를 주어로 말하기
쓰레기통이 이게 뭐냐? 주번(너), 빨리 비워.	① 쓰레기통이 찼네. ② (나) 신경 쓰인다. ③ 5교시가 미술 시간이니 (쓰레기가 많이 나올 것 같아) 쓰레기통을 비웠으면 하는데. ④ 지수야, 쓰레기통 비우는 거 언제 가능하니?
비난, 공격, 명령, 강요로 듣기 쉽습니다.	원하는 것을 구체적으로 말합니다. 상대방이 선택을 할 수 있는 가능성을 열어 둡니다.

2. 공감으로 듣기: 원하는 것을 듣기

> 사랑의 첫 번째 의무는 상대방에게 귀 기울이는 것이다.
> -폴 틸리히(Paul Tillich)-

'공감으로 듣기'란 상대방이 하는 말에서 '원하고 있는 것'을 듣는 것입니다. "개떡같이 말해도 찰떡같이 알아듣는다."라는 말이 있듯이 상대방이 어떻게 말하든 그 '속마음＝본심'을 들어 주는 것입니다.

상대방이 나와 다른 의견을 말하거나 심지어는 반대를 하면 감정이 상해서 공감으로 듣기가 어렵습니다. 책 구입을 위해 도서 목록을 만들었는데 동료 교사가 그것을 보며 "수준이 너무 높은데요. 애들이 읽을까요?"라는 말을 해서 언짢았습니다. "그럼 선생님이 하세요."라는 말은 차마 못 했지만 무척 속이 상했습니다. '애들 수준도 모르고 선정했다는 뜻인가?', '성의 없이 선정했다는 뜻인가?'라며 나에 대한 비난으로 들었습니다.

만약 그렇게 말한 선생님의 속마음을 나와 연관 짓지 않고 '학생들이 많이 읽을 수 있도록 읽기 쉬운 책으로 선정했으면 해서 아쉬운 거로구나.'라는 뜻으로 들었다면 어떻게 반응했을까요? "학생들이 도서관을 많이 이용했으면 해서 쉬운 책으로 고른다고 골랐는데도 어렵나 봐요."라고 말했다면 도서 추천에 대해 그 동료 교사와 깊이 있는 대화를 나눌 기회를 잡았을지도 모릅니다.

이런 일이 가능해지려면 마음을 집중하는 연습이 필요합니다. 어디에서든 허리를 곧게 세우고 앉아 호흡, 몸에서 일어나는 감각, 감정, 생각 등을 그대로 지켜봅니다. 아무런 판단 없이 그냥 바라봅니다. 이런 연습을 하다 보면 상대방이 하는 말이나 행동을 편하게 받을 수 있습니다.

'공감으로 듣기'는 상대방이 힘든 처지에 있을 때 더더욱 필요합니다. 힘든 사람들은 불평, 불만, 비난, 허언, 공격, 중독, 폭력 등 여러 가지 부적응 증상을 보입니다. 학생이 이런 증상을 보일 때 가정에서나 학교에서나 충고, 조언, 훈계, 강요 등으로 가르치려 들기 쉽습니다. 이런 말들은 우위에 서서 하는 말들이기 때문에 본인이 원하는 경우를 제외하고는 귀담아들을 사람이 없습니다. 설혹 가르침을 원했다 할지라도 마음이 상하면 귀는 닫힙니다.

닫힌 귀를 열게 하고 넘어진 사람을 일으키는 것은 입찬소리가 아니라 마음의 소리를 들어 주는 것입니다. 풀리지 않은 마음속 응어리들이 험담, 증오, 분노, 폭력으로 터져 나옵니다. 그런 응어리들이 말하고 있는 마음의 소리에 귀를 기울인다면 응어리들은 조금씩 풀리겠지요.

'학생의 말을 주의 깊게 끝까지 들었더라면 벌줄 일이 아니었다. 이런 상태로 학생들을 가르칠 수 없다.'라는 생각에 수행을 시작하셨다는 어떤 선생님의 이야기를 들은 적이 있습니다.

한 학생이 임신을 해서 학교를 그만두고 아이를 낳아 기르고 있었습니다. 담임 선생님이 아기 옷을 사 들고 와서 밥을 사 주며 "생명을 낳아 기르는 일처럼 위대한 일이 없다. 대단한 일을 하고 있다."라며 가만히 손을 잡아 주셨다고 합니다. 그 학생은 하염없이 눈물이 나와 밥을 먹었는지 눈물을 삼켰는지 알 수 없었다고 합니다. 미혼모로 아이를 낳아 기르는 자신에게 싸늘한 시선이 날아올 적마다 선생님이 해 주셨던 말씀을 떠올리며 자신을 일으켜 세웠다고 합니다. 생명의 소리를 들으셨던 그 선생님께 두 손을 모읍니다.

대화 상대가 나보다 나이가 어리거나 지위가 낮거나 힘이 약한 경우라면 말을 하기보다 들어 주기를 권합니다. 듣기를 7, 말하기를 3으로 한다면 관계는 훨씬 평화로워질 것입니다. 상처는 힘 있는 사람에게서 말로 받는 경우가 많기 때문입니다. 상처 받은 사람은 그 상처로 다른 사람을 아프게 합니다. 누군가를 힘들게 하거나 누군가를 괴롭히는 것은 상처가 깊다는 표식입니다.

공감으로 듣기도 '관찰, 느낌, 필요, 부탁'이라는 네 가지 요소로 이루어져 있습니다.

① **관찰**: (너는) ~을 보거나, ~을 들었을 때

② **느낌**: ~을 느끼니?

③ **필요**: 왜냐하면 ~을 필요로 하기 때문에

④ **부탁**: ~을 해 주기 바라니?

⇩

① "(너는) 쓸데없이 끼어들어 일을 망쳤다."라는 말을 들어서

② 억울했니?

③ 친구에게 도움을 주고 싶었니?

④ 친구를 만나 오해를 풀고 싶니?(선생님 도움이 필요하니?)

3. 공감으로 듣고 말하기: 들은 대로 들려주기(거울 공감)

말하는 사람이 감정이 상해 있거나 힘든 사정을 말할 때는 그 사람이 말을 마칠 때까지 들어 주기만을 권합니다. 말하는 사람은 가슴속에 켜켜이 쌓여 있는 것들을 털어놓고 나면 감정이 누그러져서 마음을 추스를 수 있게 됩니다. 하는 말을 그대로 들려주면 말하는 이가 안정

을 찾는 데 도움이 됩니다.

> **상황:** 명수가 자기를 밀쳤다며 욕을 하는 제석
> 교사가 명수에게 사과하기를 권했고, 명수가 사과했지만 제석은 계속
> 화를 내고 있다.

일방통행: 내 말 하기

제석: (욕설)

교사: 제석아, 그만해라.

제석: 얘가 저를 건드렸잖아요.

교사: 그 일에 대해 명수가 사과했잖아.

제석: 선생님이 시켜서 사과한 거잖아요.

교사: 사과했으면 됐지. 더 이상 어떻게 하니?

제석: 그건 사과한 게 아니잖아요.

교사: 명수가 사과한 걸 아니라고 하면 어떡하니? 선생님이 시켰든 어떻
든 했잖아.

제석: 선생님은 왜 쟤 편을 드세요?

교사: 얘 좀 봐. 내가 언제 명수 편을 들었니? 네가 계속 욕을 하니 그만하
라고 한 거지.

제석: 에잇!

쌍방 통행: 듣고 그대로 들려주기

제석: (욕설)

교사: 제석아, 듣기 불편하다. (느낌 말하기)

제석: 얘가 저를 건드렸잖아요.

교사: 그래서 속상했구나. (느낌 알아주기)

제석: 그럼 기분 좋겠어요?

교사: 그래, 많이 속상했나 보다. (느낌 되풀이)

제석: 그럼요. 쟤 평소에도 눈치 없이 여기저기 끼어서 짜증 나요.

교사: 여기저기 낀다는 생각이 들어서 짜증이 났구나. (거울 공감)

제석: 그럼요. 그래서 다른 애들도 엄청 싫어한다고요.

교사: 그렇구나. (거울 공감)

제석: ……. (제석의 화가 조금 누그러진 것을 알아채기)

교사: 명수가 사과한 것에 대해서는 어떻게 생각하니?

제석: 선생님이 시켜서 한 거잖아요.

교사: 아! 시켜서 한 거라는 생각으로 언짢았구나. (거울 공감, 느낌 알아주기)

　　　 그럼 어떻게 했으면 하니? (원하는 것을 묻기)

제석: 자기가 사과해야지요.

교사: 스스로 사과했으면 한 거구나. (욕구를 알아주기)

　　　 명수야, 제석이 말 들으니 어떠니? (원하는 것을 묻기)

명수: 저도 사과하려고 했어요.

교사: 그래, 너도 사과하려고 했었구나. (거울 공감)

'듣고 그대로 들려주기'는 '거울 공감'을 활용한 대화법입니다. 신기하게도 누군가가 내가 한 말을 그대로 들려주면 올라갔던 감정이 조금씩 내려갑니다. '상대방이 내 말을 듣고 있구나.'라는 생각이 들어 마음이 풀리면서 상대방의 말을 들을 여유도 생깁니다.

4. 거울 공감을 활용한 회복적 서클

회복적 서클은 갈등이 생겼을 때 적용할 수 있는 방법으로 효과가 큰 대화법입니다. 갈등에 관련된 사람들이 각자 마음을 털어놓으며 공감을 하기도 하고 받기도 하는 장치입니다. 회복적 서클의 장점은 사건에 관련된 사람들이 한자리에 모여 이야기를 나눌 장이 있다는 것입니다.

도미닉 바터(Dominic Barter)가 회복적 서클을 만들어 낸 계기는 산책길에서 만난 연인들 덕분이었다고 합니다. 연인들의 말싸움 소리가 약간 떨어져 있던 도미닉 바터에게도 들렸는데 점점 다투는 소리가 커졌다고 합니다. 그는 소리가 점점 커지는 것은 당사자들이 화가 나서 상대방 말을 듣지 못하고 자기 말만 하기 때문이라는 것을 알았습니다.

회복적 서클은 당사자들이 말하고 또 들은 말을 그대로 들려줍니다. 만나기는커녕 말도 섞고 싶지 않고, 심지어는 두렵기까지 한 갈등 상대방이 내 말을 듣고 그대로 말해 주는 것을 들으며 '아, 내 말을 들었네.'라는 데서 감흥이 일어나고, 이는 엄청난 공감력을 불러일으킵니다. 말을 듣고 들려주면서 '아, 그래서 그랬구나.'라고 상대방의 사정이나 처지를 알게 됩니다.

회복적 서클에서는 '중재자'라는 용어 대신 '진행자'라는 용어를 사용합니다. 그 까닭은 제삼자(진행자)가 분쟁 당사자들 사이에서 분쟁을 조정하여 화해를 모색하는 것이 아니라 당사자들이 대화를 할 수 있도록 돕는 역할만을 하기 때문입니다. 서클을 진행하다 보니 진행자는 단지 진행을 할 뿐이지만 당사자들을 수용하는 기운이 서클 진행에 중요했습니다.

사전 서클에서는 갈등 당사자들이 한 사람 한 사람 진행자에게 자신의 이야기를 털어놓습니다. 진행자는 서클을 요청한 사람과 대화를 하면서 특정한 행동이나 말을 하나 집어내 거기에 초점을 맞추어 서클을 진행합니다. 당사자들은 판단 없는 진행자의 경청 덕분에 자신의 이야기를 편하게 털어놓을 수 있어 본(本)서클로 가는 마음을 다지게 됩니다. 진행자는 사건 당사자들 한 사람 한 사람을 만나 말을 듣다 보면 다양한 관점에서 사건을 볼 수 있습니다. 본서클 진행을 안내하고 마칩니다.

본서클에서는 서로 돌아가면서 지금 마음이 어떠한지, 무엇을 원하는지, 누가 알아주기를 바라는지를 말합니다. 상대방은 그 말을 잘 듣고, 들은 그대로 말한 사람에게 들려줍니다. 진행자는 당사자들이 골고루 말할 수 있도록 대화 진행을 돕습니다. 다음으로는 사건 당시에 어떤 심경이었는지, 느낌과 원하는 것을 말하게 하여 당시 했었던 자기 말과 행동에 대한 책임을 자각하게 합니다. 그 후 실천 가능한 행동 약속을 정하고 사후 서클 날짜와 시간을 정합니다.

사후 서클에서는 본서클에서 정한 행동 약속이 지켜졌는지 확인합니다. 지켜졌으면 축하하고 아쉬운 점이 있으면 수정하고 보완하여 새로운 약속을 정합니다.

회복적 서클 3단계: 공동체 안에 갈등이 생겼을 때, 그 '갈등'과 만나는 '시간'과 '공간'을 통해 서로를 깊이 이해하여 마음의 상처를 치유하고 회복한다.

[진행자의 질문]

1단계: 사전 서클

① **행동 확인:** 어떤 일이 있었나?

"서클에 제기하고 싶은 '말'이나 '행동'은 무엇인가요?"

-갈등이 된 말이나 행동을 하나 정하기: 사실로 말하기

② **의미 이해:** 그 일에 대해 어떤 느낌이고 원하는 것이 무엇인가?

-"그 일에 대해 어떤 말을 하고 싶으신가요?"

-느낌, 필요: 원하는 것을 확인하기

③ **참여자 확인:** 갈등에 관련된 사람들 초대하기

-"누가 또 서클에 올 필요가 있나요?"

-"계속 진행하시겠어요?"

④ **본서클 진행 대화 방법에 대한 안내:** 말하고, 들은 것을 그대로 들려주기

-(다른 참가자에게) "○○가 ~일로 서클을 요청했습니다. 그 일에 대해 할 말이 있나요?"

-②, ③ 확인하기

2단계: 본서클

① **상호 이해**: 지금 이 순간 어떤 느낌인지, 무엇을 원하고 있는지를 말한다.

-"그 일의 결과로 지금 어떤지, 누가, 무엇을 알아주기를 바라나요?"

"누구에게 무엇을 말하고 싶은가요?"

② **자기 책임**: 그 일이 일어났던 당시 어떤 의도가 있었는지를 나눈다.

-"그 행동을 했던 그 순간에 하고자 했던 것(의도)에 대해 누가 무엇을 알아주기를 바라나요?"

③ **행동 계획**: 실현 가능한 행동 약속을 제안한다.

-"누구에게 무엇을 제안하고 싶은가요?"

"누구에게 무엇을 요청하고 싶은가요?"

-행동으로 실천 가능한 구체적인 부탁을 하도록 한다.

※ 갈등이 일어난 바로 그 자리에서 응급 본서클을 진행할 수도 있다.

[대화 방법]

A에게	B에게
1. **진행자**: 누가 무엇을 알아주기를 바라나요? A: B가 ~을 알아주기를 바랍니다.	
	2. **진행자**: 무엇을 들으셨나요? (A가 한 말을 그대로 들려준다.)
3. **진행자**: 그것이 맞나요? (B가 들려주는 말이 A가 한 말과 일치하는지 묻는다.)	

4. **진행자:** 더 하고 싶은 말이 있나
요?
   (A가 충분히 말하고 난 다음에 B에
   게 말할 기회를 준다.)

말하는 이가 "맞다."라고 하면 대화를 계속 진행하고 "아니다."라고 하면 다시 말을 하게 하거나 진행자가 "저는 이렇게 들었는데요."라고 들려주어 말하는 이에게 확인한 뒤 들은 이가 다시 말하게 한다.

3단계: 사후 서클

① 참가자의 만족도 조사하기

   -"지난번 행동 계획과 그 결과에 관련해 당신이 지금 어떤지, 누가 무엇을 알아주기를 바라나요?"

② 피드백 참여하기

   -축하, 재조정, 이해와 새로운 계획

*제공: 비폭력평화물결

1. 말하기

① 사실로 말하기

② 느낌을 말하기

③ 원하는 것을 말하기

④ 부탁하기

2. 공감으로 듣기

① 말을 가만히 듣기

② 들은 대로 들려주기: 핵심 내용

③ 느낌에 이름 붙이기, 원하는 것 듣기

4장

관찰(觀察, observation)

육아 휴직을 하고 3년 만에 복직해 학교로 돌아왔더니 그새 많은 것이 달라져 있었습니다. 수업 준비도 새로 해야 하고, 사무적인 것도 익히느라 하루가 어떻게 지나가는지 모를 정도로 바쁜 나날을 보내고 있습니다. 그 와중에 담임을 맡은 우리 반 학생 한 명 때문에 괴롭습니다. 말하는 것, 옷차림, 화장, 머리 모양…… 어느 것 하나 마음에 드는 게 없습니다. 지적을 하면 되레 눈에 불을 켜고 또박또박 따져 가며 대듭니다. 그런가 하면 말도 안 되는 소리를 늘어놓아 피곤하다 못해 화가 치밀어 오릅니다. 타이르기도 하고 달래기도 하고 꾸짖기도 해 봤지만 소용이 없습니다. 지도를 받으면 "맨날 나야.", "또 나야?", "어휴, 지겨워."라고 말하기도 합니다.

더더욱 화가 나는 것은 그 아이와 패를 지어 다니는 아이들이 은근히 그 아이 편을 드는 것입니다. 멀쩡한 그 아이들까지 미워집니다. 수업에 들어가시는 다른 선생님들도 그 학생이 힘들다고 하소연을 하십니다. 조회도, 종례도, 수업도 그 아이를 떠올리면 우리 반 교실로 향하는 발걸음이 무겁습니다. 어떻게 하면 좋을까요? 그 아이를 미워하는 것은 지도에 해가 될 뿐 도움이 되지 않는다는 것을 알면서도 어쩔 수가 없네요. 저항으로 일관하는 학생을 어떻게 지도해야 할까요?

3년 만의 복직이니 학교가 많이 달라졌을 것입니다. 새로운 환경에 적응하느라 여러모로 힘든데 신경 쓰이는 학생까지 있어 교실로 가는 발걸음이 무거우시군요. 그 마음이 또 얼마나 무거우실지 짐작이 갑니다. 학교 옮기기, 복직 등은 몸과 마음에 많은 긴장을 주어 작은 일에도 자극을 받기 쉽습니다. 안팎으로 힘든 상황에서 선생님이 애쓰고 계실 모습을 그려 보니 안타깝습니다.

선생님이 학교생활에 적응하느라 바쁘고 학생 지도에도 많은 힘을 쓰고 계시다는 생각이 듭니다. 특히 학생 지도에 애를 썼지만 효과가 없으니 많이 지치셨을 거예요. 『너무 잘하려고 하지 마세요』라는 책이 있을 정도로, 잘하려고 애쓰는 만큼 스스로에 대한 압박이 커집니다. 압박을 느끼는 만큼 그에 따르는 결과를 기대하게 됩니다. 하지만 뜻대로 이루어지는 일이 얼마나 되겠어요. 기대가 어긋나면 상대방을 탓하거나 미워하기 쉽습니다.

다른 선생님들도 그 학생을 힘들어하신다니 유독 선생님에게만 그런 태도로 대하는 건 아닌 것 같습니다. 짐작건대 선생님에 대한 반항이라기보다는 그 학생의 행동 양식으로 보입니다. '맨날', '또', '지겨워'라는 말 속에서 어디에서도 존중받지 못한 학생의 모습이 보입니다. 이런 경우 억울함이 많이 쌓여 사소한 지적에도 반발하기 쉽습니다.

학생의 반항에 대해 거리를 두기 바랍니다. 학생이 대들거나 짜증을 내면 '나에 대한 것이 아니다. 자신의 마음이 상한 것을 저렇게 표현하는 것이다.'라고 받으시기 바랍니다. 관계에서는 여러 가지 요인이 작용하므로 내가 할 수 있는 만큼만 하고 결과는 맡겨 둘 때 몸과 마음에 긴장을 덜 수 있습니다.

학생들 대상 강의에서 누군가의 협조를 얻으려면 자신의 표정, 감정이 담겨 있는 말투를 관찰해 보라고 누누이 강조합니다. 표정이며 말투에서 불쾌감을 자아내는 학생들이 있기 때문입니다. 조금이라도 감정이 상하면 그런 표정이며 말투가 곧바로 드러나는 것을 봅니다. 자신이 입을 내밀고 있다든가 눈을 치켜뜬다든가 턱을 돌리는 것을 전혀 모릅니다.

그 학생과 어울리는 학생들이 그 학생 편을 드는 듯해 속이 상하다고 하셨지요? 그 시기의 아이들은 또래와의 결속이 큽니다. 잠시 만나는 선생님보다는 일상을 함께하는 친구에게 동조하기 마련입니다. 자신들의 관점, 입장에서 보면 친구에 대한 이해가 훨씬 쉽기 때문이기도 합니다.

어떤 지도도 효과가 없어 점점 더 힘들어지신다면 잠시 멈춰 볼 것을 권합니다. 새로 시작한 생활에 신경 써야 할 일도 많은데, 학생 지도에 애를 쓰고 계시니 선생님의 힘이 떨어지기 쉽습니다. 애쓰면 몸과 마음이 지치고, 지친 마음은 원망이나 비난을 쏟게 됩니다. 학생 지도는 잠시 쉬고 선생님의 지친 몸과 마음을 달래는 것이 먼저입니다.

몸과 마음을 달래는 방법 중 하나는 골치 아픈 일에서 멀어지는 것입니다. 그 학생에게 거리를 두기 바랍니다. 선생님과 학생 사이에 경계

선을 설정하는 것입니다. 누군가에게 확실한 피해를 주는 말이나 행동이 아니면 지도를 멈춥니다. 그 학생을 옆 반 학생 대하듯 하면 어떨까 싶네요. 담임 선생님이 아니라 잠시 '옆 반 담임'으로 역할을 바꾸시기 바랍니다.

지도 대신 그 학생을 관찰해 보세요. 지도가 관계를 멀어지게 했는데 거기에 힘을 쏟는 것은 지금으로서는 역효과만 일으킬 가능성이 큽니다. 거슬리는 말이나 행동을 하더라도 지도하지 마시고 '그냥 그 사건을 있는 그대로 알아차리는 정도'에서 지켜보시는 것이 좋을 듯합니다.

『어린 왕자』를 보면 여우가 왕자에게 "길들인다는 것은 관계를 맺는다는 뜻이야. 누구나 자기가 길들인 것밖에는 알 수 없는 거야."라고 말하며 자신을 길들여 달라고 부탁합니다. "어떻게 하는 거야?"라고 묻는 왕자에게 "우선 내게서 좀 떨어져서 이렇게 풀숲에 앉아 있어. 난 너를 곁눈질해 볼 거야. 넌 아무 말도 하지 마. 말은 오해의 근원이지. 날마다 넌 조금씩 가까이 다가앉을 수 있게 될 거야."라고 말합니다. 떨어져서 지켜보아야 조금씩 다가갈 수 있고, 가까이 다가갈 수 있어야 관계 맺기가 가능하다는 뜻이겠지요.

〈클레어의 카메라〉라는 영화에는 사람들이 시간의 흐름에 따라, 자신의 필터에 따라 얼마나 다양한 관점을 가지고 있는지를 보여 줍니다. 한 대상에 대해 정직하다고 했다가 부정직하다고 하고, 어떤 사람의 눈에는 예쁜 바지가 어떤 사람의 눈에는 성적 관심을 끌려는 옷으로 보이기도 합니다.

클레어는 "왜 사진을 찍는가?"라는 질문에 "내가 당신을 찍고 난 뒤에는 당신은 더 이상 같은 사람이 아닌 거예요."라는 답을 합니다. 클레어는 또 "무언가를 바꿀 수 있는 유일한 방법은 모든 것을 아주 천천히 다시 바라보는 것입니다."라고 말하기도 합니다.

『어린 왕자』와 〈클레어의 카메라〉는 '관찰'에 대해 되짚어 보게 했습니다. 관(觀)은 새가 나무 위에 앉아 눈을 크게 뜨고 본다는 뜻입니다. 새는 150만 개의 시각 세포를 갖고 있어 우리보다 7.5배 정도 시력이 뛰어나다고 합니다. 높은 데서 보니 저 멀리까지 볼 수 있다는 의미겠지요. 찰(察)은 집 안에서 제사를 지낼 때 물품이 제대로 갖추어져 있는지 꼼꼼히 살핀다는 뜻입니다.

관찰을 통해 그 학생이 왜 그렇게 말하고 행동하는지, 그 학생의 어떤 면이 친구들에게 지지를 받는지 살펴보시기 바랍니다. 그 학생의 말과 행동이 왜 거슬리는지, 그 학생에게서 무엇을 기대하고 있는지도 찾아보시기 바랍니다. 그런 것들을 살피다 보면 학생과 어떻게 관계를 맺어야 할지 보일 수도 있습니다. 선생님의 관찰 결과가 궁금해집니다.

무언가를 바꿀 수 있는
유일한 방법은
모든 것을 아주 천천히
다시 바라보는 것입니다.
-영화 〈클레어의 카메라〉 중에서-

 똑똑똑,
마음의 문 두드리기

관찰은 비폭력 대화 모델 첫 번째 요소입니다. '관찰'이라는 단어를 사전에서 찾아보면 '사물이나 현상을 주의하여 자세히 살펴봄'이라고 나옵니다. 비폭력 대화에서 '관찰'은 본 것이나 들은 것을 사실대로 말하는 것입니다. 사실대로 말하기를 권하는 이유는 소통을 위해서입니다.

비폭력 대화 모델을 개발한 마셜 로젠버그는 누군가와 이야기를 할 때 관찰과 평가를 분리해서 말하라고 권합니다. 사실을 말하거나 그 일을 평가할 수는 있지만 그 두 가지를 섞어서 말하지는 말라고 합니다. 사실을 말하고 있는지, 평가를 말하고 있는지를 알아차리라는 뜻입니다. 사실과 평가가 뒤섞이면 소통에 문제가 생기기 때문입니다.

사람들은 저마다 환경, 교육, 가치관, 경험 등을 통해 학습된 잣대를 가지고 있습니다. 그래서 어떤 사람이나 사건을 대할 때면 자신의 잣대로 평가를 합니다. 예를 들어 학생이 말한 그대로 "'친구가 먼저 그랬다.'고?"라고 하면 사실을 말한 것이지만 "넌 걸핏하면 친구가 먼저 그랬다고 하더라."라고 하면 사실과 평가를 섞어서 말한 것입니다.

"'친구가 먼저 그랬다.'고?"라고 학생이 말한 사실을 토대로 대화를 시작하면 상대도 인정하게 되어 소통이 가능해집니다. 그와는 달리 "넌 걸핏하면 친구가 먼저 그랬다고 하더라."고 평가를 섞어 말하면 상대방 입장에서는 자신을 비난하는 것으로 받아들여 감정이 상합니다.

평가로 말하기와 사실로 말하기를 구별해 볼까요?

상황	평가로 말하기	관찰(사실)로 말하기
줌으로 하는 1교시 수업에 학생이 들어오지 않아 전화를 몇 번이나 해서 통화가 됐을 때	"너 아직까지 자고 있었던 거니?"	→ "일어났구나."
기록을 맡기로 한 학생이 나타나질 않았다.	"책임감이 없다."	→ "기록을 맡기로 했는데 보이질 않으니~"
"교무실로 와라."라고 했는데 집으로 갔다.	"제멋대로야."	→ "교무실로 오라고 했는데 집으로 갔으니~"

선생님이 말하고 있는데 턱을 치켜들고 다른 데를 보고 있을 때	"태도가 건방지다."	→ "선생님이 말하고 있는데 다른 곳을 보니~."
친구들은 축제 준비로 바쁜데 휴대 전화로 게임을 하고 있다.	"하는 짓이 얄미워."	→ "게임을 하고 있는 것을 보니~."
친구 몫으로 남겨 놓은 피자를 "걘 피자 안 좋아해요."라고 말하며 먹었다.	"다른 사람 생각을 안 하네."	→ "친구 몫으로 남긴 피자를 먹는 것을 보니~."
활동을 하지 않고 "하면 되잖아요."라고 말했다.	"버릇없이 그게 무슨 말이야?"	→ "'하면 되잖아요.'라는 말을 들으니~."

위의 표처럼 누군가가 나에게 '평가로 말하기'를 한다면 어떨까요? 당황스럽거나 민망하거나 짜증이 나서 변명을 하거나 퉁명스럽게 말하기 쉽습니다. 감정이 상해 버리면 내가 한 말이나 행동에 대한 책임보다 상대방이 한 말에 방점을 찍어 반응하기 때문입니다. 말하는 사람은 원하는 것을 얻지 못하고 듣는 사람은 감정이 상해서 성찰할 기회를 놓치고 맙니다.

무엇인가를 바로잡으려 할 때는 조심스럽게 접근해야 합니다. 말을 할 때 여러 학생이 보는 앞에서 말해도 되는 내용인지 헤아려 보는 시간이 필요합니다. 따로 시간을 갖고 다른 장소에서 나눠야 할 일인지를 따져 봅니다.

관찰(사실)로 말하기를 시작한다면 어떨까요? "일어났구나."라고 말하면 듣는 사람은 상대방이 사실을 말했으니 그 말을 인정하고 그다음 말에 귀를 기울일 것입니다. 관찰로 말하기는 누군가의 집을 방문할 때 문을 두드리듯이 상대방의 마음을 '똑똑똑' 두드리는 것이라고 할 수 있습니다. 말하는 이가 사실을 말해서 듣는 이가 수긍을 하면 대화가 가능해집니다.

관찰은 마음의 길을 따라 여행을 떠나는 것과 비슷합니다. 길을 걸으며 주변의 풍광을 감상하듯 내 마음이 어떻게 움직이고 있는지, 상대방의 표정이나 동작, 말투는 어떠한지를 살펴봅니다. 이 여행에는 필요한 것이 있습니다. 바깥의 상황만이 아니라 내 마음과 상대방의 마음을 좀 더 깊이, 좀 더 선명하게 들여다보기 위해 현미경과 망원경이 필요합니다.

현미경은 나와 상대방 사이에서 일어나는 사건을 보다 섬세하게 살펴보는 데 필요합니다. 어떤 일이 생겼을 때 반응하기에 앞서 내 마음과 상대방의 마음을 헤아려 보려는 노력만으로도 마음의 공간을 넓힐 수 있습니다. 망원경은 언제 필요할까요? 망원경은 삶의 조건과 사건의 전후를 살펴보는 데 쓰입니다. 자극에 대한 반응이 끼칠 파장을 멀리 볼 수 있도록 우리를 돕습니다.

무언가를 보고 들었을 때 관찰로 말하기는 정말로 어렵습니다. 왜냐하면 눈과 귀 등의 감각 기관을 통해 들어온 정보가 의미를 갖게 되는 것은 뇌의 해석이 이루어지고 난 이후이기 때문입니다. 뇌가 정보를 해석할 때는 기억 정보를 바탕으로 주변과 맥락의 관계 속에서 추론하면서 빼거나 채워 넣기를 한다고 합니다.

하루에도 엄청난 양의 정보를 눈과 귀 등을 통해 받아들이지만 자신의 기억을 바탕으로 뇌가 해석한 것만을 사실이라고 알기 때문에 착각이나 잘못된 판단일 때가 많습니다. 저마다의 필터를 통해 세상을 보고 있으니 색안경을 쓴 채로 보고 있다고 해도 지나친 말이 아닙니다. 몸 상태, 마음 상태, 당위적인 생각(답습된 지식 정보), 기억 및 경험에서 비롯된 선입견, 편견, 바로 이전의 사건이 현재의 판단에 개입합니다.

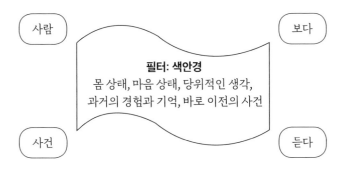

평가를 하지 않고 말하는 것이 현실에서 가능하기는 할까요? 어떻게 해야 사실 그대로 말할 수 있을까요? 일어난 일을 그대로 말하기 위해서는 자신을 관찰하는 것이 먼저입니다. 내 안에서 일어난 필터링의 과정을 관찰합니다. 우리는 자신이 경험한 데이터에 의존하여 무엇인가를 판단합니다. 고로 실제의 그 사람이라기보다는 내가 만들어 낸 인물에 가깝습니다. 어떤 사건에 대해서도 말로 옮기면 내가 지어낸 이야기가 되었습니다. 소문이 눈덩이처럼 커지는 것이 바로 그 예입니다.

'젖을 먹이는 젊은 여인과 노인'이 등장하는 그림을 본 적이 있나요? 〈시몬과 페로(로마인의 자비)〉라는 제목의 이 그림에는 가슴을 훤히 드러낸 젊은 여인과 옷을 거의 벗다시피 하고 젊은 여인의 젖을 빨고 있는 반라의 노인이 등장합니다. 얼핏 보면 참으로 외설스럽고 보기 민망한 상황입니다. 그런데 그 젊은 여인이 실은 노인의 딸이고, 감방에서 아사 직전에 놓인 아버지를 살리기 위해 젖을 먹이는 장면이라는 것을 알고 나면 생각은 180도로 바뀝니다. 이 그림이 우리에게 주는 교훈은 분명합니다. 전후 사정을 알지 못하고 눈에 보이는 대로만 보고 말하는 것은 폭력이 될 수 있습니다. 전후 사정을 헤아린다 해도 내가 쓴 색안경을 인정한다면 판단·평가에 대해 마음을 내려놓을 수 있습니다.

사람, 사건에 대해 알고 있다고 생각하면, 그 생각에 쏠려 다른 것을 볼 수 없는 경우가 많습니다. 함께 사는 가족에 대해 '알고 있다.'라고 생각하지만 그 또한 자기 생각일 뿐입니다. 가출한 아들을 찾아 헤매던 어머니가 아들과 알고 지냈던 여러 사람을 만나는 과정에서 깨달은 것이 있습니다. 아들이 가까이 지냈던 사람들을 통해 아들에 관해 여러 가지 이야기를 들으면서 누구보다 잘 알고 있다고 생각했던 아들을 자신이 색안경을 쓰고 보고 있었음을 인정하게 되었습니다. 어머니는 "아들을 보고 있었던 것이 아니라 내 생각을 보고 있었구나."라고 말했습니다. 그 뒤로 그 어머니는 '가족=자주 만나는 타인'이라는 말에 고개가 끄덕여진다고 했습니다. 그것을 인정하고 나자 비로소 아들을 '내 아들'이 아닌 한 인간으로서 존중하게 되었다고 고백했습니다.

내 마음을 관찰할 때에는 도덕주의적인 판단이나, 비난, 비판, '이런 생각을 하다니……' 할 정도로 창피스러운 생각도 피하거나 누르려 하지 말고 있는 그대로 봅니다. 마음 집중을 통해 '내가 이런 생각을 하고 있구나.' 하고 알아차리는 연습을 합니다.

이때 중요한 것은 생각과 나를 동일시하지 않는 것입니다. 마음이 하늘이라면 생각들은 구름입니다. 이 생각 저 생각이 조건에 따라 구름처럼 모였다 흩어졌다 하는 것입니다. 오가는 생각들에 사로잡히지 않고 흘러가게 내버려 둡니다. 그렇게 혼자만의 시간을 가진 뒤에 편한 마음으로 대화를 할 수 있을 때 상대방을 향해 문을 두드립니다.

• 대화에서 관찰과 평가를 구분합니다.
• 사람 및 사건에 대해 말할 때 '이건 내 생각일 뿐'임을 인정하고 그것을 우기지 않으면 색안경을 벗게 됩니다.

날 선 마음 알아차리기

만약 학생이 욕하는 것을 들었는데 이전에도 그 학생이 욕을 하는 것을 몇 번 들은 기억이 있다면 머릿속에 이런저런 생각들이 떠오릅니다. 그 생각에 따라서 말과 행동이 자동으로 불쑥 튀어나올 수 있습니다. 학생들이 욕하는 것을 듣고 지도하려고 바깥으로 나가다가 문득 '힘든 것을 욕으로 풀고 있구나.'라는 생각이 들어서 말로 가르치는 것에 대해 고민하게 되었다는 말을 들은 적이 있습니다.

고대 로마 철학자 에픽테토스는 "우리를 힘들게 하는 것은 일어난 일 그 자체가 아니라 그 일에 대한 우리의 해석이다."라고 말했습니다. 눈에 보이는 것, 귀에 들리는 것을 내가 어떻게 받아들이느냐에 따라 단절과 연결이 순식간에 결정됩니다.

'마음에 날이 서 있는가?'를 관찰하는 것이 중요했습니다. 관찰한 것을 사실로 말한다 해도 마음에 날이 서 있으면 대화가 힘들었습니다. 상대방도 그 기운을 받아 그 감정에 반응했기 때문입니다. 상한 마음으로 대화를 하면 사실을 말했다 할지라도 관계는 꼬였습니다. 마음이 상했다는 사실을 알면 스스로에게 '멈춤'을 요청했습니다. '일단정지' 신호 앞에 선 것처럼 말도, 문자 메시지도 삼갔습니다. 마음이 고요해야 제대로 사실을 말하고 들을 수 있기 때문입니다.

학급 학생이 문제를 일으켜서 그 학생의 어머니와 만난 적이 있습니다. 그 학생은 지각이 잦고 급식이나 청소 당번도 다른 학생에게 미루는 등의 행동을 보였는데, 수업 시간에 잠자는 걸 깨우는 선생님한테 욕을 하며 책상을 걷어차는 바람에 당시 임신 중이었던 선생님이 크게 놀라는 일이 벌어졌습니다.

예) 상황 A: '평가'로 말하기

담임 교사: 어머니, 미경이에게 얘기 들으셨어요?

어머니: …….

담임 교사: (짜증이 나서) 미경이가 전하지 않았나요?

어머니: …….

담임 교사: 미경이 학교생활이 엉망이에요. 조회·종례도 제멋대로 빠지고, 친구들도 힘으로 괴롭히고요. 어제는 수업 시간에 자고 있다가 선생님이 깨우니까…….

어머니: 집에서는 안 그러는데…….

담임 교사: 어머니, 집하고 학교하고 행동이 많이 달라요.

어머니: …….

저는 상황 A처럼 말했습니다. 학교에 면담 오는 어머니의 불안하고 긴장된 심정을 조금이라도 헤아렸다면 그렇게 말했을까요? '미경이에게 얘기를 들은 어머니가 어떤 태도를 보일 것이다.'라는 기대가 있었습니다. 기대와 달리 아무런 답이 없는 어머니를 보면서 '들으셨나?', '듣고도 모르는 척하시나?'라는 생각이 들어 답답하다고 여기면서 마음에 날이 섰습니다. 질문이 추궁처럼 여겨질 수도 있는 데다 판단·평가로 이어지는 담임 말을 듣고 그 어머니 마음에도 날이 섰겠지요.

자녀에 대한 판단·평가의 말을 듣는 부모의 마음을 조금도 헤아리지 않는 심맹(心盲)이었습니다. 미경이를 지도하는 데 가정의 협조를 얻고 싶은 의도와는 다르게 면담이 진행되었습니다. '맘 따로 말 따로'가 바로 제 얘기였습니다. 다음 날 미경이가 어떤 표정으로 저를 대했을지는 따로 이야기하지 않겠습니다. 훗날 학부모가 되어 그 어머니처럼 학교에서 오라는 일을 겪게 되자 비로소 그때 제가 얼마나 관계에 무지했는지를 깨달았습니다.

다시 면담 준비를 한다면 계절에 맞는 차와 함께 간식거리를 마련하고 다음 사항들을 확인할 것입니다. 어렵고도 힘든 자리이지만 학생의 변화를 위해 학부모님과 유대하고 협력하려 하는 의도를 분명히 할 것입니다.

- 어머니를 오시게 한 의도는 무엇인가?
- 학교에 오시라는 말을 들은 어머니의 마음은 어떠할까?
- 어떻게 말하면 어머니가 상황을 이해할 수 있을까?
- 어머니의 협력을 얻기 위해 무엇을 부탁할까?
- 어머니의 부탁은 무엇일까?
- 자기 일로 어머니가 학교에 오게 됐으니 학생의 심정은 어떠할까?
- 학생이 원하는 것은 무엇일까?
- 어떻게 하면 학생과 어머니의 협조를 얻을 수 있을까?

예) 상황 B: '사실'로 말하기

담임 교사: (차를 권하며) 갑작스럽게 전화를 받고 놀라셨지요?

어머니: 네.

담임 교사: 협조를 부탁드리려고 어려운 걸음 하시게 했습니다.

어머니: ……

담임 교사: 미경이가 학교생활에 대해 어머니께 얘기하나요?

어머니: 재미없다고 그만두고 싶다는 얘기를 자주 해요.

담임 교사: 재미없다고 그만두고 싶다고 얘기하는 걸로 보아 본인도 학교생활이 힘든가 보네요. 조회·종례에 참석하는 경우가 드물어요. 급식이나 청소 당번도 다른 친구에게 하게 하고요. 어제는 수업 시간에 자고 있다가 깨우는 선생님을 향해 책상을 걷어차며 욕을 해서 학생부에 알려졌어요. 그 선생님이 임신 중이라 충격이 더 컸습니다.

어머니: 어쩌다 그런 일이……!

담임 교사: 놀라셨지요? 미경이 학교생활을 알리고 협조를 구하고자 면담 요청을 드렸어요.

어머니: 그랬군요. 저번 학교에서도 강퇴를 당했는데 여기서도 강퇴를 당하면 어떡하지요? 아마 학교를 아예 그만둘 거예요.

담임 교사: 어머니는 미경이가 어떻게 하기를 바라시나요?

어머니: 무사히 졸업했으면 하지요.

담임 교사: 어떻게 하면 그게 가능할까요?

어머니: 임신한 선생님께 저하고 함께 사과를 드리면 어떨까요?

담임 교사: 제가 그 선생님께 여쭤보고 미경이의 의사도 확인할게요. 미경이가 힘든 감정을 화로 풀어서 걱정이에요.

어머니: 맞아요, 선생님. 집에서도 그래요. 미경이가 화를 잡아야 제대로 학교도 다니고 사람 구실도 할 수 있을 거 같아요.

담임 교사: 그렇지요. 미경이가 자기의 감정을 조절할 힘을 기르게 하는 것이 무엇보다 중요해요.

어머니: 어떻게 하면 될까요?

담임 교사: 상담 선생님께 여쭈어서 그런 쪽으로 도움을 받으면 어떨까요?

어머니: 걔가 저번에도 상담을 거부한 적이 있어서…….

담임 교사: 어머니도 함께 상담을 받는다면 어떨까요?

어머니: 저도요?

담임 교사: 예, 어머니도 미경이의 화를 어떻게 대할지 방법을 배우시면 미경이가 화를 조절하는 데 크게 도움을 주실 수 있어요.

어머니: 그럴까요?

　　부모님과의 면담은 학생을 이해하고 지도하는 데 큰 도움이 됩니다. 학교에서 일어나는 많은 문제의 뿌리는 학생의 가정생활과 관련이 있습니다. 부모님을 만나서 면담을 진행한 뒤에 학생과 함께 만나 서로가 원하는 것을 말하고 들어 주는 것을 도와주면 효과가 컸습니다. 부모의 꾸짖음에도, 학생의 저항에도, 교사의 지도에도 사랑이 흐르고 있음을 알게 되었습니다.

　　3월 초 가정 방문 기간을 정하여 가정 방문을 하는 학교가 있습니다. 목적은 담임 교사가 학부모와의 면담을 통해 알게 된 내용 중 전 교직원이 학생 지도 차원에서 꼭 알아야 할 내용을 공유해 지도에 불응하는 학생, 적응이 어려운 학생, 심리적 어려움을 겪고 있는 학생 또는 건강상 어려움을 겪고 있는 학생을 함께 지도하고자 함입니다.

마실 물도 교사가 직접 준비해 가기 때문에 그 어떤 것도 교사를 위해 준비하지 않아도 된다는 가정 통신문을 미리 발송합니다. 신입생의 경우 학교 교육 과정 설명회를 통해 가정 방문의 의미를 학부모님들께 전달해 가정 방문이 원활하게 이루어질 수 있도록 합니다. 2학년, 3학년 때도 가정 방문을 실시합니다. 단, 가정을 방문하기 어려운 상황이 있을 때에는 담임 선생님과 부모님이 협의하여 학교에서 부모 면담을 진행할 수 있습니다.

가정 방문의 가장 큰 장점은 학부모님이 학교를 방문해서 꺼내지 못하는 얘기를 자신의 집에서는 좀 더 편하게 말할 수 있다는 것입니다. 솔직한 대화는 교사와 학부모 간에 신뢰를 형성하는 데 크게 도움이 되어 학생 지도에 협력이 쉽게 이루어졌습니다.

일반 학교에서는 부모님과 면담하는 시기를 정해 만나기도 합니다. 전화나 모바일 메신저로 학부모를 만나기도 하지요. "아이 담임과 통화를 했는데 무척 마음이 상했어요. 상담을 원한다고 문자를 보냈더니 전화가 왔어요. 말 시작부터 '기분 나빠 하지 마시라.'고 하더니 우리 애는 '어차피 정시로 갈 거니까 수시 대상자 상담 끝나고 나중에 상담해도 된다.'라는 말을 사무적으로 했어요. '알았습니다.' 하고 전화를 끊고 나니 애가 공부를 못하는 것도 마음이 상하는데 담임한테까지 무시당한다는 생각에 화가 끓어올랐어요."

담임 선생님이 통화 전에 자신의 마음을 챙기고 학부모님의 마음을 헤아렸다면 어땠을까요? 수시 진학 학생들, 학부모들과의 면담, 여러 가지 서류 준비 등으로 바쁘다는 것을 알아차립니다. 학부모 입장에서는 성적이 우수한 수시 상담 다음이라는 복잡한 마음을 가질 수도 있다는 점을 알아챕니다. 그런 상태에서 "정시 상담은 수시 상담 후에 한다."라는 말을 전했을 때 그것이 사실이더라도 학부모에게 어떻게 들릴지 생각한다면 어떻게 말했을까요? 먼저 "어머니, 여러 가지로 신경이 쓰이시지요?"라는 말로 어머니의 마음에 공감해 드린 뒤에 적당한 때를 보아 수시 상담 얘기는 꺼내지 않고 "정시 상담은 ○일에 하니 그때 뵙고 자세히 이야기를 나눌까요?"라고 말했다면 어땠을까요?

5교시 수업을 하러 갈 때 우리 반을 지나게 되는 요일이 있었습니다. 급식을 교실 복도에서 하던 때라 뒤처리가 중요했습니다. 뒤처리가 안 된 것이 눈에 들어오는 날이 있었습니다. 케첩 묻은 동그랑땡이 나뒹굴고 김 가루도 보였습니다. 교실 뒷문을 열고 급식 당번을 찾자 한 학생이 일어났습니다. "유진아, 복도가 지저분해. 수업 끝나고 치워라." 다정한 목소리로 부드럽게 말했습니다.

그로부터 며칠 뒤 다시 급식 뒤처리가 안 된 것이 보였습니다. 교실 뒷문을 열고 급식 당번을 찾자 이번에는 툴툴거리기 잘하는 학생이 일어났습니다. "복도가 저게 뭐니? 빨리 빗자루, 걸레 들고나와서 치워." 라고 말하고 계단을 올라가는데 제 안에서 어떤 목소리가 들렸습니다. '저번에는 상태가 훨씬 더 심했는데도 수업 끝난 뒤에 치우라고 부드럽게 말해 놓고 이번에는 짜증을 내며 곧바로 치우라고 하다니.'

마음에 날이 서 있는 것을 알아채자 상대방에게 가지고 있는 기대, 선입견, 편견 등을 볼 수 있었고, 그것이 관계에 어떻게 작용하는지도 알게 되었습니다. 상대방을 못마땅하게 여기고 미워하는 마음(怨望)이 클수록 그 아래 얼마나 강력한 바람(願望)이 있는지를 알게 되자 비난도, 자책도 멈추게 되었습니다. 상대방을 미워하고 원망하는 데 힘을 쓰기보다 원하는 것에 힘을 기울이는 것이 서로에게 이롭다는 것을 깨달았기 때문입니다.

관계의 문을 여는 열쇠는 말하고 행동하는 것을 관찰하는 것이었습니다. 내가 하는 말과 행동을 관찰하면 상대방을 판단·평가하는 일이 줄어들었습니다. 그런 기운으로 말하면 자신이 원하는 것을 얻지 못한다는 것을 알았기 때문입니다. 원하는 것을 분명하게 말하고 있는지, 말에 어떤 감정이 실려 있는지를 관찰하게 되었습니다.

관찰을 하자 몸이나 마음 상태에 따라, 외부적인 조건에 따라 말과 행동이 달라질 수 있다는 것을 알게 되었습니다. 한결같기를 원한다는 것은 나에게나 상대방에게나 무리한 요구였습니다.

언제 힘을 얻고 언제 힘이 빠지는가? 무엇을 비난하고 무엇을 칭찬하는가? 스스로에게 '~을 해야 한다.'거나 '~을 하지 말아야 한다.'라고 강요하고 있는가? 어떤 습관이 있는가? 그 습관을 지속하고 싶은가, 고치고 싶은가? 어디에 시간을 쓰는가? 누구를 만나는가? 무엇에 돈을 쓰는가? 등등을 관찰하니 삶이 보였습니다. 습관적으로 하던 것에서 어떻게 하는 것이 이로운지를 찾게 되었습니다.

날 선 마음 ⇨ 불편한 마음 ⇨ 알아차리기 ⇨ 사실로 말하기
① 편견   대화 가능
② 선입견   → 원하는 것을
③ 고정 관념   얻을 수
④ 상한 감정   있습니다.

경계 존중하기

존중, 돌봄을 실천하는 방법의 하나로 경계 지키기를 제안하곤 합니다. 도로에 그어져 있는 선처럼 사람과 사람 사이에도 경계가 있습니다. 다른 사람으로부터 나를 보호하고 '나'로 온전하게 있을 수 있게 해 주는 울타리가 바로 '경계'입니다.

눈에 보이는 경계로는 공간과 몸이 있습니다. 눈에 보이지 않는 경계로는 시간, 내 일과 네 일 구분, 감정이 있습니다. 경계를 의식할 때 존중이 시작됩니다. 다른 사람의 공간에 들어갈 때 문을 두드리듯이 마음의 공간에 들어갈 때는 시간을 의식하고 "~에 관해 이야기를 나눌 수 있을까요?"라고 말하며 감정 상태도 살핍니다.

『당신이 옳다』라는 책에서는 개인과 개인 간의 경계를 국경에 비유하고 있습니다. "아!" 하는 감탄이 나오는 비유였습니다. 관계에 '국경'이 있다는 것을 인정하면 몸과 마음의 영토에 허락 없이 들어가지 않을 것입니다. 위험한 경우를 제하고는 다른 사람의 삶에 함부로 개입하는 것은 무단 침입이자 선전 포고나 다름없으니 말입니다. 어떤 관계라 할지라도 상대방의 물리적인 영토, 심리적인 영토를 존중하면 얼굴 붉힐 일이 줄어듭니다.

나이나 지위, 역할을 명분으로 국경을 무단 침입하기 쉽습니다. 반대의 경우에는 자신의 경계를 지키기가 어렵습니다. 우리 반 학생들 가운데 교칙을 위반한 학생이 많다면서 해당 부서 부장 선생님이 직접 교실에 들어가 학생들 복장 검사를 하고 지도를 한다면 어떨까요? 그런 일이 있고 난 뒤 그 말을 전해 들었다면 어떻게 하시겠어요? 그 부장 선생님이 경계에 대한 인식이 있었다면 담임에게 도움이나 협조를 구하든가 동의를 얻든가 했겠지요.

학생들과 경계 침입 사례를 찾아보면서 부끄럽기도 하고 화가 나기도 하고 슬프기도 하고 절망적이기도 했습니다. 메일, 휴대 전화, 가방 및 방 뒤지기, 옷, 머리 모양, 화장 지적하기, 교우 관계 간섭하기, 몸이 아프거나 주말에도 학원 보내기, '자라. 먹어라. 씻어라.' 등등 끝이 없었습니다. 경계에 대한 인식과 존중이 가능하기는 할까 해서 암담했습니다.

첫 학교에 근무했을 때였습니다. 교감 선생님이 머리 모양, 옷 입는 것까지 간섭했습니다. 삼각 스카프 모양의 장식이 달린 블라우스를 뒤에서 잡아당기기까지 했습니다. 이유를 묻자 너풀거려서 학생들이 집중하는 데 방해된다며 입지 말라고 했습니다. 황당하고 억울했지만 그 말을 어기고 계속 입고 다닐 용기가 없었습니다.

한 학생이 값비싼 전자 제품을 교실에서 분실한 사건이 발생했습니다. 체육 시간이 끝나고 교실에 와 보니 물건이 사라졌다는 것입니다. 그날 그 시간에 체육 활동을 한 반은 전교에서 두 반뿐이었습니다. 체육 활동 중에는 비교적 이동이 쉽다는 생각에 다른 학년 학생들이 의심을 받게 되었습니다.

문제는 후배인 다른 학년 학생들에게 동의를 구하지 않고 선생님과 학생들이 그 반 학생들의 가방을 뒤진 것입니다. 그 사실을 알고서 후배 몇 명이 문제를 제기하자 선생님이나 학생들이나 "네가 그 비싼 제품을 잃었다면 어떡했겠냐?"라고 말하면서 허락받지 않고 가방을 뒤진 것을 당연시했습니다.

문제를 제기하러 교무실로 찾아왔던 두 학생 중 한 명이 한 말입니다. "우리 반 친구들도, 가방을 뒤진 선배들도, 선생님들도 허락 없이 다른 사람의 가방을 뒤진 행동을 정당화하는 것이 정말 슬펐어요. 인권보다 비싼 물건을 더 중시한다는 사실에 절망적이었어요. 그나마 우리 말에 고개를 끄덕여 주신 선생님이 계셔서 위로가 됐어요."

'미투'라는 말이 여기저기에서 화제로 오르내릴 때였습니다. 선생님은 여자 친구 관계가 화려한 반 학생이 걱정되었다고 합니다. 그 학생을 불러서 슬그머니 '미투' 얘기를 꺼내니 학생은 웃으면서 "선생님, 절 걱정하시는 거죠? 염려 붙들어 놓으세요. 이성 친구로 사귀자고 서로 인정해야 손도 잡고 그래요. '싫다.'라고 하는데 억지로 하면 그건 범죄예요. 다시 사람 이성 친구로 돌아가면 하이 파이브도 조심해요."라고 말하더랍니다. 가르치려다 오히려 교육을 받았다며 들려주신

이야기입니다.

상대방이 나의 경계를 침범하는 말이나 행동을 한다면 의사를 분명하게 표현합니다. 상대방이 하는 말이나 행동에서 무엇이 불편한지 알립니다. 스스로 나의 경계를 지킬 때 자존감, 효능감, 자신감을 가질 수 있습니다. 건강한 인간관계 형성을 위해서도 경계에 대한 주의를 환기할 필요가 있습니다.

상대방이 권위자이면 그 자리에서 표현하기 어렵습니다. 하지만 표현을 하지 않으면 상대방은 자신이 경계를 침범했다는 것을 인식하지 못하고 되풀이할 수 있습니다. 어떤 방법을 써서라도 상대방에게 알려야 합니다. 이는 나를 피해자로, 상대방을 가해자로 만들지 않기 위함입니다.

규칙이나 교칙을 위반해서 지도할 때 경계에 대한 인식을 가지는 것이 필요합니다. 강제로 무엇인가를 하게 할 때 경계를 침범하기 쉽기 때문입니다. 억지로 하게 하는 것이 아니라 자신에게 이롭기 때문이라는 것을 깨닫게 하면 스스로 행동을 수정할 가능성이 커집니다.

경계를 지키기 위한 활동으로 '내 일인가, 네 일인가?'를 따져 봅니다.

1) 내 일인가?

- 내가 책임질 일인가?
- 나의 변화를 위한 일인가?

- 내가 말하고 행동할 일인가?

2) 네 일인가?

- 상대방이 책임질 일인가?

- 상대방의 변화를 위한 일인가?

- 상대방이 말하고 행동할 일인가?

  예) 담배를 끊는 것은 학생의 일이고(네 일),

  교사는 그것을 도와줄 수 있다(내 일, 즉 교사의 일).

  → 어떻게 도와줄 것인가?

이름을 바꿨다며 기록 변경을 요청하는 학생에게 선생님이 질문을 던졌습니다.

교사: 이름을 왜 바꿨어?

학생: 바꾸는 게 좋다고 해서요.

교사: 뭐가 좋다는데?

학생: ……일이 잘 풀리게 된대요.

교사: 노력을 해야 일이 풀리지 이름 바꾼다고 일이 풀리냐?

학생: …….

"노력을 해야 일이 풀리지 이름 바꾼다고 일이 풀리냐?"라는 말을 듣자 학생의 표정이 순식간에 어두워졌습니다. "노력을 해야 일이 풀리지 이름 바꾼다고 일이 풀리냐?"라는 말은 상대방이 한 일(학생이 이름을 바꾼 것)에 대해 부정적인 평가를 내린 것으로 경계 침범에 해당합니다.

어떻게 하면 내 경계를 지키고, 상대방 경계를 지켜 줄 수 있는지에 관한 질문을 받곤 합니다. '거절을 하기와 거절을 편안하게 듣기'에 달려 있다고 답을 합니다. 거절을 하기는 내 경계를 지키기 위함이고, 거절을 편안하게 듣기는 상대방 경계를 존중하는 것이기 때문입니다. "'아니요.'라고 말할 수 있는 능력은 36가지 질병으로부터 당신을 구한다."라는 인도 속담은 원하지 않는 것에 대한 거절이 자신을 구한다는 사실을 알려 주고 있습니다.

상대방의 부탁이나 제안을 받으면 '내가 진정으로 원하고 있는가? 시간 에너지 재정이 가능한가?'라고 자신에게 물어봅니다. 상대방이 나의 부탁이나 제안을 거절했을 때는 자신에게 '상대방이 무엇을 원하고 있는가? 그 필요, 욕구가 나에게 어떤 가치가 있는가?'라고 물어봅니다.

"한 해를 돌아보니 수업이나 학급 운영에서 제게 다가오는 활발한 학생을 가까이하는 경향이 있었습니다. 반대로 반항하는 학생들은 못마땅해서 멀리했고요. 그러다 보니 편애하는 학생들도, 못마땅해하는 학생들도 저로 인해 영역을 침범당하는 일이 잦았다는 것을 발견했습니다. 더불어 자기표현을 하지 않는 학생들, 저에게 다가오지 않는 학생들을 제 영역에 초대하고 환대하는 일이 필요하다는 것도 알게 됐어요. 학생들과의 관계에서 경계를 의식하는 일이 하나의 숙제가 됐어요.

〈세상에 나쁜 개는 없다〉라는 프로그램을 보면 정말 나쁜 개는 없었습니다. 개가 이상 행동을 보이는 것은 대부분 그 개의 특성을 제대로 파악하지 못한 보호자들의 행동 때문이라는 사실을 알 수 있었습니다. 반려견과 보호자의 상호 작용을 관찰해서 개선해야 할 점을 찾아냅니다. 반려견을 하나의 독립적인 주체로 존중하고 영역과 경계를 인정해 주어 반려견과 보호자가 행동을 바꾸게 하는 방식은 감동적이었습니다.

나쁜 학생 역시 없었습니다. '쟤만 다른 반으로 가면 수업이고 학급 운영이고 완벽할 텐데.'라는 생각이 들게 한 학생들을 관찰해 보면 그 아이의 삶의 조건이 그렇게 행동하도록 하고 있었습니다. 그것을 알고 나니 아이를 바라보는 제 마음이 편해져서 말이나 행동이 달라졌습니다. 그런 경험들로 '좋은 사람', '나쁜 사람'에 대한 판단·평가를 내려놓을 수 있었습니다.

우리 뇌는 판단하고 평가하는 데 익숙해져 있어서 관찰로 가려면 몇 단계 작업을 거쳐야 합니다. 불쾌한 느낌이 들었을 때 일어난 일(사실)은 무엇이고, 그것에 대해 내가 어떤 판단과 평가를 내리고 있는지 구분합니다. 불쾌함의 강도가 높을 때는 종이에 적어 봅니다. 왼쪽에는 내가 내리고 있는 판단이나 평가를 적고 오른쪽에는 상대방이 한 말이나 행동을 적습니다.

관찰을 하면서 깨달은 것은 '나는 색안경을 쓰고 있다. 순전히 내 생각이다.'라는 사실입니다. 덕분에 "이래야 한다. 저래야 한다."라며 언성 높여 우기는 일이 적어졌습니다. 눈길 가는 곳에 마음이 가고 마음이 가는 곳을 관찰로 대하면 사랑이 흐르고 있다는 것을 깨달았습니다.

대화를 할 때

1. 사실과 평가를 구분하여 말하기

2. 날 선 마음 알아채어 말과 행동 멈추기

3. 사람과 사람 사이의 국경(경계) 인식하고 존중하기

5장

느낌에
이름 붙이기

교생 선생님 한 분과 차를 마시면서 교생 실습에 관한 이야기를 나누었습니다. 제가 교생 선생님에게 수업 참관 소감을 묻자 이런 저런 이야기 끝에 "선생님들이 표정이 없어서 수업이 더 지루하게 느껴지는 것 같다."라고 했습니다. 그에 대해 자세히 물어보니 수업 시간에도 조회와 종례 시간에도 무표정한 분들이 많아서 뒤에서 참관하는 동안 무척 지루하다는 것이었습니다.

그 말을 들으니 "변화를 얻고 싶으면 수업 장면을 찍어 보라."던 선생님의 말씀이 떠올라 제 수업을 동영상으로 찍어 보았습니다. 정말 그 교생 선생님의 말씀대로 저 역시 수업 내내 무표정이었습니다. 어조도 똑같고, 동작도 변화 없고, 얼굴도 무표정이니 계속 보기가 괴로웠습니다. 내가 학생으로 앉아 있다고 상상해 보니 "아이고." 곡소리가 절로 나왔습니다.

선생님께서 강의 중에 우리가 감정을 누르거나 피하거나 숨기거나, 심지어는 위장한다고 하셨잖아요. 그래서 우리가 후회하는 일들 중에서 감정을 몰랐기 때문에 일어난 일도 많다고 하셨어요. "나는 내 감정을 어떻게 대하고 있나?"라고 물어보라고 하셨지요. 저 역시 제 감정을 잘 모르는 데다 누르고 위장하고 있었습니다. 싫어도 "괜찮아요."라고 말하고 있더군요.

아들에게 고민을 털어놓으며 조언을 구했더니 TV 예능 프로그램을 보며 연구하라고 하더군요. 예능 프로그램을 보면서 깨달은 점이 있습니다. 상대방의 어떤 말도 유머로 가볍게 받기, 감정을 드러내기, 상호 작용! 어떤 내용이든 감정을 섞어 전달해야 재미를 가져온다는 것을 깨달았습니다.

감정을 섞어 수업을 진행하려니 막막했습니다. 어떻게 감정을 표현해야 할지 몰라 암담했습니다. 그래서 틈만 나면 감정을 말로, 표정으로, 동작으로 표현하는 연습을 했습니다. 엘리베이터 안에서도 혼자 있을 때는 거울을 보면서 여러 가지 감정을 표정으로 드러내는 연습을 했습니다. 쑥스럽기도 했지만 재미있기도 했습니다.

학생들에게 제 감정을 솔직하게 표현합니다. "나 지금 화났다."라고 말하면 아이들도 조심하곤 합니다. 놀랍게도 그렇게 말하고 나면 금세 화가 풀려서 학생들이 "선생님, 화난 거 맞아요?"라고 물을 때도 있습니다. 요즘에는 학생들이 감정을 표현하곤 합니다. 어떤 때는 지나치다 싶게 표현해서 "얘들아, 살살 해 다오."라고 말할 정도입니다. 이렇게 감정을 표현하기 시작하면서 학생들과의 갈등이 확 줄었으니 신기하기만 합니다.

2학기 정·부회장 뽑는 것을 동영상으로 찍었습니다. 후보자 학생들이 신나게 발표하고, 듣고 있는 학생들은 즐겁게 호응해서 담임으로서 흐뭇했습니다. 학생들이 서로서로 공감하며 발랄하고 활기찬 분위기를 만들고 있었습니다. 활기찬 정·부회장 선거를 보면서 "교직 생활의 성공!"이라고 자화자찬했습니다. 반 분위기가 좋다고 여러 선생님께 칭찬을 듣기도 합니다. 제게 일어난 변화를 선생님께 자랑하려고 동영상을 함께 보냅니다. 앞으로도 동영상을 자주 찍어 저를 만나려고 합니다. 선생님, 고맙습니다.

선생님의 비포 앤 애프터(before & after) 동영상은 놀람과 감동의 연속이었습니다. 교실 정경이 흑백 영화에서 천연색 영화로 바뀌는 듯했습니다. 정·부회장 선거가 마치 축제처럼 진행되는 광경을 보며 선생님이 이루어 낸 변화가 놀라웠습니다. 입후보한 학생들과 선거를 지켜보는 학생들의 호응에 "아~!" 하는 감탄이 길게 나왔습니다. 누구라도 선생님이 보내 주신 동영상을 보면 즐거움과 흥겨움으로 신이 날 겁니다. 저도 동영상을 보는 내내 흥겨웠습니다. 공감과 감흥으로 번져 가는 축제 현장이었습니다.

후보자 한 명이 말할 내용을 깜박하고 당황하자 친구들이 안타까워하는 모습에서 한마음이 느껴졌습니다. 한 친구가 손을 흔들며 "힘내라! 힘내라!"라고 외치자 금세 반 친구들이 모두 함께 손을 흔들며 "힘내라!"를 외치는 모습은 정말 감동이었습니다. 그 학생이 어찌나 입을 크게 벌리고 웃는지 제 마음까지 환해졌습니다. 경쟁자라고도 할 수 있는 다른 입후보자들도 열심히 그 학생을 응원하는 모습을 보니 연결과 유대가 무엇인지 보여 주는 듯해 가슴이 벅찼습니다.

선생님, 얼마나 뿌듯하고 흐뭇하셨어요. 정·부회장 선거 동영상을 보면서 선생님이 말씀하신 "교직 생활의 성공!"을 넘어 "인생 성공!"이라고 외치셔도 되겠다고 생각했습니다. 카메라가 교실 전체를 빙 돌아가며 학생들을 비추는데 그 표정들이 얼마나 환하고 밝은지 "대한민국!"을 외치던 월드컵 대회가 생각날 정도였습니다. 감정을 말하고 들어주는 교실이 어떤 정경인지를 눈으로 확실하게 보았습니다.

바깥의 어떤 자극도 내 안에 씨앗이 있어야 그것과 결합해 화학 작용이 일어난다고 합니다. 그 화학 작용의 결과로 선생님이 맡으신 반은 감정이 꽃을 피우는 교실이 되었더군요. 교생 선생님의 말씀을 듣고 '수업이란 게 다 그렇지 뭐.'라고 넘기지 않으시고 감정 표현을 연습하고 동영상을 찍어 확인한 선생님의 시도! "시작이 반이다."라는 말을 입증하셨습니다.

선생님이 보내 주신 동영상을 보면서 영화 〈어바웃 타임(About Time)〉이 생각났습니다. 삶을 잘 사는 방법 중 하나를 표현한 영화입니다. 주인공은 시간을 되돌릴 수 있는 특별한 능력이 있습니다. 후회스러운 일이 생겼을 때 컴컴한 데로 들어가 눈을 꼭 감고서 그 순간을 떠올립니다. 자기 공감의 한 순간입니다. 다시 그 순간으로 돌아가 원하는 것을 충족하는 새로운 장면을 만들어 냅니다.

선생님 덕분에 〈어바웃 타임〉을 다시 한번 보면서 그 영화에 새로운 제목을 달았습니다. '감정과의 동행'이라고요. "우리는 삶의 매일매일 시간 여행을 하고 있어. 이 놀라운 여행을 만끽하기 위해 최선을 다하는 거야."라는 영화 속 대사처럼 '최선을 다하는 것'은 감정을 만끽하는 것이라는 생각을 했습니다. 감정을 만끽하는 것이 감정과의 동행이지요. 감정과의 동행은 전 생애에 걸쳐 가능한 일입니다. 그 순간의 감각에 활짝 열려 있어서 일어나는 감정을 깊이 느끼는 것입니다. 그곳에서 삶은 생생하게 피어나기 때문입니다. 고맙습니다. 선생님 덕분에 새로운 동행을 시작하게 되었습니다.

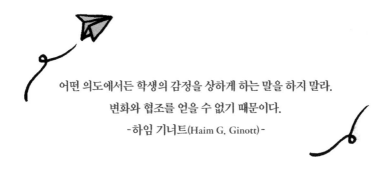

어떤 의도에서든 학생의 감정을 상하게 하는 말을 하지 말라.
변화와 협조를 얻을 수 없기 때문이다.
-하임 기너트(Haim G. Ginott)-

부정적인 생각에서 느낌으로 건너가기

비폭력 대화의 두 번째 요소는 '느낌'에 이름 붙이기입니다. 느낌이란 어떤 자극에 접했을 때 몸이나 마음에서 일어나는 반응을 뜻합니다. 자극이 불쾌하게 느껴지면 부정적인 생각이 일파만파로 번지기 쉽습니다. 그런 생각에 휘둘리면 판단을 잘못해 일과 관계를 그르치게 됩니다. 느낌에 이름 붙이기란 생각으로 가는 것을 멈추고 몸이나 마음에서 어떤 움직임이 일어나는지 지켜보고 거기에 이름을 붙이는 것을 말합니다.

자극을 받았을 때 일어나는 감정을 해석하는 것은 뇌의 편도체입니다. 편도체의 신경 세포는 불쾌한 느낌에 관여하는 신경 세포 수가 4배 가량 더 많다고 합니다. 그 이유는 우리의 생존 본능과 관련이 있습니다. 길을 걷는데 어디선가 "쿵!" 하는 소리가 들리면 호기심에 소리가 난 곳으로 향할까요? '위험하다.'라는 생각에 주변을 살필까요? 자극에 부정적인 판단을 내리고 조심하는 것이 생존에 유리했기 때문에 후자일 확률이 높습니다. 이로써 우리는 일상에서 유쾌한 느낌보다 불쾌한 느낌을 더 많이 느끼고 크게 받아들입니다.

두려운 생각에서 일어난 느낌들에는 '좋지 않은, 나쁜'이라는 평가와 함께 '부정적인 느낌'이라는 꼬리표가 달려 있습니다. 그래서 그런 느낌이 일어나면 누르거나 감추거나 외면하는 경우가 많습니다. 감정을 인정하지 않으므로 울고 있는 사람에게 "울지 마."라고 하거나 "그게 화(짜증)낼 일이냐?"라는 말로 다른 사람의 감정까지 차단합니다. 그로 인해 "감정적이다."라는 말을 들으면 '유치하다.' 또는 '미숙하다.'라고 해석해 비난으로 받아들이기도 합니다.

이렇게 감정을 누르고 외면하면 억눌린 느낌들은 몸과 마음에 고스란히 쌓여 있다가 생각지도 못한 곳에서 튀어나오게 됩니다. 풀어내지 못한 감정을 가까운 사람, 힘없는 사람, 동물에게 터뜨립니다. "종로에서 뺨 맞고 한강에 돌 던진다."라는 속담이 그것을 말해 주고 있습니다. 집에서 반려동물을 괴롭히는 사람이 그 집의 약자라는 말이 있습니다.

사회면 뉴스를 보다 보면 왜 이런 일이 일어나는지 망연자실해질 때가 있습니다. 그런 사건, 사고 이면에는 다양한 요인이 있겠지만 감수성이 무뎌진 자리, 감정을 풀어내지 못한 곳에서 폭력이 싹튼다는 것을 알게 됩니다. 사건 당사자들이 성장하는 과정에서 억울함과 분노를 충분히 표현하고 그것을 알아주는 누군가가 있었더라면 그런 극단까지는 오지 않았으리라고 생각합니다.

느낌은 생명을 살리기도 하고 죽이기도 하는 엄청난 힘입니다. 느낌은 힘이라서 사람들은 그것을 감당하기 어려워합니다. 감정을 누르다 화나 우울감으로 드러내기도 하고 자신을 해치거나 다른 사람을 해치는 위험한 상황으로 몰고 가기도 합니다. 그런가 하면 최소한의 의무만 행사하는 소극적인 삶으로 그날이 그날인 활력 없는 삶을 살게 됩니다. 그것조차 할 기력이 없는 무기력한 상태로 가기도 합니다.

비폭력 대화는 생각에서 느낌으로 건너가기를 권합니다. 느낌을 알아차리면 자극에 대해 걷잡을 수 없이 뻗어 나가는 생각을 멈출 수 있기 때문입니다. '아, 화가 났구나.'라고 알아차리면 치솟던 불길이 조금씩 가라앉습니다. 내 감정을 알아차리는 훈련이 몸에 익으면 부정적 느낌이라는 꼬리표에 휘둘리지 않게 됩니다.

'생각'을 '느낌'으로 표현하는 경우가 있습니다. "따돌림당한(무시당한, 이용당한) 느낌이야."라고 말하는데 "따돌림당했다는 생각이 들어."라는 표현이 적절합니다. '~당한, ~받은, ~몰린'이라는 표현은 생각을 나타내는 말입니다. 이런 생각들을 하고 있으면 피해자 의식으로 상대방에 대한 적대감이 부풀어 오릅니다.

강요**당한**	버림**받은**	이용**당한**
거절**당한**	오해**받은**	인정**받지 못한**
공격**당한**	위협**당한**	조종**당한**
궁지에 **몰린**	의심**받은**	학대**받은**
따돌림**당한**	무시**당한**	협박**당한**
배신**당한**	창피 **당한**	……

'따돌림당했다.'라는 생각이 들었을 때 '외롭고, 쓸쓸하고, 속상하고, 화나고, 슬프고, 억울하고, 두려운'이라는 느낌을 만났습니다. 내 안의 느낌을 만나는 순간 사람들을 향한 서운함과 원망은 뒤로 물러났습니다. '두려워서 떨고 있구나. 많이 외롭고 쓸쓸하고 속상하구나.'라고 그 느낌을 알아주자 눈물이 주르르 흘렀습니다. 괴롭고 힘든 생각의 다리를 건너 느낌으로 가면 새로운 세상이 펼쳐졌습니다. 그것이 치유이고 회복이었습니다.

 느낌의 종류

1. 몸에서 일어나는 느낌, 마음에서 일어나는 느낌

느낌에는 몸에서 일어나는 느낌, 마음에서 일어나는 느낌이 있습니다. 몸에서 일어나는 느낌은 비교적 알아차리기 쉽습니다. 발걸음이 가볍거나, 허리가 쭉 펴지거나, 가슴이 답답하거나, 다리에 힘이 풀리거나, 위로 열이 솟구치거나, 머리가 아프거나, 입술에 힘이 들어가거나 등등 감각 작용으로 인해 신호가 직접적이고 선명하기 때문입니다.

그에 비해 마음에서 일어나는 느낌은 거기에 관심을 두고 있어야 알 수 있습니다. 생각으로 인해 일어나는 느낌이 많아 알아채기가 어렵습니다.

2. 충족한 느낌, 충족하지 못한 느낌

'푸근한, 고요한, 재미있는, 당당한' 등과 같이 원하는 것을 충족한 느낌과 '답답한, 괴로운, 놀란, 울적한' 등과 같이 원하는 것을 충족하지 못한 느낌으로 나눕니다.

3. 1~3차 느낌

감각 기관을 통해 일어나는 1차 느낌, 생각에서 오는 2차 느낌, 가족

관계 등 과거 경험, 답습된 지식에서 일어나는 3차 느낌으로 나누기도 합니다.

1차 느낌

- 감각 기관을 통해 일어나는 느낌입니다.
- 학생의 몸에서 지린내가 납니다.
  - → 지린내 = 불쾌/놀람

2차 느낌

- 생각에서 오는 느낌입니다.
- '엄마가 제대로 관리를 하지 않나?'
  - → 언짢은, 신경 쓰이는
- '엄마가 없나?'
  - → 걱정스러운, 궁금한
- 2차 느낌은 평소 자신이 사람이나 사건에 대해 어떤 생각을 하고 있는지를 알려 줍니다. 느낌을 불러일으키는 생각을 찾다 보면 자신이 생각하는 경향을 알 수 있습니다.

예) 학생회장에 입후보한 학생이 학생 인권에 어긋나는 교칙 개정을 공약으로 제시했습니다.
교사 A: 교칙 개정을 생각하다니 놀랍네. —놀라움(쾌)
교사 B: 애들 표를 얻기 위한 선심 공약이네. —언짢음(불쾌)

3차 느낌

- 성장 과정에서 가족 관계의 역동 속에서 특정 느낌을 학습하고 체화해 지금도 풀어내고 있는 느낌입니다. 성장 과정에서 해결하지 못한 느낌으로, 낡았지만 편해서 자주 입는 옷처럼 습관화된 느낌입니다.

- 상대방이 내게 하는 말이나 행동에서 '무시한다. 소홀히 한다. 무심하다.' 라는 해석을 자주 해 특정 감정이 일어납니다.

  → 사랑(존중)받지 못했다.

- 3차 느낌은 과거에 일어난 일들로 인해 마음에 깊이 새겨진 느낌입니다. 가족 관계에서 발생한 느낌으로 자주 찾아옵니다. 과거에 언제 이런 느낌을 느꼈는지 찾아봅니다. 과거의 답습이라는 것을 알면 지금 누군가를 탓하는 것을 멈출 수 있습니다.

예) 어렸을 적 별명이 수도꼭지였습니다. 사람들의 놀림을 받아 울지 않으려고 애쓴 결과, 눈물을 흘리지는 않지만 슬픔은 저에게 너무도 익숙한 감정이었습니다. 걸핏하면 슬펐습니다. 화가 나는 일에도 슬픔이 느껴질 정도였습니다. 가족사를 훑어보니 어머니의 슬픔을 이어받고 있었습니다.

느낌에 이름 붙이기: 정체성 부여하기

느낌을 알아차리고 거기에 이름을 붙이면 느낌에 휘둘리지 않게 됩니다. 느낌에 이름을 붙이는 것은 정체성을 부여하는 일이고, 정체를 분명하게 알면 막연함에 휘둘리지 않고 반응을 선택할 수 있습니다.

『해리 포터』 시리즈에는 볼드모트라는 인물이 등장합니다. 마법사들은 그의 이름을 부르는 걸 두려워한 나머지 "이름을 불러서는 안 되는 그 사람" 등으로 모호하게 표현합니다. 그러나 해리 포터는 모두가 두려워하는 볼드모트의 이름을 아무렇지도 않게 불러 그의 정체를 뚜렷하게 확인하고 당당하게 맞섭니다. 느낌도 이와 비슷합니다. 생각에서 헤맬 때는 어렴풋하고 막연하게 다가오던 감정도 이름을 붙여 호명하는 순간 또렷해집니다. 모를 땐 두렵던 감정도 알고 나면 반응을 선택할 수 있습니다.

'정신 승리'를 실천하신 선생님께 들은 이야기입니다. 수업 시간에 학생이 책을 집어 던졌는데 그 순간 '깜짝 놀랐다가 화가 불끈 일어난 것'을 알아차리고는 놀랍게도 거기에서 멈췄다고 합니다. 멈췄을 뿐 아니라 "저 행동은 나에 대한 것이 아니다. 화가 난 자신의 감정을 저렇게 표현한 것이다."라는 말을 떠올리자 마음이 담담해지면서 차분해지기까지 해서 속으로 놀랐다고 합니다. "준오야, 너 많이 속상하구나. 수업 끝나고 선생님이랑 얘기 나누자."라고 말했더니 고개를 뻣뻣이 세우고 대들던 학생이 조용히 자리에 앉기에 "고맙다."라고 말한 뒤 수업을 계속 진행했다고 합니다. 평소 같았으면 "야, 너 지금 뭐 하는 짓이야?"라고 흥분해서 소리쳤을 텐데 느낌을 알아채자 모든 것이 달라졌다고 했습니다. "고맙다."라는 말은 학생을 향해 한 것이지만 자신을 향한 것이기도 했다고 말했습니다. 습관대로 반응하지 않고 새로운 길을 선택한 자신에 대한 고마움이었다고 합니다.

'느낌에 이름을 붙이는 것'은 이미 그것에 거리를 두고 있음을 뜻합니다. 불쾌한 느낌이 일어날 때 빨간 신호등을 떠올려 보기를 권합니다. 잠시 '멈춤'을 속으로 외칩니다. 그때 곧바로 말하고 행동하면 후회할 확률이 높습니다. 말이나 행동을 멈추고 생각이 어떻게 일어났다 스러지는지를 관찰합니다. 마음이 일으키는 소란에 휩쓸리지 않고 일어나는 그대로를 지켜봅니다. 비난, 평가, 자책이 일어나는 것도 그대로 바라봅니다.

사납게 출렁이는 강물을 '본다는 것'은 이미 그 강물의 영향권에서 벗어났음을 뜻합니다. 출렁이는 강물 같은 느낌을 알아차리면 그 느낌에 충분히 머물기를 권합니다. 차드 멍 탄(Chade-Meng Tan)이 쓴 『너의 내면을 검색하라』에서 저자는 "몸에 주의를 기울이면 감정에 대한 고해상도 인식이 가능하다. 고해상도 인식이란 감정이 일어나는 그 순간에 그것을 보고, 그것이 차고 기울어 가는 과정의 그 미묘한 변화를 인식하며, 그것이 멈추는 순간도 지켜볼 수 있다는 의미다. 이 능력이 중요한 이유는 감정 인식에 능할수록 그것을 더 잘 관리할 수 있기 때문이다."라고 말합니다.

감정을 조절할 수 있는 능력은 삶의 질을 높입니다. 뇌는 1층 파충류의 뇌, 2층 포유류의 뇌, 3층 인간의 뇌로 이루어져 있습니다. 갈등이 생겼을 때는 놀람, 공포 등의 감정에 따라 공격 방어에 치중하는 1층 파충류의 뇌와 같은 원시 뇌가 강력하게 작동합니다. 그러면 3층 겉뇌에 있는 조율을 담당하는 전두엽 영역의 스위치가 꺼집니다. 이때 깊은 호흡을 서너 번 하면서 일어난 감정에 그대로 반응하지 않고 느낌을 알아주면 2층에 있는 포유류의 뇌(원시 뇌+주로 감정 담당인 변연계)가 활성화되면서 공감이 가능해집니다. '인간의 뇌'로 불리는 3층의 신피질도 활성화되어 마음이 진정됩니다.

연극을 하는 친구들에게서 들은 이야기입니다. 제 강의를 듣고 난 뒤 회의나 연습 중 불쾌한 감정에 휩싸이면 "나 지금 파충류 상태야."라고 말해 자신의 상태를 알리고 도움을 청한다고 합니다. 상태를 알리고 도움을 청하면 거절할 사람이 있을까요? 동료들이 "알았어."라고 말하며 그 사람의 상태를 존중해 준다고 합니다. 공연 연습이 훨씬 수월해졌다며 고마움을 전했습니다.

느낌에 관한 활동 중 하나로 페이스트리 빵을 크게 그린 뒤 특정 상황에서 느꼈던 감정들을 하나하나 찾아서 빵 맨 위층에서부터 한 겹한 겹에 그 이름을 적습니다. 그 상황에서 어떤 느낌이 들었는지 물으면 처음에는 "모르겠어요.", "기분이 나빴어요."라고 말하던 이가 느낌말 목록에서 느낌을 찾아 써넣어 가면 "이렇게 많은 감정을 느꼈나?"라며 놀라곤 합니다.

슬픔이 너의 가슴에

조동진

슬픔이 너의 가슴에

갑자기 찾아와 견디기 어려울 때

잠시 이 노래를 가만히 불러 보렴

슬픔이 노래와 함께

조용히 지나가도록

내가 슬픔에 지쳐 있었을 때

그렇게 했던 것처럼

외로움이 너의 가슴에

물처럼 밀려와 견디기 어려울 때

잠시 이 노래를 가만히 불러 보렴

외로움이 너와 함께

다정한 친구 되도록

내가 외로워 잠 못 이룰 때

그렇게 했던 것처럼

내가 슬픔에 지쳐 있었을 때

그렇게 했던 것처럼

위의 노랫말처럼 어떤 감정이든 다정한 친구가 되도록 그 느낌에
흠뻑 젖어 보기를 권합니다. 자극을 받아 놀라고 황당하다가 폭발할

것 같은 분노를 느끼기도 합니다. 그 느낌을 충분히 느끼다 보면 서운함 또는 억울함 등 다른 층위의 느낌들이 있음을 알게 됩니다. 그렇게 느낌의 흐름을 따라가 보면 안타까움이나 슬픔과 같은 느낌들을 마주하게 됩니다. **그런 만남이 바로 '공감'입니다.**

 ## 느낌은 원하는 것을 알려 주는 신호

느낌은 몸이 어떠한지, 마음이 어떠한지 알려 주는 신호입니다. 생명의 힘이 어디로 흐르고 있는지 알려 주는 신호등입니다. 원하는 것을 충족하면 즐겁고, 행복하고, 편안하며, 흐뭇하고, 만족스럽습니다. 충족하지 못하면 화나고, 우울하고, 맥이 풀리며, 슬프고, 괴롭습니다. 편한 느낌은 생명의 흐름이 원활하다는 신호이고, 불쾌한 느낌은 그 흐름이 막혀 있다는 뜻입니다.

느낌에 귀를 기울인다는 것은 몸이 말하는 소리, 마음이 말하는 소리를 듣는 것입니다. 악기를 처음 배울 때는 소리를 내기도 힘들고 듣기도 힘듭니다. 연습에 연습을 거듭하다 보면 곡을 연주할 수 있게 되는 것처럼 느낌에 주의를 두다 보면 알아채는 시간도 빨라지고 점점 더 다양한 소리를 들을 수 있게 됩니다. 어느 순간 곡을 연주하듯이 스스로 감정의 창조자가 되기도 합니다.

느낌	원하는 것=필요=욕구
피곤하다.	휴식
불안하다.	안정
답답하다.	이해, 소통, 공감
춥다.	따뜻함
서운하다.	인정, 이해, 공감

몸과 마음이 보내는 소리에 민감해질 때 원하는 것을 얻을 확률이 높습니다. 우리를 자동차에 비유하면 힘이 없고 재미가 없으면 기름이 떨어졌다는 신호입니다. 기름을 채우면 자동차가 '슝' 하고 달리듯이 몸과 마음에 필요한 것을 충족하면 활기를 느낍니다.

빨간색 신호등이 켜지면 무엇이 필요한지를 묻기 바랍니다. 피곤하면 3분이라도 눈을 감고 쉬고, 배가 고프면 무엇이든 먹고, 불안하거나 답답하면 호흡을 길게 몇 번이라도 내쉬기를 바랍니다. 그 이유를 찾기 바랍니다. 빨간색 신호등이 녹색 신호등으로 바뀌는 것을 느낄 수 있습니다.

문학 작품 감상에 비폭력 대화 모델 '관찰(사실), 느낌, 필요, 부탁'을 적용하는 활동을 했습니다. 학생들은 『강아지똥』이라는 작품에서 여러 가지 사건들을 뽑고, 강아지똥, 참새, 흙덩이, 아기 고추나무, 아저씨, 어미 닭, 병아리, 민들레 등 여러 캐릭터의 느낌을 알아보고, 원하는 것을 찾아 부탁하는 활동을 했습니다.

"어미 닭이 강아지똥을 보고 '암만 봐도 먹을 만한 건 아무것도 없어. 모두 찌꺼기뿐이야.'라고 말했을 때 어미 닭이 못됐다고 생각했는데, 병아리들에게 줄 먹이를 찾아다니다가 실망스러워서 한 말이라는 것을 알고는 어미 닭의 마음을 이해할 수 있었어요."

"못마땅했던 말이나 행동에서도 느낌과 원하는 것을 찾아보니 좋은 사람, 나쁜 사람이 없는 것 같아요."

학생들이 하는 말을 들으며 학생들이 자신을 이해하고 상대방을 이해하는 방법을 배우고 있다는 믿음을 갖게 되었습니다.

원하는 것이 무엇인지 분명해지면 말이나 행동으로 옮기게 됩니다. 질문을 했는데 답이 없으면 의아하다가 속상하고 화가 나고 궁금하기도 합니다. 무엇을 원하고 있는지를 찾아보면 소통, 존중, 이해입니다. 원하는 것을 알게 되면 어떻게 할까요?

상황: 내 마음을 몰라준다.

학생들이 모든 것을 주도하는 토론 대회를 열었다. 교장 선생님이 격려사를 해 주시기를 기대했는데 보이지 않고 교감 선생님이 열심히 사진을 찍고 있다.

1. 불쾌한 느낌(언짢다)

얼굴이 굳어진다(feeling).

2. 여러 가지 생각을 한다.

'대회를 하찮게 여기나?', '대회가 열리는 것을 모르나?', '무슨 일이 있나?' 등

3. 생각에서 느낌으로

느낌에 이름을 붙이기

생각	→	느낌
대회를 하찮게 여기나?		화가 난다.
대회가 열리는 것을 모르나?		답답하다.
무슨 일이 있나?		의아하다.

4. 원하는 것을 찾는다(emotion).

~을 향하여 동작

느낌	→	필요
화가 난다.		격려사를 원한다. (존중)
답답하다.		이유를 알고 싶다. (소통)
의아하다.		전후 사정을 알고 싶다. (이해)

5. 그것을 충족할 수 있는 수단이나 방법을 찾는다.

"학생들이 모든 것을 주도해 토론 대회를 준비하느라 애를 많이 썼습니다. 교장 선생님이 격려사를 해 주시고 대회가 계속될 수 있도록 지지와 관심을 보내 주시길 원했습니다. 많이 아쉽습니다."라고 말한다.

"학생들이 주도해 토론 대회를 준비하느라 많은 애를 썼습니다. 스스로도 뿌듯했고 학생들도 토론을 하면서 토론이 이기고 지는 것이 아니라 내 의견을 드러내고 상대방 의견에 귀를 기울여서 생각을 확장하는 과정이라는 것을 알게 되었습니다. 윗분들이 이것을 알고 대회를 장려하고 계속할 수 있도록 했으면 하는 바람이 있었습니다. 그런 제 마음을 알아주고 '내가 할 일은 여기까지이다. 다음은 다음 사람들의 일이다.'라고 내려놓았습니다."라고 말씀하신 선생님은 두 달 뒤면 퇴임을 하신다 하셨습니다.

느낌을 말로 표현하기

집단 상담에 참여했을 때의 일입니다. 5박 6일 동안 날마다 느낌을 나타내는 말을 쓰라고 하는데 난감했습니다. 아무리 털어 내도 알고 있는 느낌말이 20여 개에 불과했습니다. "자신의 느낌을 모르면 부화뇌동하여 남들 하는 대로 우르르 따라 움직이게 된다."라는 말을 들은지라 고민이었습니다. 눈에 보이는 폭력들과 눈에 보이지 않는 폭력들 중 많은 사례가 부화뇌동의 결과라는 것을 알고 있으니 걱정스러웠습니다.

하루는 옆에 앉은 분에게 속내를 털어놓았습니다. "선생님, 제가 국어 교사인데요, 느낌말을 적으려니 생각나는 게 몇 개 없네요."라고 말하자, 그분이 "비폭력 대화를 배워 보세요."라고 해서 집단 상담을 마친 뒤 서울에 오자마자 바로 등록을 하고 배웠습니다.

비폭력 대화를 배우면서 느낌을 알아채는 것의 중요성을 깨달았으나 말로 표현하는 것은 여전히 어려웠습니다. 불쾌한 감정을 말로 드러내기는 더더욱 힘들었습니다. 그것에 대해 '부정적'이라는 꼬리표를 달아 놓았기 때문에 느끼는 것도, 말로 드러내는 것도 누르고 있었습니다. 불쾌한 느낌을 말로 전하면 '상대방이 언짢게 여길 게 뻔하다.'라는 생각 때문이었습니다.

감정을 드러내는 이를 보면 '미성숙하거나, 서투르거나, 유치하다.'라는 생각을 했습니다. 감정적이라는 평가를 받지 않으려고 일부러 무표정하게 지내려 애썼던 일을 생각하면 한숨이 절로 나옵니다. "점잖다."라는 말을 들으면 '감정을 누르고 있나?', '감정 표현을 부드럽게 하고 있나?'를 물어보아야 합니다.

왜냐면 불쾌한 감정을 누르면 긍정적이라고 불리는 감정 역시 느끼기 힘들기 때문입니다. 수도꼭지를 잠그면 찬물, 더운물 모두 안 나오는 이치입니다. 교양을 가장한 위선으로 나도 속이고 상대방도 속이는 일입니다. 관계의 질을 높이려면 '진정성'에 초점을 맞추고 감정 표현을 솔직하게 하는 것이 중요합니다.

신임 교사 시절, "3월이 중요한 시기다. 학생들을 잡으려면(맙소사!) 웃지 말라."는 말을 들었던 적이 있습니다. 통제력을 잃을까 두려워서 감정을 드러내지 말라는 조언이었겠지요. 1980년대 초라 "학생을 잡는다."라는 폭력적인 표현이 자연스럽게 쓰였던 시절이었습니다.

소통을 하려면 언어적 메시지와 비언어적 메시지가 일치해야 합니다. 말의 내용과 거기에 담긴 감정이 일치할 때 진정성을 느낄 수 있습니다. 학생의 말이나 행동에 감정이 상했다면 누르거나 숨기지 말고 "언짢다. 속상하다. 서운하다. 열받았다."라고 말로 표현해 보시기 바랍니다. 감정을 솔직하게 드러내면 그 안에 담긴 열기도 빠집니다. 마치 압력 밥솥에 달린 추를 젖히면 뜨거운 증기가 빠져나오는 것처럼 감정을 숨기지 않고 드러내면 끓어오르던 감정이 누그러집니다.

"감정을 표현하기 시작하자 의외로 비난하고 꾸짖는 일이 줄어들었어요. 참 신기해요."라고 말씀하신 선생님은 그 경험을 학생들과 함께 나누고 있습니다. 종례 때 학생들이 그날 하루 느꼈던 가장 강렬한 느낌을 짝과 나누는 시간을 가진다고 했습니다. 선생님은 "'안 좋은, 나쁜, 부정적'이라는 이름을 붙여 놓은 감정이 SOS라는 것을 알았어요. 짝하고 얘기를 나누다 보니 그런 감정을 누구나 느끼고 있고, 그것이 자연스러운 것임을 알게 됐어요. 친구하고 그런 감정에 대해 나누다 보면 마음이 많이 풀리기도 하고 문제가 풀리기도 했어요."라고 쓴 학생의 글을 보여 주셨습니다. 그러면서 "제 감정을 드러내면서부터 학생들의 감정도 받아들이게 됐습니다. 관계 맺기를 걸음마 하듯이 배우고 있어요."라고 말했습니다.

느낌은 말로 드러낼 때 힘을 얻습니다. 말로 하면 나도 듣고 상대방도 듣게 됩니다. "이해를 받고 싶었는데 그러질 못해 속상했구나."라고 말하면 어떤 일이 일어날까요? 느낌을 알아채고 원하는 것을 찾으면 습관적인 반응을 멈추게 됩니다. 감정을 존중해 가며 대화를 진행할 수 있습니다. 그 덕분에 진정으로 친밀한 관계를 맞을 수 있습니다. 친밀한 관계를 만들고 싶다면 감정선을 알아채고 그것을 연주하시기 바랍니다.

불편한 느낌, 누구 책임인가요?

강의에서 "어떤 의도에서든 학생의 감정을 상하게 하는 말을 하지 말라. 변화와 협조를 얻을 수 없기 때문이다."라는 하임 기너트의 말을 인용하고 난 직후였습니다. 한 선생님이 "그럼 학생이 잘못을 해도 좋은 말을 해 줘야 하나요?"라고 물었습니다. 제가 "어떤 말을 좋은 말이라고 말씀하시나요?"라고 묻자 그 선생님은 "화내지 않고 이렇게 해라 저렇게 해라 타이르는 말이겠지요."라고 답했습니다. 저는 "'학생이 잘못했다.'라고 판단한 순간 그 행동을 멈추라는 말씀은 하시되 선생님의 감정이 상했을 때는 학생을 지도하는 것을 나중으로 미루시기 바랍니다. 어떤 의도에서 하시든 감정이 상했을 때 하는 말은 상대방에게 감정만 전달되기 때문입니다."라고 말씀드렸습니다.

감정이 상해서 말하면 지도 효과는 떨어집니다. 학생이 친구에게 돈이나 물건을 빌리고서 돌려주지 않은 채 오히려 그 친구를 따돌려서 지도를 한 적이 있습니다. 그 학생은 선생님이 일방적으로 자기만 미워한다고 어머니에게 말을 전했었나 봅니다. 학생의 어머니가 학생의 문제 행동보다 제 지도 방식에 불만을 제기해 감정싸움으로 번졌습니다.

교사: 네(학생)가 잘못을 했다.

학생: 선생님이 내 말을 믿어 주지 않는다.

학부모: 선생이 학생을 미워한다.

감정이 상한 상태에서 학생의 말을 들으면 공격이나 변명, 자기 합리화로 들려 얄밉기만 했습니다. 제 말 역시 학생에게 어떻게 들렸을까요? 그런 상황을 부모님에게 전했으니 부모님은 지도보다 자식을 감정적으로 대한 교사에게 앙심을 품게 되었겠지요. 말을 할수록 감정이 더 상해서 상대방의 잘잘못을 따지게 되니 싸움은 더욱 격해졌습니다.

지도가 효과를 거두려면 추궁에 가까운 사실 확인이 아니라 왜 그랬는지 학생의 말을 들어 보고 공감하는 것이 먼저였습니다. 학생이 처벌에 대한 두려움으로 어떤 행동을 하지 않는 것이 아니라, 스스로 자신의 문제를 깨닫고 변화를 위해 노력하도록 돕는 것이 지도였습니다. 감정이 상한 상태에서는 불가능한 일입니다.

내가 원하는 것은 감정싸움이 아니라 학생의 행동 변화였음을 깨달은 순간 그 어머님께 편지를 썼습니다.

어머님, 저와의 대화로 마음이 많이 상하셨음을 이제야 깨달았습니다. 그 점에 대해 정말 미안합니다. 깊이 사과드립니다. 제 감정이 상해서 준호나 어머니 마음을 미처 헤아리지 못한 점은 큰 불찰입니다.

준호가 친구랑 잘 지내고 학교생활을 즐겁게 하기 위해 어머니의 지도와 협조가 꼭 필요합니다. 담임으로서 저도 노력하겠습니다. 혹시 제 지도에 문제가 있으면 언제든 전화나 문자를 주시기 바랍니다. 이번에도 어머니가 솔직하게 마음의 불편함을 말씀하셨기에 저를 돌아보게 되었습니다. 가능하면 직접 뵙고 사과와 감사를 전하고 싶습니다.

편지를 쓰고 나서 다른 사람에게 그 어머니의 입장에서 읽어 봐 달라고 부탁했습니다.

다음은 어른에게 상한 감정을 존중받았던 사례를 발표하는 시간에 한 학생이 한 말입니다.

전일제 봉사 활동을 하는 날이었어요. 날이 추운 데다 담임 선생님이 도착하지 않아 바깥에서 떨고 있노라니 짜증이 났어요. 그때 친구에게 전화가 왔어요. 아직 봉사 활동 장소에 도착하지 않은 친구가 지각할 거 같다며 담임이 왔는지를 물었어요. 저는 짜증이 확 치밀어서 "담임 새끼 코빼기도 안 보인다."라고 말했어요. 그때 누군가가 제 귀를 잡아당기며 "담임 새끼 여있다."라고 말했어요. 고개를 들어 보니 담임 선생님이었어요. 저는 깜짝 놀라서 '죽었구나.'라고 생각했는데 선생님은 그렇게 말하고는 끝이었어요.

그 학생은 "선생님께 무지 감동받아 1년을 노력했다."라고 말했습니다. '나라면 어떻게 했을까?'라고 헤아려 보니 "담임 새끼"라는 말에 걸려 넘어져 학생을 꾸짖고 훈계했을 가능성이 컸습니다. 서로가 마음이 구겨지는 시간으로 만들었을 게 뻔했습니다. (아이고, 맙소사!)

'담임 새끼라고 불렀다.'라는 사실에서 '선생님을 새끼라고 부르다니(함부로 말한다).'라는 생각에 매여 있으면 훈계를 했겠지요. 상한 감정의 원인을 상대방에게 넘겼기 때문입니다. 자극이 불쾌하게 여겨졌을 때 그 느낌에 이름을 붙이고(짜증 난, 화난), 원하는 것을 찾아봅니다. '존중받고 싶다.'라는 내 마음의 소망을 찾거나 추운 날 바깥에서 봉사 활동을 하는 학생들의 심정을 헤아렸다면 어떻게 했을까요?

여인숙

잘랄루딘 루미(Jalāl ud-din Rūmī)

인간이라는 존재는 여인숙과 같다.
매일 아침 새로운 손님이 도착한다.

기쁨, 절망, 슬픔
그리고 약간의 순간적인 깨달음 등이
예기치 않은 방문객처럼 찾아온다.

그 모두를 환영하고 맞아들이라.
설령 그들이 슬픔의 군중이어서

그대의 집을 난폭하게 쓸어 가 버리고
가구들을 몽땅 내가더라도.

그렇다 해도 각각의 손님을 존중하라.
그들은 어떤 새로운 기쁨을 주기 위해
그대를 청소하는 것인지도 모르니까.

어두운 생각, 부끄러움, 후회
그들을 문에서 웃으며 맞으라.
그리고 그들을 집 안으로 초대하라.
누가 들어오든 감사하게 여기라.

모든 손님은 저 멀리에서 보낸
안내자들이니까.

　존재가 여인숙이라면 그 여인숙에는 온갖 생각, 감정이 손님처럼 찾아옵니다. 어떤 생각이든 감정이든 손님처럼 맞이합니다. "나=화났다."라고 말하는 대신 "나에게 '화'라는 손님이 찾아왔구나."라고 '나'와 '감정'을 떨어뜨려 놓습니다. 여인숙과 손님을 동일시하지 않는 것입니다. 상대방의 감정에 대해서도 "너, 왜 짜증을 내고 그러니?"라고 말하는 대신 "너에게 짜증이라는 손님이 찾아왔구나."로 그 사람(존재)과 감정을 분리해서 바라봅니다.

느낌을 잠시 들렀다 가는 손님으로 바라보면 다양한 손님들을 편하게 맞이할 수 있습니다. 일어나고, 올라가고, 내려오고, 사라지는 감정의 파고를 지켜보면 '내가 어떻다.', '그 사람이 어떻다.'라는 선입견이나 편견, 고정 관념 등을 내려놓을 수 있습니다. 지금 이 순간을 사는 것을 선택하면 마음이 누그러져 편안한 기운으로 말을 주고받을 수 있습니다.

느낌을 관찰하다 보면 느낌은 고정되어 있는 '실체'가 아니라 크고 작게 일어났다 사라지는 '현상'이란 것을 알 수 있습니다. 기쁨과 슬픔도 어떤 조건에 의해 나타났다가 조건이 변하면 사라집니다. 차가 밀려 출근길에 느꼈던 초조함과 짜증도 학교에 도착하는 순간 안도감으로 변하듯이 말입니다. 느낌이 일어났다 사라진다는 것을 알게 됨으로써 즐거움에 집착하지 않고 괴로움을 밀치지 않게 됐습니다.

쾌와 불쾌는 자극을 어떻게 받아들이는가, 생각이 어떻게 흐르는가에 따라 순식간에 변하기도 합니다. 아픔, 괴로움에서 벗어날 수 있는 열쇠는 내 안에 있었습니다. 원하는 것을 충족하지 못했을 때는 바늘귀보다도 좁았던 마음이 원하는 것을 충족하면 태평양 바다처럼 넓어졌습니다.

칭찬도 비난도 '너 때문이 아니라 내가 원하는 것 때문에' 일어난다는 사실을 인정하는 순간 뿌리 깊은 나무가 되었습니다. 외부나 내부의 바람에 크게 흔들리지 않으려면 내가 원하는 것을 찾으면 됩니다. '감정은 내 안에서 일어난 것, 내가 해결한다!'라는 앎이 일어나는 순간 변화는 시작됩니다.

아들이 고등학교 자퇴를 결정했을 때 허락을 해 놓고도 그 밤, 잠을 깊이 이룰 수가 없었습니다. 아들의 미래가 걱정되기도 하고 '부모가 교사인데 학교를 그만두다니.' 하며 갑작스럽게 다른 사람들의 시선까지 떠올리는 등 온갖 생각으로 몸을 뒤척였습니다. 걱정되고 불안하고 두렵고 슬프고 막막하고 혼란스러웠습니다. 소용돌이치는 온갖 감정에 휩쓸려 소리 죽여 울었습니다. 느낌에 이름을 붙여 봐도 마음은 갈피를 잡지 못했습니다.

아들이 자퇴서를 쓰려면 부모의 동의가 필요해 학교엘 가야 하는데 눈이 퉁퉁 부어서 남편이 대신 가야 했습니다. 남편과 아들을 배웅하고 나서 공책을 꺼내 그 아침의 느낌을 적었습니다. 걱정되는, 두려운, 불안한, 슬픈, 막막한, 혼란스러운 느낌들은 여전했지만 그 파고는 낮아졌습니다. 자퇴서를 쓰고 돌아온 아들과 함께 밥을 먹으면서 이런저런 이야기를 나누는데 마음이 고요했습니다.

"엄마, 학교에 다니면 친구들이랑 기차를 타고 목적지에 도착할 때까지 정해진 것을 따라 하는 그런 생활이겠지. 선생님이랑 친구들이 함께하니 안정적인데 이제부터는 다른 길을 걸으니 외롭고 힘들기도 할 거야. 그런데 걷다가 힘들면 쉬고, 배고프면 먹고, 내 리듬에 따라 살게 돼. 길가에 피어 있는 꽃들도 가서 자세히 들여다보고, 학교 밖에서 새로운 공부를 하고, 또 다른 선생님을 만나게 될 거야. 그리고 친구랑 함께 걸으니 서로서로 힘이 될 거야."라는 아들의 말에서 넘실거리는 자유와 자율성을 느낄 수 있었습니다. 밤에 느꼈던 폭풍 같은 감정들은 잠잠해졌고, 인생이라는 바다에 배를 띄운 아들의 항해를 축복하는 마음으로 그득했습니다. 더욱이 그 항해를 함께할 친구가 있어 든든하기도 했습니다.

감각에 활짝 열려 있어서 느끼는 감정을 말로 행동으로 풀어낼 때 삶이 얼마나 생생해지는지를 보았습니다. 모든 감정이 우리를 살게 하는 힘, 생명의 약동임에 고개를 끄덕이게 됩니다. 어떤 감정이든 생명의 약동임을 깨닫고 나면 모든 감정을 소중히 여기게 됩니다. 감정을 알아채 한 올 한 올 풀어낼 때 '위대한 하루'를 만들게 됩니다.

최근 한 청년이 연인과의 결혼 소식을 알리면서 "기쁠 때는 화창하게 웃는 법을, 슬플 때는 소리 내 우는 법을 말없이 일깨워 준 은인 같은 사람"이라는 표현을 써서 "와!" 하는 감탄이 절로 나왔습니다. 소리 내어 웃고 소리 내어 우는 것이 잘 사는 것임을 벌써 깨달았다니 놀라웠습니다. '삶의 비밀'을 풀어낸 젊은 연인에게 축하를 보냅니다.

갈등 해소의 첫걸음

1. 생각에서 느낌으로 가기
2. 느낌에 이름 붙이고, 말로 표현하기
3. 내 느낌, 내가 풀어낸다.

6장

필요(욕구, need), 원하는 것

선생님, 몇 달 전에 뵈었던 ○○초등학교 학폭 담당 교사 ○○○입니다. 학부모님과 저의 갈등을 중재하시러 학교에 오셨었지요. 그날 많이 힘드셨지요? 피곤이 몰려오는 오후에 화 기운이 팍팍 터져 나오는 얘기를 네 시간 넘게 들어 주셨잖아요. 선생님께 감사와 함께 놀라운 변화에 대한 이야기를 전해 드리려고 이렇게 메일을 씁니다.

선생님, 그날 뵈었던 그 학부모님이 놀랄 정도로 변하셨습니다. 학교에서 주관하는 행사에 적극적으로 참여하고 힘든 일에도 앞장서서 다른 학부모님들도 놀라고 있습니다. 등하교 교통안전 봉사 활동도 결원이 생기면 누구보다 먼저 지원하신다고 합니다. 그런 아버님의 모습을 보며 그날 선생님이 하셨던 말씀이 예언처럼 느껴집니다.

선생님께서 "아버님, 여러모로 애쓰셨군요. 아이를 잘 키워 보고자 하시는 노력을 인정합니다."라고 말씀하셨을 때 저는 그저 '듣기 좋은 말로 달래는구나.'라고만 생각했었습니다. 자녀가 학폭 피해자이기는 하지만 그 아버님이 전화로, 서면으로, 또 대면으로 얼마나 저를 힘들게 했는지 두 번 다시 보고 싶지 않았거든요. 그런데 그런 것들이 아버지 나름으로 노력하는 것이었다니 어이가 없었습니다.

그날 아버님 얘기를 듣고 몇 가지 오해가 풀리기는 했지만 그래도 너무 지친 나머지 선생님 말씀을 받아들이기가 어려웠습니다. 그런데 그 아버님의 변화를 보고 들으면서 제가 그분에게 얼마나 많은 편견을 갖고 있었는지를 깨달았습니다. "아버님이 아드님의 학교생활에 큰 힘이 되어 주실 것을 믿습니다."라는 선생님의 말씀에 고개를 끄덕이던 아버님의 표정이 순하디순한 학생 같아서 놀랐습니다.

그날 제 표정이 어떠했을지 생각하면 얼굴이 뜨겁습니다. 두 번 다시 보고 싶지 않은 아버님과 가까이 앉아 있을 생각만으로도 괴로웠거든요. 여기저기 민원을 넣어 그 아버님과 만나게 됐으니 화가 치밀었고, 결과에 대해서도 비관적이었습니다. 만나면 더 골이 깊어졌거든요. 그런 심정은 그 아버님도 마찬가지였을 겁니다.

그날 선생님께서 별로 한 것이 없는데 면담을 마치고 학교 문을 나섰을 때 바람이 상쾌하게 느껴졌습니다. 가슴에 쌓아 둔 말을 토해 냈기 때문일까요? 운전하고 나오는데 학교 문을 나서는 그 아버님의 뒷모습이 왠지 쓸쓸하게 느껴지기까지 했습니다. 그날 선생님께서 정말 한 일이 별로 없었을까요? 그 아버님의 변화를 봐도 그렇고 선생님께 감사 메일을 쓰고 있는 저를 봐도 그렇고, 그날 무슨 일이 있었던 것은 분명합니다.

그 아버님과의 대면을 생각하기만 해도 가슴이 답답했었는데, 면담을 끝내고 나설 때는 뭔가 모르게 달라졌습니다. 독이 빠졌다고 할까요? 그 아버님 역시 아마 그랬을 것입니다. 무슨 일이 있었을까요? 선생님이 챙겨 오신 달콤한 간식 때문일까요? 신기하기도 하고 궁금하기도 합니다.

부디 건강하셔서 오래오래 선생님의 에너지를 뿜어 주세요. 감사합니다.

메일을 읽으며 "선생님께서 별로 한 것이 없었는데"라는 구절을 읽고 한참 웃었습니다. 여기저기에서 자주 듣는 말이거든요. 그렇습니다. 사실 회복적 서클의 매뉴얼에 따라 진행한 것뿐이에요. 신기하고 궁금하다 하셨는데 자랑질을 하자면 회복적 서클의 토대를 이루고 있는 비폭력 대화를 잘 녹여 냈기 때문이라고 봅니다.^^

그날 저도 힘들기는 했어요. 갈등 중재를 하다 보면 어른들의 중재가 더 힘들고, 그중에서도 교사와 학부모를 중재하는 일은 시간과 마음이 더 많이 쓰입니다. 그 이유는 학부모는 교사를 갑으로 생각하고, 교사는 학부모를 갑으로 생각하기 때문입니다. 서로 피해자 의식을 지니고 있어서 진행하기가 무척 조심스럽고 힘이 듭니다.

선생님이 인정하신 대로 두 분이 서로 적대감을 가지고 있어서 어려웠습니다. 그럼에도 진행이 가능했던 것은 두 분 모두 마음이 불편한 상태로 지내기보다 실낱같은 가능성이라도 있다면 편해지고 싶은 마음이 있었기 때문일 것입니다. 선생님이 놀라고 있는 그 변화는 두 분이

만들어 낸 것이라는 말씀을 드리고 싶습니다. 선생님 말씀대로 달콤한 간식도 한몫했는지도 모릅니다.ㅎㅎ

무엇보다 아버님의 변화가 정말 놀랍네요. 그렇게나 빨리 변화를 이뤄 내셨다니 반갑고도 감동입니다. 학교 가는 길에 교통안전 봉사 활동을 하고 있는 아빠를 바라보는 아이의 마음은 어떨까요? 그 학생이 가뿐한 마음으로 등교하고 있을 생각을 하니 마음이 푸근해집니다. 두 분의 변화가 일으킨 기적과도 같은 결과를 생각하면 삶이 참 신비롭습니다.

그날 대화를 통해 우리의 가슴 가장 밑바닥에 있는 욕구가 '안전과 안정'이라면, 그 위에 있는 것은 '인정'이라는 생각이 들었습니다. 가슴에서 절절하게 끓고 있는 '인정'에 대한 욕구 충족이 정말 중요했습니다. '인정'은 어쩌면 '사랑'의 다른 이름일지도 모릅니다. 존재를 인정하는 것에서 사랑이 출발한다고 할까요?

그 아버님이 선생님에게 "학폭을 담당하는 일이 얼마나 힘드냐. 일을 진행하면서 학생들, 그 부모들까지 배려하느라 정말 애쓴다."라는 말을 했다면 어땠을까요? 선생님이 그 아버님에게 "혼자서 아이 키우는 것이 얼마나 힘드냐. 참 애쓰고 계신다. 이런 일이 일어나니 얼마나 속상하시냐?"라는 말을 했다면 또 어땠을까요?

그날 선생님과 제가 고개를 끄덕여 준 것으로 아버님의 인정에 대한 욕구가 채워졌나 봅니다. 저 역시 두 분이 "진즉 이런 자리가 있었다면 일이 덜 꼬였을 텐데."라는 안타까움을 나눠 주셔서 집으로 가는 걸음이 가벼웠습니다. 보람이 바람이 되어 제 등을 떠밀어 주는 듯했습니다.

선생님, 학교 문을 나설 때 바람이 상쾌하게 느껴졌고 그 아버님의 뒷모습이 쓸쓸하게 보였다고 하셨지요? 마음속 답답함을 토로하는 것만으로도 심경의 변화가 찾아오는 것처럼, 어쩌면 선생님도 억울하고 답답한 심정을 말함으로써 그 감정에서 해방되었을지 모릅니다.

선생님은 학부모님의 변화에 대해서만 언급하셨지만 저는 메일을 읽으면서 선생님의 변화도 함께 느낍니다. '기적'을 만들어 내신 두 분께 박수를 보냅니다. 고맙습니다.

우리가 하는 모든 말과 행동 뒤에는
충족하고자 하는 필요(욕구)가 있다.
-마셜 로젠버그-

 ## 원하는 것을 말하라

비폭력 대화의 세 번째 요소는 '필요=욕구'입니다. '원하는 것을 말하고, 원하는 것을 들어라.'입니다. 필요란 '욕구', 즉 삶을 누리는 데 꼭 필요한 것, 원하는 것, 소중한 것, 중요한 것을 뜻합니다. '잘 산다.'라는 기준은 사람마다 다르겠지만 순간순간 필요한 것을 충족할 수 있다면 "잘 살고 있다."라고 말할 수 있습니다.

"원하는 것이 무엇인가?"라는 질문을 하면 "모르겠다."라고 대답하는 분들이 의외로 많습니다. 필요한 것에 둔감해지면 휴식이 필요한 순간에 몸을 혹사하고, 도움이 필요한 순간에 도움을 줄 사람들에게서 멀어집니다. 심지어는 원하는 것을 얻지 못할 말과 행동을 하기도 합니다. 자신이 진정 무엇을 원하는가 하는 탐구보다는 '~을 해야 한다.', '~을 하지 말아야 한다.'라는 외부의 요구에 길들여져 있기 때문입니다.

교직 초기 남학생 반을 맡았을 때였습니다. 유리창이 깨져 있는 것을 보는 날이 여러 번이었습니다. 그때마다 깜짝 놀라 "누구야? 누가 깼어?"라고 소리를 질렀습니다. 학생들은 "몰라요.", "제가 안 깼어요." 라고 대답하며 슬금슬금 뒤로 물러나면서 제 눈치만 살폈습니다. 혼자 뒷정리를 하다 보면 짜증이 솟구쳐 화로 변하곤 했습니다. 비질을 하고 걸레질을 하는 동안 지켜보기만 하는 학생들이 얄밉기까지 했습니다.

하루는 조용히 마음을 가라앉히고 그 일을 돌이켜 봤습니다. '왜 화가 났나?'를 생각해 보니 학생들이 다치지 않았을까 하는 불안과 염려 때문이었습니다. 유리창을 깬 학생을 찾아내 혼내기 위해서가 아니라 아이들의 안전이 염려되었던 것이지요. 뒷정리를 할 때 점점 더 화가 솟구쳤던 것은 학생들이 도와주기를 바랐는데 그런 기대가 어그러졌기 때문이었습니다. 내가 진정으로 원했던 것은 학생들의 안전과 도움이었습니다.

원하는 것을 알고 난 뒤에는 "누구 다치지는 않았니?"라고 묻게 되었고, 그 말을 들은 학생들은 밝은 표정으로 "네, 없어요."라고 씩씩하게 대답했습니다. "선생님이 유리 조각을 쓸어 담을 테니 너희가 한 번 더 쓸고 걸레질할래?"라고 말하자 아이들은 청소 도구가 놓여 있는 곳으로 우르르 달려갔습니다.

눈앞에서 일어난 변화가 놀라웠습니다. 원하는 것이 무엇인지를 알고 말하자 그것이 바로 실현되었으니 말입니다. 그 뒤부터는 어떤 문제가 생기면 상대방에게 화살을 돌리다가도 안으로 시선을 돌려 '나에게 필요한 것, 내가 원하는 것이 무엇인가?'를 찾게 되었습니다.

정서적 해방으로 가는 길: 비난·자책에서 원하는 것 찾기

마셜 로젠버그는 사람들이 정서적으로 자유로운 관계를 맺으면서 살기까지 다음과 같은 세 단계를 거친다고 말합니다.

1단계: 정서적 노예 상태

다른 사람의 느낌에 책임을 집니다. 남들을 기쁘게 해 주기 위해 애써야 한다고 생각합니다. 상대방이 언짢아하면 무언가를 해야 한다는 압박을 느낍니다. 압박 강도가 높아질수록 주변 사람들이 원망스럽고 미워집니다. 피해자 의식으로 살게 되어 불평, 불만, 잔소리, 원망, 신세 한탄을 하게 됩니다. 다른 사람의 욕구·필요를 채우는 데 시간을 보냈기 때문입니다.

2단계: 얄미운 상태

내가 원하는 것을 얼마나 무시하고 살았는지를 깨닫고 분노를 느낍니다. 다른 사람이 괴로워하는 모습을 보면 "그건 네 문제야! 네가 알아서 해!"라고 얄밉게 말하거나 심지어 고소해하는 경향이 있습니다. 공격적인 말을 하게 됩니다. 다른 사람의 느낌에 책임이 없다는 것은 분명하게 알지만 책임 있게 행동하는 법은 아직 모릅니다. 내가 원하는 것에만 비중을 두기 때문입니다.

3단계: 정서적 해방 상태

다른 사람의 욕구에 대해 두려움, 죄책감, 수치심에서가 아니라 공감으로 반응합니다. 필요·욕구에 대한 인식으로 나와 다른 사람의 필요를 소중하게 여깁니다. 다른 사람을 희생시켜 자신의 필요를 충족할 때 대가를 치르게 된다는 것을 깨닫습니다. 정서적 해방은 내가 원하는 것, 상대가 원하는 것을 똑같이 중요하게 여길 때 가능합니다.

원만한 사회생활을 위해 노력한 것이 '정서적 노예 상태'라는 것을 알고 화들짝 놀랐습니다. 인간관계를 위한 여러 가지 조언은 주로 상대방이 원하는 필요를 채워 주는 것이었습니다. 그러다 보면 어느 순간 상대방이 부담스러워져서 피하게 되었습니다. 내 필요를 팽개치고 상대방에게만 맞추는 것은 교양을 가장한 위선이었음을 알았습니다.

정서적 해방으로 가려면 내가 원하는 것, 상대가 원하는 것을 알아야 한다는데 상대가 원하는 것은커녕 내가 원하는 것도 알 수 없었습니다. '어떻게 하면 원하는 것을 알 수 있단 말인가?'를 고심하다 보니 놀랍게도 비난과 자책이 그 답이었습니다. 누군가를 향한 비난, 나를 탓하는 자책의 말에서 원하는 것을 찾기가 쉬웠습니다. 원망(怨望)에서 원망(願望)을 찾은 것입니다.

원망(怨望)에서 원망(願望)으로

상황 1: 수행 평가 점수를 알려 주고 있는데 한 학생이 "선생님이 말한 평가 기준대로 점수를 매기신 거예요?"라는 말을 했다.

- '아니, 내가 그럼 다른 기준으로 평가한다는 거야?' — '따지고 있다.'라고 생각하고 있구나.
  → **나:** 언짢다. 그렇게 말한 속뜻을 알고 싶다.
    상대방: 궁금한가? 점수가 제대로 매겨졌는지 확인하고 싶은가?

상황 2: 대회 준비를 위해 일정을 짜고 있는데 한 학생이 잇따라 발언을 했다.

- '왜 저렇게 설치냐?' — '혼자 독점하고 있다.'라고 생각하고 있구나.
  → **나:** 신경 쓰인다. 발언을 골고루 했으면 한다.
    상대방: 답답한가? 자기 시간을 확보하고 싶은가?

상황 3: 행사에 관한 회의를 하고 있는데 동료 한 사람이 내 의견에 인상을 써 가며 짜증스럽게 대꾸한다.

- '왜 짜증이야?' — '네 말만 옳으냐?'라고 생각하고 있구나.
  → **나:** 언짢다. 의견을 존중받고 싶다
    상대방: 불편한가? 효율적으로 진행했으면 하나?

상황 4: 동아리 활동 지원을 위한 결재를 올렸는데 답이 없다.

- '본 거야, 안 본 거야? 직접 만나서 말해야 하나?' — '관심이 없다.'라고 생각하고 있구나.
  → **나:** 짜증 난다. 대화하고 싶다.
    상대방: 신경 쓰이나? 시간이 필요한가?

상황 5: 친구들 다툼에서 양쪽에 관해 알고 있는 학생에게 사실 파악을 위한 질문을 던졌으나 내가 알고 싶은 사항에 관해서는 말을 하지 않는다.

- '말 좀 해라. 말 좀 해.' — '입을 다물고 있다.'라고 생각하고 있구나.
  → **나:** 답답하다. 사실을 알고 싶다.
    상대방: 두려운가? 친구 관계가 소중한가?

상황 6: 친구를 협박해서 돈을 뺏고도 빌렸다고 우긴다.

- '제 잘못은 생각 않고 대드는 것 좀 봐.' — '적반하장이 따로 없네.'라고 생각하고 있구나.
  → **나:** 기가 막힌다. 자기 잘못을 인정했으면 한다.
    상대방: 억울한가? 이해받고 싶은가?

진정으로 원하는 것은?

"스트레스 받는다."라는 말을 듣습니다. 스트레스는 '나는(너는) ～을 해야만 한다.', '나는(너는) ～을 하지 않아야 한다.'라는 생각이 있을 때 찾아옵니다. 스트레스 받고 있다는 것은 '원하는 것이 있는데 충족하지 못하고 있다.'라는 신호입니다. 스트레스 강도가 높다는 것은 불만 지수가 높다는 것이고, 그만큼 원하는 것에 대한 열망이 크다는 증거입니다.

스트레스를 해소하려면 '나는(너는) ～을 해야만 한다.', '나는(너는) ～을 하지 않아야 한다.'라는 생각에서 원하는 것을 찾습니다. 다음으로 그것을 충족할 방법이나 수단을 찾는 데 힘을 기울입니다. 수단이나 방법은 혼자 생각하기보다 그것과 연관 있는 사람들에게 도움을 청하는 것도 한 방법입니다.

그 전에 '진정으로 원하는가?'라고 물어보는 과정을 거쳐야 합니다. '필요(욕구)'와 '욕망'을 구분할 필요가 있기 때문입니다. 비폭력 대화에서 말하는 '필요·욕구'는 공기나 물, 도움, 유대처럼 우리가 살아가는 데 꼭 필요한 것들을 뜻합니다. '욕망'은 관습, 사회적 통념이 빚어낸 가치에서 비롯된 것들이 많아 의미가 부풀려져 있거나 한정된 자원인 경우가 혼합니다. 예를 들어 '필요'는 배가 고파 무엇이든 요기할 만한 것을 원하는 것이라면 '욕망'은 잘 꾸며진 식당에 들어가 비싼 요리를 먹고 싶다는 것입니다.

필요·욕구	욕망
• 생명 유지에 꼭 필요하다. • 사람마다 상황마다 다르다. • 서로가 원하는 것을 존중할 수 있다. • 이해, 공감, 도움, 공감, 유대, 연결이 가능하다. • 다양한 수단과 방법으로 충족할 수 있어 삶이 풍요로워진다.	• 사회적 통념이 빚어낸 가치이다. 　– 부와 명예, 인기, 학벌, 지위, 가문 • 많은 사람이 무비판적으로 원한다. • 부모나 어른이 원하는 것으로 이끌어 간다. • 대상이 한정되어 있어 비교 경쟁으로 삶이 힘들어진다. • 불신, 소외, 단절로 삶이 황폐해진다.

　　유하 시인은 「오징어」라는 시에서 찬란한 빛을 의심하라고 말합니다. 찬란한 빛이 죽음일 수도 있음을 이야기하지요. "의심하라."는 시인의 경고처럼 자신이 무엇을 따라가고 있는지, 중요시하고 있는지를 살펴봅니다. 사회적 통념과 관습이 빚어낸 헛된 광명에 목표를 두면 자신은 물론 다른 사람도 돌보기 어려워 몸도 마음도 힘들어집니다. 경쟁에서 빚어지는 우월감은 다른 사람을 업신여기게 되고 열등감은 피해 의식을 갖게 하여 마음의 평화를 누리기 어렵습니다.

　　경쟁 사회에서는 광고 및 대량 정보를 통해 사람들의 욕망을 끊임없이 부추깁니다. "더! 더! 더!"를 외치며 사람들이 '있는 그대로의 자신'을 인정하고 사랑하는 것을 불가능하게 만듭니다. 이토록 불우한 유산을 아이들에게 '꿈'이라는 이름으로 대물림하고 있습니다. "너의 미래를 위해서"라는 명분 아래 답습된 욕망을 그대로 주입하고 강요하고 있는 폭력에 대한 성찰이 필요합니다.

몸과 마음이 고달프고 사는 게 재미없고 힘들게 느껴진다면 진정으로 원하는 것을 충족하고 있는지, 남들이 좋다고 하는 욕망을 채우려 하고 있는지 들여다봅니다. 내 욕망을 들여다보자 남들이 좋다고 여기는 길을 자녀들이 걸었으면 하는 마음을 내려놓게 되었습니다. 두 아들의 성적표를 보지 않는 것으로 그 일을 시작했습니다.

 ## 진정으로 원하면 움직인다

사람들이 힘들어하는 것 중 하나가 원하는 것을 찾는 활동입니다. 불쾌한 상황에서 느낌을 찾는 것도 힘들어하지만 그다음 활동으로 자신이 원하는 것을 찾으라고 하면 "헷갈린다.", "모르겠다."라는 말을 많이 합니다.

'내 마음 나도 몰라.' 하는 일이 왜 벌어질까요? 마음의 소리를 듣지 않는다는 것도 한 가지 이유겠지만 마음에 잡음이 많기 때문이라고 봅니다. '진정으로 원하는 것'을 선택해 살기보다는 '사람들이 원한다고 생각하는 것'을 따라 살아왔기 때문입니다.

특정 지역에 있는 학교에 근무하기를 원했던 친구가 그곳에서 근무하기 시작하면서 힘들어했습니다. 학생들도, 학부모들도, 동료들도 이전에 근무했던 학교와는 너무도 다르다고 했습니다. 친구는 출근 첫날부터 다른 교사들이 입고 있는 옷을 보고 주눅이 들었다고 합니다. 다들 너무 세련된 차림이라 자신이 초라하게 느껴질 정도였다네요. 학생들도 학부모들도 어찌나 당당한지 교장 선생님부터 그들에게 맞추느라 전전긍긍하는 기색이 역력했다고 합니다. 친구는 "○○이 좋다고 해서 오길 원했는데 내가 있을 곳이 아니었다."라고 말하더니 한 해를 근무하고 다른 곳으로 전출을 희망했습니다.

무엇을 원하는지 모르는 이유 중 하나가 스스로 무엇을 원해서 하기보다는 외부적인 힘에 따라 움직여 왔기 때문입니다. 초등학교 졸업하니 중학교, 학교를 졸업하니 취업, 취업하니 결혼, 뒤이어 육아……. 이 모든 것들을 숙제처럼, 의무 사항처럼 치렀습니다.

가끔 '이게 사는 걸까?'라는 회의가 일었던 시간이 있었지만 다들 그렇게 사는 듯해서 따라 걸었습니다. 솔직히 말하면 직장, 가사, 육아 등 주어진 것들을 하기에도 벅찼습니다. 주어진 것을 따르는 것도 벅차니 원하는 것이 무엇인지 물을 여유가 없었습니다.

김용택 시인의 「그랬다지요」(『그 여자네 집』, 창비)라는 시가 바로 제 이야기였습니다. "이게 아닌데 / 이게 아닌데 / 사는 게 이게 아닌데 / 이러는 동안 / 어느새 봄이 와서 꽃은 피어나고 / 이게 아닌데 이게 아닌데 / 그러는 동안 봄이 가며 / 꽃이 집니다 / 그러면서, / 그러면서 사람들은 살았다지요 / 그랬다지요"

어느 날 문득 되돌아보니 삶이 무엇엔가 홀려서 흘러왔던 것 같은 생각이 들었습니다. 『꽃들에게 희망을』에 나오는 애벌레처럼 무리에 휩쓸려서 '흰 기둥'을 오르는 삶이었습니다. '영화감독이 되고 싶어.',

'작가가 되고 싶어.', '연극배우가 되고 싶어.', '가수가 되고 싶어.' 등등 원했던 꿈조차 어떤 틀 안에 있었습니다. 삶은 무엇이 되는 것이나 무엇을 가지는 것이 아니라는 깨달음이 왔습니다. 순간순간 진정으로 원하는 것을 찾고, 그것이 나와 너의 삶에 유익한지 점검한 뒤 말이나 행동으로 옮기는 것이 생명 활동이었습니다.

인간 존재를 '우주의 꽃'이라 말하기도 하고 '우주의 티끌'이라 말하기도 합니다. '우주의 꽃'이라 함은 한 존재의 소중함을, '우주의 티끌'이라 함은 그 역시 수많은 생명체 중 하나임을 뜻하는 말이겠지요. 꽃으로서 맘껏 생명을 누리고 티끌로서 주변 생명들과 조화를 이루며 사는 삶을 원합니다.

'진정으로 원하는가?'와 '원한다고 생각하는가?'의 차이는 몸이 움직이는가, 움직이지 않는가에 달려 있었습니다. 진정으로 원하는 일을 찾으면 몸이 저절로 움직입니다. "놀이가 아닌 그 어떤 것도 하지 말라."라는 말에서 '놀이'란 '원하는 것'을 뜻합니다.

수업 시간에 누워서 잠만 자던 학생이 어느 날 체육 대학에 가고 싶다고 하더니 스스로 필요한 것을 찾아 나섰습니다. 학원에 다닐 형편이 못 되어 아는 형을 찾아가 배우기도 했습니다. 휴일에도 학교 운동장에서 연습했습니다. 체육 대학에 들어가더니 제가 근무하는 학교에 찾아와 대화를 나누었는데 원하는 것이 확실해서 신기하고 놀라웠습니다.

고등학교를 자퇴한 큰아들, 중학교 2학년 때 담임 선생님한테 "네가 우리 반 꼴찌다. 갈 데가 없다."라는 말을 들었던 둘째 아들이 바로 그 증거였습니다. 자기들이 원하는 것을 찾자 의욕적으로 움직이는 것을 제 눈으로 보았습니다. 둘째 아들 초등학교 때 두 번이나 담임을 맡았던 선생님께 둘째가 대학에서 심리학을 전공한다고 하자 "기적이에요. 어머니, 책 쓰세요."라고 하셨습니다. 그 말에 힘입어 쓴 책이 『청소년을 위한 비폭력 대화』입니다.

비폭력 대화를 공부하자 모든 사람이 학교에서 배울 수 있었으면 하는 희망을 가지게 되었습니다. 원하는 것을 말하고, 원하는 것을 들어 주는 것이 우주의 꽃이자 티끌로서의 삶이라는 생각이 들었기 때문입니다. 초등학교부터 대학까지 교재를 만들고 싶다는 생각이 들자 학교를 그만두고 그 일에 매진해야겠다는 결심이 섰습니다. 그 일을 이루려면 여러 사람의 노력이 필요하다는 것을 깨닫자 혼자서도 할 수 있는 일, 책을 쓰기로 마음먹었습니다.

『청소년을 위한 비폭력 대화』를 쓰고자 했던 의도는 '청소년들이 힘든 몸과 마음을 스스로 돌보고, 자기표현을 효율적으로 할 수 있고, 다른 사람의 마음을 헤아리는 방법을 알게 하자.'라는 것이었습니다. 원하는 것이 분명해지자 새벽부터 늦은 밤까지 꼼짝 않고 글만 쓰는데도 힘들지가 않았습니다. 의자에 그렇게 오래 앉아 있을 수 있다는 것이 스스로도 신기했습니다. 국어 교사라는 걸 숨기고 싶을 정도로(숨기기도 했습니다) '글치'였지만 마음 가는 대로 썼습니다. 마음속 열망이 손을 움직이게 한 것입니다.

'소극적이다. 무기력하다.'라는 것은 타고난 성향이 아니라 무의식적 저항으로, 두려움이 있다거나 무엇을 원하는지 모르는 경우가 많습니다. 따라서 "무엇을 원하는가?", "어떻게 했으면 하나?", "어떤 도움을 바라나?"라는 질문을 받으면 움직일 가능성이 큽니다. 진정으로 원하는 것을 찾으면 스스로 움직이게 됩니다. 원하는 일을 하면 적극적으로 행동하고 책임 의식도 높아집니다.

원하는 것을 충족하기

원하는 것을 충족할 수 있는 수단과 방법은 다양합니다. 수단과 방법이 다양할수록 삶이 풍요로워집니다. 모둠 활동으로 '사랑을 충족하는 수단과 방법'을 학생들과 함께 찾아본 적이 있습니다. 짧은 시간에 학생들이 얼마나 많이 찾았는지 그 풍부한 내용에 놀랐습니다. 학생들은 '웃기', '손 흔들기', '간지럼 태우기', '기다려 주기', '나누어 먹기', '비밀 지키기', '화나거나 슬퍼할 때 가만히 손잡아 주기', '안아 주기', '전화하기', '메일, 카톡, 손편지 쓰기', '청소 도와주기', '(강아지) 산책하기', '(고양이) 쓰다듬어 주기', '(새) 모이 주기' 등 일상에서 겪는 소소한 것들을 적었습니다. 사랑의 대상도 다양했고 사랑의 의미도 소박했기에 가능한 것들이었습니다.

어른들은 학생들이 적은 것을 보고 놀라기도 하고 시큰둥한 표정을 짓기도 했습니다. "별걸 다 적었네."라고 말하기도 했습니다. 나이가 들면 한 시절 가치를 두었던 것들을 일정 거리를 두고 보기 때문에 그것들의 의미가 퇴색할 수 있습니다. 그런데 실은 그다지 쓸모없어 보이는 '별별 것'들이 우리 삶을 재미나고 풍부하게 만들기도 합니다. 그 별별 것들을 누릴 수 있는 사람이 부자라면 비약일까요?

갈등은 특정한 수단이나 방법을 고집할 때 일어납니다. 과제를 제출하지 않은 학생들에게 독촉하느라 카톡이나 문자 메시지를 보내고 전화를 거느라 골치가 아팠습니다. 옆자리에 앉은 선생님은 전혀 그런 고민이 없는 듯하여 "선생님 반 애들은 과제 제출 다 했어요?"라고 물었습니다. 그 선생님은 "시간을 정해 그때까지 제출하지 않은 학생들을 모두 한 교실에 모아 놓고 자료 주고 스마트폰으로 찾아서 작성하게 했어요."라고 대답했습니다. 어르고 달래고 짜증 낼 시간에 다른 방법을 궁리해 찾아내야겠다고 다짐했습니다.

학생들에게 화를 내고, 소리를 지르고, 벌을 주고, 싸늘하게 돌아서고 하면서 '이건 아닌데……'라는 생각이 들었지만 멈추질 못했습니다. '내가 미쳤나 봐.'라고 되뇌던 순간에도 학생들의 배움과 성장에 기여하고 싶었음을 알게 되면 울컥했습니다. '그래, 그렇게 하면 무슨 수로 내 의도를 알 수 있으리오! 다른 방법으로 해야지.'라며 다른 방법을 모색하곤 했습니다.

수업 운영이나 학급 운영에 관한 자료들은 차고 넘쳤습니다. 그중에 해 볼 만한 것을 새롭게 시도하는 재미가 제법 쏠쏠했습니다. 선생님들이 수업에 활용하는 교재, 교구, 수업 방법 등은 정말로 다양했습니다. 그중에 활동 중심을 선택하여 개별 활동과 모둠 활동의 결과물을 교실 뒤 게시판에 전시했는데 반응이 좋았습니다.

소설 수업과 연관해 그림책을 가지고 수업을 한 적이 있었습니다.

학생들이 그림책을 통해 구성을 익히고 간략한 서술, 묘사, 대화를 통해 표현의 묘미를 느끼게 하는 것이 목적이었습니다. 학생들에게 권하고 싶은 그림책을 선정하는 과정부터 신이 났습니다. 도서관 어린이 코너에 가서 그림책을 읽고 복사하며 한여름을 보냈습니다.

맙소사! 결재를 받는 과정에서 "중학생이 그림책을 읽어요?", "그림책을 만든다고요?", "이걸로 꼭 해야 해요?"라는 말을 듣고 힘이 빠졌습니다. 결재 서류에 사인은 하면서도 갸우뚱하는 동작이 '불가능'을 말하고 있었습니다. "그림책 구입에 경비 지출이 가능한지 행정실에 알아보라."는 말을 듣고 확인해 보니 남은 예산이 없었습니다.

일이 어그러지자 온갖 비난과 원망이 꼬리에 꼬리를 물었습니다. '교과서만 답이라고 생각하다니.', '창의성 운운 우습다.', '교사의 의욕을 꺾으면서 무슨 교육이냐?', '똑같이 하는 획일화! 지겹다, 지겨워.', '돈 쓸 일을 미리 어떻게 아냐?' 같은 말들을 속으로 외치다가 분노가 가라앉자 맥이 풀렸습니다. 이대로 그림책 수업을 못 하고 마는가 해서 힘없이 앉아 있다가 분리수거할 때 이따금 그림책들이 나와 있던 것이 떠올랐습니다. '그래, 그림책을 구하는 다른 방법이 있네.'라는 생각이 들어 환호작약했습니다.

다른 길이 있다는 것을 깨닫자 수업에 들어가서 학생들에게 협조를 구했습니다. 학생들이 움직일 수 있도록 그림책을 읽어 주며 반응을 유도했습니다. 집에 있는 그림책, 재미나게 읽은 그림책을 가져왔다가 수업이 끝나면 가져가라고 부탁했습니다. 결과는 대성공이었습니다. 너무 많은 책이 모아져서 도서관 한구석을 빌려야 할 정도였습니다.

그림책 만들기는 행복한 수업이 되었습니다.

 ## 원하는 것을 말해야
협조를 얻을 수 있다

솔직하게 말하기는 원하는 것, 필요한 것을 말하는 것입니다. 슬리퍼를 신고 등교하는 학생에게 "복장 위반이야."라는 말을 하기보다 "차들이 많이 다녀서 슬리퍼 신고 등하교하는 것은 위험하다."라고 말한다면 어떨까요? 그 말을 듣고 감동한 학생이 "규칙·규율이 만들어진 의도를 알아듣게 설명하면 기꺼이 지키려는 학생들이 훨씬 많아질 거 같아요."라고 말하더군요.

1) 자신이 원하는 것에서 비롯한 느낌 표현하기('나' 메시지)

- "누가 이렇게 하라고 했어?"
  → **나**: 물어봤더라면 해서 속이 상한다.

- "그런 짓을 하고 덮어질 줄 알았니?"
  → **나**: 사실을 듣고 싶었는데 실망스럽다.

- "태도가 그게 뭐냐? 날 뭘로 아는 거야?"
  → **나**: 함께 의논하기를 바랐는데 화가 난다.

2) 필요·욕구와 함께 느낌을 표현하기

- "네 말을 끝까지 들었더라면 상황을 제대로 이해했을 텐데. 미안하다."
- "금요일까지 완성했으면 해서 마음이 조급하다."
- "질문해 주어서 좀 더 자세히 설명할 수 있었다. 고맙다."
- "도와줘서 제 시간에 마칠 수 있었다. 고맙다."

"학기 초에 학생들 파악도 안 됐는데 '추천서'를 작성해 달라는 학생의 요청을 받았어요. 그 학생에 대한 자료도 없고 이 일 저 일로 깜박 잊고 있었는데 학생 아버님에게서 전화가 왔어요. 말 시작이 '왜 이렇게 늦냐? 동생 담임은 곧바로 해 줬는데 왜 아직도 안 해 주냐? 교장실로 전화해서 해결해야 하느냐?'라고 말하는데 황당했어요. '교장실? 그럼 거기서 해결하세요.' 하고 되받아치고 싶었어요. 순간 '비난 속의 열망'이 떠올랐어요. '아버님한테는 간절한 일이구나.'라고 생각하니 마음이 차분해졌어요. 잠시 숨을 고르고 '아버님, 많이 기다리셨군요. 학기 초라 업무가 많은 데다 학생에 대한 정보도 필요해서 늦었습니다. 금요일에 학생 편으로 보내려는데 어떤가요?'라고 말하자 '알았어요. 그때까지는 꼭 해 주세요.' 하는 대답을 받았습니다. 그 일을 계기로 비난 속의 열망을 찾는 일이 늘어났어요."라며 "이게 성장이다."라고 말씀하시던 선생님의 일화를 소개합니다.

필요한 것을 알고 그것을 충족할 수 있는 길을 찾는 과정이 바로 삶의 여정이었습니다. 내가 원하는 것이 무엇인가를 묻기 시작하자 다른 사람들의 필요에도 민감해졌습니다. 자신과 상대방 안에서 일어나고 있는 지금 이 순간의 필요를 만나는 것. 그것이 사랑이고 공감이고 존중이고 연결이었습니다. 「섬」이라는 시에서 정현종 시인은 사람들 사이에 섬이 있다고 했습니다. 내가 원하는 것, 네가 원하는 것을 똑같이 소중히 여길 때 섬에서 섬으로 오가는 길들이 수도 없이, 아름답게 펼쳐졌습니다.

- 원하는 것을 말하라.
- 말해야 협조가 가능하다.
- 원하는 것을 충족할 수 있는 수단과 방법을 많이 찾는 것이 창의성이다.

7장

부탁하기

선생님께서 건강한 관계를 위해서는 '부탁하기'와 '거절하기'가 중요하다고 말씀하셨습니다. 그 말을 들으면서 '나는 부탁이나 거절을 잘 못 하는데 그럼 건강한 관계를 맺지 못하나?'라는 생각을 했습니다. 그 말이 불쾌하면서도 부인하기에는 왠지 찜찜했습니다.

얼마 전의 일이 떠올랐습니다. 동료가 연수를 신청해 놓고 다른 일이 겹쳐 힘들다며 저한테 "대신 가면 어떻겠냐?"라는 말을 했습니다. 저도 관심이 있던 연수라 공문을 들여다보려던 순간 옆에 있던 선배가 "나, 그 연수 가려고 했었는데 내가 갈게."라며 서류를 가져가더니 본인이 가는 것으로 신청했습니다. 그 일이 진행되는 사이 저는 아무 말 못 하고 가만히 있었습니다.

그날 이후, 그 선배가 하는 말, 행동 모두가 너무나 미웠습니다. 내게 말한 것을 옆에서 봐 놓고도 그것을 낚아채다니 기가 막혔습니다. '어쩌면 저렇게 이기적이지.', '뻔뻔스럽기는.', '먹이를 채 가는 하이에나가 따로 없네.', '승진하려면 연수 점수가 필요하겠지.' 등등 볼 때마다 악감정이 튀어나와 괴롭습니다. 한편으로는 말 한마디 제대로 못 하고 누군가를 이렇게 미워하는 저 자신이 너무 싫고 한심했습니다. '왜 솔직하게 말하지 못하고 속으로 끙끙 앓는 거야. 바보 아냐?'

그 선배를 미워하다 문득 제 인생에 이런 일들이 여러 번 있었다는 생각이 들었습니다. 친구랑 백화점에 갔는데 시식 코너에서 친구가 맛을 보더니 "맛없네."라며 한 입 베어 먹은 그 음식을 제 입에 들이밀며 "먹어 봐."라고 하는데 거절하지 못하고 삼킨 적도 있었습니다. 판도라의 상자를 연 것처럼 이런저런 불쾌한 기억이 되살아나면서 그 선배 일도 그런 사건 중 하나였다는 것을 알아차렸습니다.

부탁을 하기 미안했고 거절을 하기는 더더욱 미안했습니다. 부탁을 못 해서 내 몫을 챙기지 못하거나 거절을 못 해서 하기 싫은 일을 억지로 한 적이 많았습니다. 누구를 원망하고 미워할 문제가 아니라는 생각을 했습니다. 제가 어리석기 때문인데 누구를 탓하랴 싶은 생각이 듭니다. 내가 원하는 것보다 다른 사람이 원하는 것에 맞춰 살아서 "착하다."라는 말을 들었는데 그 말에 가치를 두었던 저 자신이 못나게 여겨져 비참합니다. 부탁도 거절도 잘하고 싶습니다. 도와주세요.

선생님, 부탁도 거절도 힘들어하는 자신을 확실하게 보셨군요. 부탁을 못 하고 거절을 못 하면 "착하다."라는 말을 듣는 대신 경계를 침범당하는 순간이 많았을 것입니다. 선생님 메일을 읽으면서 '경계 지키기'

의 중요성을 새삼 깨달았습니다. 부탁할 때는 상대방의 영토 존중, 거절할 때는 나의 영토 존중을 먼저 헤아려야 한다는 사실을 다시금 새기게 되었습니다.

거절이나 부탁에 대한 이러저러한 생각들이 거절과 부탁을 실천하기 어렵게 만듭니다. 그러한 생각들은 대부분 상대방의 처지를 염려하는 순전히 내 생각입니다. 그렇게 하다 보면 내가 원하는 것은 뒤로 밀려나게 됩니다. 가슴 밑바닥에서 아우성치고 있는 그 소리는 누가 들어줄까요?

"'착하다.'라는 말에 가치를 두었던 저 자신이 못나게 여겨져 비참합니다."라는 문장을 읽었을 때 코끝이 찡해 왔습니다. 많은 부탁과 강요에 몸도 마음도 돌보지 못했을 테니 얼마나 힘드셨을까요? 힘든 내색도 하지 않고 묵묵히 따랐을 선생님! 두 손을 붙잡고 싶습니다.

부탁도 거절도 잘하고 싶다 하셨지요? '내가 이러고 있구나.' 하는 것을 뼈에 사무치게 깨닫는 순간 정서적 노예 상태를 멈출 수 있습니다. 비난과 자책에 머물지 않고 성찰로 나아가신 선생님께 두 손 모읍니다. 그런 힘을 가지고 계신 분이기에 변화를 이뤄 낼 수 있으리라 믿습니다.

부탁을 하거나 부탁을 받았을 때 느꼈던 감흥을 한번 되살려 보시기 바랍니다. 누군가가 선생님의 부탁을 흔쾌하게 받아 주었던 일이 있나요? 누군가의 부탁에 기쁘게 응했던 적이 있나요? 상대방의 부탁이 고맙게 여겨졌던 일이 있을까요? 도움을 주고받았던 기쁨과 보람으로 가슴이 벅찼던 순간을 떠올려 보시기 바랍니다. 그때 느꼈던 감사도 헤아려 보시기를 바랍니다.

"도와 달라."고 손을 내미는 것도, 자신의 상태를 알리며 거절하는 것
도 선물이라고 생각합니다. 교지 편집을 맡게 되어 고민하다가 동료에
게 부탁하자 기꺼이 함께해 주었던 일이 떠오릅니다. 글을 쓰고 있는
이 순간 그 일을 떠올리니 가슴이 뜨거워지는 것을 느낍니다. 손을 내
밀었을 때 잡아 주면 고맙고, 거절하면 그 사람이 돌보고자 하는 것에
고개를 끄덕입니다.

부탁도, 거절도 연습이 필요합니다. 단골 가게가 있다면 물건을 많이
샀을 때 조그만 덤 하나를 부탁해 보시기 바랍니다. 그런 제안이 받아
들여졌을 때 또는 거절당했을 때 마음이 어떻게 움직이는지 관찰해 보
시기 바랍니다. 선생님께서 부탁과 거절 중 어느 하나를 실천하신 날
연락을 주시면 고맙겠습니다. 봄을 기다리는 마음으로 선생님의 소식
을 기다리겠습니다.

(……)
꽃이 피어 있다.
바로 가까이까지
곤충의 모습을 한 다른 존재가
빛을 두르고 날아와 있다.

나도 어느 때
누군가를 위한 곤충이었겠지.

당신도 어느 때
나를 위한 바람이었겠지.
-요시노 히로시, 「생명은」 중에서-

 ## 부탁과 감사

비폭력 대화 모델의 네 번째 요소는 '부탁'입니다. 비폭력 대화를 만든 마셜 로젠버그는 말에는 두 가지가 있다고 합니다. '부탁'과 '감사'입니다. 소통을 위해 말을 할 때는 부탁인지 감사인지를 분명하게 말합니다. 말을 들을 때에도 부탁인지 감사인지 귀 기울여 듣기 바랍니다.

부탁은 원하는 것을 충족하기 위해 어떤 일을 다른 사람에게 해 달라고 요청하는 것입니다. 감사는 원하는 것을 충족해서 기쁘다는 표현입니다. '~ 있니?', '~할까?', '~해 보자.' 등으로 끝나는 말에는 부탁의 의미가 담겨 있고, '~구나.', '~했네.' 등으로 끝나는 말에는 감사의 뜻이 담겨 있습니다. "시간 있니?"라고 묻는 말에는 시간을 내 달라는 부탁의 뜻이 들어 있고, "청소 다 했네."라는 말에는 청소를 마친 것에 대한 감사의 뜻이 들어 있습니다.

한자 人(인)은 두 사람이 서로 기대어 있는 모습이라고 배웠습니다. 서로 기댄다는 것은 서로 의지한다는 뜻으로도 풀이할 수 있겠지요. 의지한다는 것은 도움을 주고받는 관계입니다. 부탁을 해야 도움을 줄 수도 있고 거절할 수도 있습니다. 부탁인지 강요인지를 헤아린 뒤 부탁을 하시기 바랍니다. 부탁을 하면 할수록 거절도 편하게 받아들일 수 있습니다.

"즐겨 보는 TV 프로그램을 하나 정해서 그 이유를 적고, 제안을 써 보자."
(부탁)
"일화가 다양해서 재미있게 읽었다." **(감사)**

원하는 것이 분명해지면 누구에게, 언제, 어떻게 말할지를 준비합니다.

부탁의 유형

부탁에는 '연결 부탁'과 '행동 부탁'이 있습니다.

1. 연결 부탁

연결 부탁은 춤을 추려면 상대방에게 다가가 신청을 하듯이 대화에 초대하는 부탁입니다. 내가 한 말을 상대방이 어떻게 생각하는지 알고 싶을 때 하는 부탁과 내가 한 말을 어떻게 들었는지 확인하는 부탁이 있습니다.

1) 솔직한 표현을 위한 부탁

내가 한 말에 대해 상대방이 어떻게 생각하는지 알고 싶을 때 하는 부탁입니다.

- "내가 한 말에 대해 어떻게 생각하나요?"
- "내가 말한 것을 들으니 어떤 느낌이 드니?"
- "내가 말한 것에 대해 의논할 생각이 있니?"
- "내가 말한 것에 대해 함께 얘기 나눌 수 있을까?"

예) **교사:** "어제 회의에서 맡은 일의 마무리를 확인하고 넘겨 달라는 요청이 있었어. 그것에 대해 함께 얘기 나눌 수 있을까?"

2) 한 말이 의도한 대로 전달되었는지 확인하는 부탁

내가 한 말을 어떻게 받아들였는지 확인하는 부탁입니다. 이런 부탁을 하는 것이 어색하게 느껴지기도 하지만 말하고 듣는 과정에서 오해가 발생할 수 있어 중요한 사안일수록 확인이 필요합니다.

- "내가 한 말을 어떻게 들었는지 들은 대로 말해 줄래?"
- "내가 제대로 말했는지 확인하고 싶어서인데 들은 대로 말해 줄래?"

예) **교사:** "어제 회의에서 맡은 일의 마무리를 확인하고 넘겨 달라는 요청이
있었어. 어떻게 들었는지 들은 대로 말해 줄 수 있을까?"
학생: "우리가 맡은 일을 제대로 안 했으니 잘하고 넘겨 달라고요."
① **교사:** "아니, 그게 아니라……."
② **교사:** "그렇게 받아들일 수도 있겠구나. 말해 주어 고맙다. 어제 회
의에서 잘잘못을 따진 것이 아니야. 특별실에서 수업하는 반
을 위한 준비 사항을 나눈 거야."

①처럼 상대방의 말을 부정하고 내가 한 말을 반복하기보다 ②처
럼 상대방이 그렇게도 받아들일 수 있다는 것을 인정하고 그다음 말로
이어 나가는 것이 연결에 도움이 됩니다.

2. 행동 부탁

연결 부탁으로 대화에 초대한 뒤에 내가 원하는 것을 상대방이 어
떤 말이나 행동으로 옮겨 줄지를 요청하는 부탁입니다. 지금 여기에서
가능한 것을 구체적으로 말하고 긍정형으로 말하며 청유문이나 의문
문 형식을 갖추어 말합니다.

1) 구체적으로 말합니다.

추상적이거나 막연하게 말하면 해석이 달라져서 혼선을 빚을 수 있기 때문입니다.

- "이따 와."
  - → "종례 후에 교무실 내 자리로 올래?"
- "말버릇을 고쳐야지."
  - → "'됐어요.'라는 말 대신 네 의견을 말해 줄래?"

2) 긍정형으로 말합니다.

상대방이 하지 않기를 바라는 것보다는 했으면 하는 것을 말합니다. 즉, '~을 하지 마라.'보다 '~을 하기를 바란다.'라고 말합니다.

- "왔다 갔다 하지 마라."
  - → "자리에 앉아 있기를 바란다."
- "꾸물대지 않기야."
  - → "10시까지 도착할 수 있기를 바란다."

3) 청유문이나 의문문으로 말합니다.

상대방이 '예.', '아니요.'를 선택할 수 있도록 청유형이나 의문형으로 말합니다.

- "줄 맞춰라." **(명령형)**
  - → "줄을 맞춰 보자." **(청유형)**
- "치워라." **(명령형)**
  - → "치워 줄래?" **(의문형)**

부탁 연습

누군가에게 부탁을 했는데 듣는 사람에게는 명령이나 요구, 강요처럼 들린다면 어떨까요?

"너희 반이 과제를 가장 적게 냈어. 금요일까지 내. 기한 넘기고 제출하면 점수 깎는다."라는 말을 부탁으로 들을 사람은 없을 것입니다. 이렇게 말해 놓고 기한을 어기는 학생들을 꾸짖고 점수까지 깎았으니 학생들의 마음을 조금이라도 헤아렸다면 그랬을까 싶습니다. '학생이 움직이는 동기가 무엇인가?', '처벌이나 불이익에 대한 두려움 때문인가, 원하는 것 때문인가?'를 고려했다면 다르게 말했을 것입니다.

부탁을 말할 때에는 자극받은 상황을 사실대로 말한 뒤, 그때 일어난 느낌과 필요를 말하고, 그것을 충족하기 위한 수단이나 방법을 요청합니다.

- **관찰(사실)**: 오늘까지 과제를 제출한 사람이 여덟 명뿐이다.
- **느낌**: 실망스럽다.
- **필요**: 금요일 퇴근 전까지 제출하기 바란다. 형평성을 위해 기한 내에 제출한 사람과 기한을 넘긴 사람은 점수에 차이를 두려 한다.
- **부탁/거절**: "다른 제안이 있니?"

부탁하기 연습을 해 볼까요? 쉬운 일부터 시도해 보시기 바랍니다. 상대방이 쉽게 "예."를 할 만한 것부터 부탁해 봅니다. 선생님에게 협조적인 학생에게 "게시물 정리를 하려는데 도움이 필요해. 그것에 대해 얘기 나눌 수 있을까?"라고 물어보시기 바랍니다. 시험 정감독이라면 부감독 선생님에게 "선생님, 답안지 배부하는 것 도와주시겠어요?"라고 일정 부분 협조를 요청합니다.

거절도 연습이 필요합니다. 부탁을 받았을 때 흔쾌히 도와주고 싶은 일이 아니라면 무엇 때문인지 이유를 찾아보고 거절을 하시기 바랍니다. 상대방이 서운해할까 봐 거절을 못 하면 하기 싫은 일을 하는 시간이 점점 늘어나게 됩니다. 우울하고 불쾌한 시간을 스스로 만들 이유는 없습니다. 나를 위해 하기 싫은 일을 해 주기를 바랄 사람은 드뭅니다. 거절할 때는 구체적인 이유를 말하기 바랍니다.

부탁이든 거절이든 다음과 같이 '관찰(사실)-느낌-필요-부탁/거절'의 과정을 거쳐 말하는 것이 오해를 줄이고 부담을 줄일 수 있습니다.

- **관찰(사실)**: 교칙을 개정하고 싶다는 말을 듣고
- **느낌**: 놀랍기도 하고 반갑기도 했다.
- **필요**: 준비가 필요하다는 생각이 든다.
- **부탁/거절**: "그것에 대해 얘기 나눌 수 있을까?"

- **관찰(사실)**: 교칙 개정에 지지를 바란다는 말을 들으니
- **느낌**: 당황스럽다.
- **필요**: 개정할 교칙에 대한 구체적 자료를 보고 싶다.
- **부탁/거절**: "그것을 보고 결정할게."

거절하기 애매할 때는 "한 시간 뒤에 여부를 말해도 될까요?"라고
생각할 시간이 어느 정도 필요한지 구체적으로 말합니다. 시간을 끌면
불필요한 오해가 생길 수도 있기 때문입니다.

- **관찰(사실)**: "선생님, 수업 연수, 선생님이 신청하셨잖아요."
- **느낌**: "그것에 대해 찜찜한 느낌이 남아 있어요."
- **필요**: "얘기 나누고 싶은데."
- **부탁/거절**: "어떻게 생각하세요?"

마음이 편안할 때 이야기를 꺼내시기 바랍니다. '지난 일을 가지고'
라는 말로 넘기다 보면 화와 우울이 쌓입니다. 교실이나 교무실에 화
와 우울이 떠돌지 않게 하려면 대화가 필요합니다. 억울한 마음이 풀
려야 치유가 일어나고 관계가 회복됩니다.

다음은 '내가 한 부탁'이라는 제목으로 한 선생님이 들려주신 이야
기입니다.

아들이 초등학교 때였어요. 그날은 시험 기간이라 집에 일찍 와서
일을 하고 있었는데 아들이 눈물을 흘리며 들어왔어요. 저를 보자
엉엉 울면서 안기지 뭐예요. 이야기를 들어 보니 담임 선생님이
아이를 발로 걸어찬 거예요. 쉬는 시간에 놀다 늦게 들어온 남자
아이들을 복도에 엎드려 뻗치게 한 뒤 한 명 한 명 발로 걸어찼나
보더라고요. 학생 체벌을 당연시하던 때였어요. 아들은 얼마나 분

한지 복수하겠다며 벼르더군요.

선생님은 규율을 지키게 하려고 학생들에게 그런 행동을 했겠지만 학생은 잘못을 인정하기는커녕 원한과 복수심에 불타오르고 있으니 어긋나도 한참 어긋나 있었습니다. '선생님이 이 사실을 알아야 하지 않을까?', '12월이라 얼마 안 남았으니 그냥 넘어갈까? 말해 봤자 달라지겠어?' 마음이 두 갈래로 왔다 갔다 했습니다.

교사로서 내가 그런 행동을 했다면 학부모들이 그냥 묵인해 주기를 바라는가? 말해 주기를 바라는가? 단연 후자였습니다. 선생님의 그런 행동이 되풀이될 수 있다는 생각이 들어 편지를 썼습니다. 학부모이자 교직에 있는 동료로서 선생님에게 보내는 부탁 편지였습니다. "선생님의 가르침이 아이한테 제대로 전달될 수 있도록 지도 부탁드립니다."라는 문장으로 끝을 맺었습니다. 그렇게 간절한 마음으로 부탁 편지를 쓰고 나자 '선생님이 어떤 반응을 보일까? 아이한테 불이익이 있을까?'라는 걱정은 말끔히 사라졌습니다.

부탁인가, 강요인가?

부탁하기 어렵게 느껴지는 이유 중 하나가 부탁과 강요를 혼동하기 때문입니다. 상대방이 부탁을 거절했다고 해서 마음이 상한다면 부탁이 아니라 강요를 한 것입니다. 부탁하면서 다음과 같은 생각을 한다면 상대방은 강요로 들을 가능성이 큽니다. 당연시하는 생각이 담겨 있는 부탁은 '강요'나 '명령'하는 기운이 담겨 있기 때문입니다.

1. "그것을 하기로 했으니 해야만 한다."
2. "주번은 당연히 뒷정리를 하기로 되어 있다."
3. "선생으로서 마땅히 요구할 자격이 있다(권리가 있다)."
4. "학생들에게 공부하라고 하는 것은 정당하다."

1~4와 같은 생각을 바탕으로 부탁을 한다면 그것은 강요입니다. 뜻대로 되지 않을 때는 상대방이 어떤 상황인지, 무엇을 원하고 있는지를 알아봅니다.

세상에서 일어나고 있는 일들은 여러 가지 요인이 작용하여 빚어내는 결과입니다. 특정인 누군가가 책임져야 할 부분은 그중 한 부분입니다. 그것을 생각하면 기대에 어긋난 일을 좀 더 편한 마음으로 받아들일 수 있습니다.

힘을 지닌 위치에 있다면 부탁을 할 때 당위성을 띠고 있는지를 점검하기 바랍니다. 교장 선생님이 교사에게, 교사가 학생에게 하는 부탁은 강요로 들리기 쉽습니다. 부탁을 거절하면 비난이나 불이익이 따를지도 모른다는 생각을 상대방이 할 수 있기 때문입니다. 교장 선생님이 자신이 말하거나 써야 할 글의 원고를 선생님에게 써 달라고 부탁하면 어떨까요?

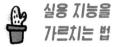
실용 지능을 가르치는 법

『아웃라이어』라는 책에서 말콤 글래드웰(Malcolm Gladwell)은 어른들이 아이들에게 꼭 가르쳐야 할 덕목으로 '실용 지능'을 들고 있습니다. 저자는 실용 지능이란 "원하는 것을 얻기 위해 누구에게 언제 어떻게 말해야 할지를 아는 것이다."라고 정의합니다. 아이들이 어른에게 부탁할 수 있어야 한다는 뜻이겠지요.

그것이 가능하려면 아이들이 자기보다 나이가 많고 권위가 있어 보이는 사람에게 자기 생각을 표현하는 것이 정당한 일임을 어른들이 가르쳐야 한다며 '권한에 대한 감각'을 익히는 것을 강조합니다.

수행 평가 점수에 불만을 느낀 학생들이 찾아와서 불만을 말하면 저는 아래와 같이 반응했습니다.

학생: ① "선생님, 제 점수 왜 이래요?"

② "선생님, 제 점수 이상해요."

③ "선생님, 제 점수 왜 깎았어요?"

교사: ① "왜라니?"

② "이상하긴 뭐가 이상해."

③ "내가 왜 네 점수를 깎아."

이런 말을 들은 학생들은 '권한에 대한 감각'을 익히기는커녕 '입 다무는 게 상책이다.'라고 생각해서 입을 다물거나, 참다 참다 '욱'해서 말하거나, 억울해했겠지요.

　부탁하는 법을 가르치고 배웠다면 이렇게 말했을 겁니다.

- **관찰(사실)**: "선생님, 수행 평가 점수를 18점으로 예상했는데 13점을 받았
  어요."

- **느낌**: "속상하기도 하고 궁금해요."

- **필요**: "왜 점수가 그렇게 나왔는지 알고 싶어요."

- **부탁**: "언제 시간을 내 주실 수 있나요?"

학생: 다른 애들은 대출 연장을 해 주면서 왜 저만 안 해 줘요?

교사: ① 넌 왜 맨날 너만 안 해 준다고 야단이냐?

　　　② 책이 다르잖아.

　　　③ 모르면서 억지 부리지 마.

　　　④ 알고 말해라. 그 책은 대기자가 다섯 명이야.

　　　⑤ 떼쓴다고 될 일이 아니야.

⇩

학생: 선생님, 대출 연장을 하고 싶은데 어떻게 하면 될까요?

교사: 대기자가 다섯 명이라 기한을 연장하는 것이 힘들어. 다시 이
름 올려놓을래? 대기하는 친구들이 읽고 난 다음에 연락해 줄게.

　한 선생님이 이런 일화를 들려주셨습니다. "'너 때문에 애들이 30분
을 더 기다렸잖아.'라는 비난과 함께 일장 연설을 마치고 나자 그 학생

이 기어들어 가는 목소리로 '핸드폰을 집에 두고 와서 연락할 수가 없었어요.'라고 말했습니다. 그 일로 교직 생활 중 처음으로 '내 기운에 눌려 자기표현을 제대로 못 하는 학생들도 있구나.'라는 생각을 했습니다. 학생의 복잡한 내면에 관심을 기울인 최초의 순간이었습니다."

그 일을 겪은 뒤 선생님은 반 학생들에게 "내 말이 길어지거나 누군가가 상처를 받을 수 있는 말이라고 생각하면 손을 들어 엄지와 검지로 동그라미 표시를 해 다오. 누구든 먼저 표시를 해 준다면 고마울 거야. 때때로 내 브레이크가 고장 나는 수가 있거든. 그런 때 정지 신호가 필요해."라고 부탁했다고 합니다. 그 선생님은 "동그라미 표시 외에도 메일로 카톡으로 문자로 학생들이 서운했던 것을 표현해 주어 얼마나 고마운지 모르겠습니다."라는 말로 이야기를 마쳤습니다.

거절하기, 거절 듣기

"아니요."라고 말할 수 있는 능력은 서른여섯 가지의
질병으로부터 당신을 구한다.
-인도 속담-

거절을 하는 것도 거절을 듣는 것도 힘들었습니다. 거절하기가 어려운 이유는 내가 원하는 것보다 상대방이 원하는 것에 비중을 두었기 때문입니다. 거절 듣기가 어려운 이유는 존재에 대한 거절로 받아들였기 때문입니다. 거절은 존재에 대한 '아니요.'가 아니라 제안한 것에 대한 '아니요.'라는 것을 알고 나자 어떤 때는 거절이 고맙기까지 했습니다. 나의 '억지, 강요, 무리수'를 보았기 때문입니다.

한 방송인이 방송에 나와서 한 말입니다. 자기는 구애를 했다가 상대가 거절하면 '내가 뭐가 부족해서.'라는 생각이 들어서 구애가 힘들다고 했습니다. 자기보다 훨씬 불리한(?) 조건에 있는 친구가 "사귀자."라는 말을 쉽게 하길래 "거절당하면 힘들지 않냐?"라고 물었다고 합니다. 친구는 "나와 다른 유형의 사람을 좋아하니 거절하겠지."라고 답했답니다. 그 친구는 상대방이 거절하는 이유를 자신에게서 찾지 않고 상대방의 욕구에서 찾은 것입니다.

학생들은 집에서도 학교에서도 부탁하기와 거절하기가 어렵다고 말합니다. 어른들 비위에 거슬리는 말을 했다가는 "버릇없다.", "예의 없다.", "말 제대로 해라.", "건방지다."라는 말로 긴 잔소리를 듣는다고 합니다. "입을 다무는 게 문제를 키우지 않는다."라는 말을 했습니다. 그러다 보니 "아니요."라고 말하는 것은 거의 불가능하다고 했습니다. "시키는 대로 하다 보니 무얼 원하는지도 모르겠어요. 무얼 알아야 부탁이든 거절이든 하죠."라는 말을 하기도 했습니다.

학생들의 말처럼 "아니요."라는 말을 하기 어려웠던 시절에 "아니요."라고 말한 학생이 있었습니다. 금강산 댐에 맞서는 댐을 만든다며 학생들에게 500원씩 성금을 걷던 때였습니다. 위에서 내려오는 지침을 무조건 따르던 시절이었습니다. 학생 부장이 반장들을 모아 놓고 "1인당 500원씩을 걷으라."고 하자 한 학생이 "성금은 성의껏 내는 건데 왜 500원으로 정해서 걷나요?"라고 이의를 제기했습니다.

결국 그 학생은 일방적인 500원 성금 걷기를 거절했고 담임 선생님이 설득했지만 안 되어 교장 선생님이 나섰습니다. 교장 선생님이 그 학생의 어머니를 학교에 오게 했고 어떻게 될 것인지 결과가 궁금했습니다. '그 어머니에 그 아들'이었습니다. 그 어머니는 "아들이 잘못을 했으면 선생님들 말씀을 따르라고 권하겠는데 그렇지 않으니 아들 뜻을 존중하겠다."라고 말했다고 합니다.

정부의 정책이나 법률이 부당하다고 판단될 때, 이를 따르지 아니하는 비폭력적 시민운동을 시민 불복종 운동이라고 배웠습니다. 불복종에 대한 불이익을 시민 스스로 감수할 때 가능한 일입니다. 가정에서, 학교에서 부당한 것들에 대한 저항을 익힐 수 없다면 시민 불복종 운동은 꿈으로 그치겠지요.

그 당시 선생님들은 그 학생의 행동을 선생님의 뜻에 저항하는 불온한 처사로 여겨 못마땅해했습니다. 획일적으로 500원을 걷는 것에 대한 거절(No)은 자율적으로 내는 것에 대한 승낙(Yes)이라는 의미를 읽었다면 어땠을까요? 거절(No)에 어떤 선택(Yes)이 담겨 있는지 미루어 생각할 수 있었다면 마음 상하는 일을 덜었을 것입니다.

교장 선생님 중에 '성적'을 중시해 경쟁을 부추기는 분이 계셨습니다. 그 결과 학급끼리 성적 비교는 물론이고 과목을 두고도 어느 반이 잘하고 어느 반이 못하나가 관심사가 되었습니다. 심지어는 교무 회의 시간에 1등 반 담임을 일어나게 하고 다른 교사들은 손뼉을 치게 했습니다.

선생님들도 학생들도 등위에 관심을 가지고 '잘하는 반', '못하는 반'이라는 꼬리표를 붙였습니다. 그분의 학교 운영 방침을 따르자니 괴로웠습니다. 교무 회의에서 그것을 공론화하고자 결심하고 종이 위에 마음을 적기 시작했습니다. 단어를 바꾸고 어조를 바꾸고 하는 동안 분노, 비난, 원망으로 가득했던 감정들이 녹아내렸습니다. 눈물이 흐르면서 이 문제가 교장 선생님이라는 한 개인만의 문제가 아니라 우리 모두의 문제라는 것을 깨달았습니다. 대학을 졸업할 수 있었던 나도 '성적 우선'의 한 사람이었음을 인정하게 되었습니다.

교무 회의에서 마이크를 드는 대신 "교장 선생님의 학교 운영 방침에 따른 학급 운영을 할 수 없어 담임을 사퇴합니다."라는 담임 사퇴서를 교장실에 두고 하루 결근을 했습니다. 담임을 거절한 이유는 학력으로, 가진 것으로 사람을 평가하는 세상이지만 그런 것과 상관없이 학생을 존엄한 한 인간으로서 대접하는 교사가 되고 싶었기 때문입니다. 그 일이 있은 뒤로 1등 하는 반 담임을 일어서게 하고 다른 선생님들은 박수를 보내게 하는 일은 더 이상 일어나지 않았습니다.

지금도 우리 사회는 성적으로, 경력으로, 집안으로 우대를 하고, 반대의 경우에는 불이익을 받기도 합니다. 지금도 일각에서는 '어떤 대학을 나왔다.', '어떤 직업이다.', '어디에 산다.' 등에 박수를 보내고 있습니다. 무엇을 우러러보고 있으면 다른 것은 눈 아래로 보기 쉽습니다. 나는 무엇을 우러러보며 박수를 보내고 있는지 살펴봅니다.

나에게 부탁하기

부탁하기 하면 누군가를 떠올리기 쉬운데 나에게 부탁을 하면 곧바로 원하는 것을 확실하게 충족할 수 있었습니다. '피곤하다. 5분이라도 쉬자. 눈을 감아 보자.', '일이 밀려 있어 조급하다. 할 일 중 우선순위를 정해 보자.', '거리가 멀어 이동하기 부담스럽다. 장소 이전을 부탁해 보자.' 등을 말로, 행동으로 옮겼습니다.

'진정으로 이기적인 사람이 이타적이 될 수 있다.'라고 생각합니다. '이기적'을 한자 뜻 그대로 풀이하면 '몸을 이롭게 한다.'라는 뜻입니다. 내 몸과 마음을 돌보기 시작하자 다른 사람의 힘듦이 조금씩 마음으로 들어왔습니다.

시인이 부탁하고 있는 것을 인생 활용 설명서로 나에게 부탁하곤 합니다.

풀잎 '서문'
월트 휘트먼

……땅과 태양과 동물들을 사랑하라
부를 경멸하고, 필요한 모든 이에게 자선을 베풀라

어리석거나 제정신이 아닌 일이면 맞서라
당신의 수입과 노동을 다른 사람들을 위한 일에 돌려라

신에 대해 논쟁하지 말라

사람들에게는 참고 너그럽게 대해라
당신이 모르는 것, 알 수 없는 것 또는
사람 수가 많든 적든 그들에게 머리를 숙여라

아는 것은 적어도 당신에게 감동을 주는 사람들
젊은이들, 가족의 어머니들과 함께 가라

자유롭게 살면서 당신 생애의 모든 해, 모든 계절
산과 들에 있는 이 나뭇잎들을 음미하라
학교, 교회, 책에서 배운 모든 것을 의심하라
당신의 영혼을 모욕하는 것은 무엇이든지 멀리하라

무엇이든 움켜쥐고 있으면 독이지만 나누는 순간 사랑으로 흐르는 것을 보았습니다. 내 것을 고집하고 싶을 때면 대양의 물 한 방울을 떠올리곤 합니다. 함께할 시간이 짧으니 논쟁은 뒤로합니다. 이름 없는 사람들, 힘든 일을 몸으로 묵묵히 해 나가는 사람들에 고개를 숙이게 됩니다. 동물처럼, 나뭇잎처럼 살다 가는 것이 무슨 뜻인지 조금이라도 알게 된 것에 감사를 느낍니다. 아무도 모르게 사라지는 것들이 말하는 아름다운 부탁을 듣습니다.

부탁과 강요 구별하기

부탁

선택이 가능함.

거절당했을 때
→ 상대방이 원하는
것에 관심

- 내가 할 수 있는 것인가?
- 다른 사람의 도움을
받을 수 있는가?
- 다른 수단·방법

강요

꼭 들어줘야만 함.

거절당했을 때
→ 불쾌

- 꼭 그 사람이 해 줘야만 해.
- 특정한 수단·방법

8장

자기 공감

선생님, 저는 처음에 '비폭력 대화'라는 말에 거부감이 들어 강의를 들을 생각이 없었어요. 그런데 연수 시간으로 인정이 된다는 말에 마음을 바꿔 신청했지요. 강의 첫날부터 혹시 내가 폭력적일지도 모른다는 불안이 있었는데 불길한 예감이 사실로 드러났습니다. 강의를 듣자 그동안 제가 했던 말들이 거의 상처를 주는 말이라는 것을 알게 되었습니다.

어쩌면 그렇게 제가 하는 말들이 모두 거기에 해당하는지, 이렇게 폭력적인 말을 아무렇지도 않게 하면서 이제껏 살아왔다고 생각하니 기가 막혔습니다. 그 이유는 말을 듣는 상대방을 전혀 살피지 않았기 때문이라고 봅니다. 제 말만 지껄였지 그 말을 듣는 상대방은 어떤 심정일지 헤아려 본 적이 별로 없었습니다.

어렸을 적부터 말을 잘한다고 커서 변호사 되라는 소리를 종종 들었습니다. 그 덕분인지 국어 교사가 되었고, 말솜씨는 여러 가지로 도움이 되었습니다. "분위기를 즐겁게 만든다."라는 칭찬을 듣기도 하고, 사람들이 하기 꺼리는 소리를 거침없이 해서 "속 시원하다."라는 말을 듣기도 했습니다. 그런데 그 말을 들은 사람들은 얼마나 속이 상했을까요?

집에서도 남편과 아들이 말을 잘 안 해서 답답한 나머지 "눈만 끔벅끔벅한다."라고 쏘아붙이곤 했는데 다시 보니 저와 딸이 말을 독차지하고 있었습니다. 두 남자가 말할 시간을 기다리지 않고 속 사포처럼 우리 말만 늘어놓고 있었습니다.

선생님께서 "대화할 때 탁구공이 오가는지 유리 공이 오가는지를 잘 살피라."고 하셨지요. 저는 대화가 아니라 제 흥에 겨워, 제 감정을 못 이겨 혼자 공을 차고 다니거나 날리는 수준의 말을 하고 있음을 깨달았습니다.

진정으로 말을 잘하기 위해 몇 가지 원칙을 정했습니다.

1. 말하기 5, 듣기 5

2. 원하는 것을 말하기: 말하기 전에 정리해서 간결하게 세 문장으로 만들기를 연습합니다.

3. 원하는 것을 듣기: 이것을 의식하다 보니 그대로 듣기가 예전보다는 나아졌습니다.

위의 세 가지 원칙을 엄청 의식하며 조심하고 있는데 깜박 잊고 다시 예전으로 돌아가는 순간이 많습니다. 조심한다고 하는데도 여전히 말이 많은 저를 보면 한숨이 나옵니다. 모임에서도 내가 어느 정도 비율로 말하고 있나 점검하기도 합니다. 습관을 바꾸기가 어렵네요.

공감은커녕 여전히 상처 주는 말만 하고 있으니 어찌하면 좋을까요? 어떻게 하면 공감할 수 있을까요? 강의 들을 때는 약발이 조금 있더니 지금은 다시 본래 상태로 서서히 돌아가는 중입니다.

강력한 팁을 부탁드립니다.

선생님, 심각한 고민을 털어놓으셨는데도 흥겨운 느낌이 듭니다. 10회기 강의 동안 선생님이 보여 주신 솔직함, 생생함이 여운으로 남아 있기 때문인가 봅니다. 선생님이 자신의 생각을 여과 없이 드러내자 다른 선생님들도 속살들을 내보이셨지요. 저 역시 어디에서도 하지 않았던 이야기를 털어놓을 정도로 서로가 깊이 연결되었던 강의였습니다. 그런 강의가 될 수 있도록 판을 깔아 주신 선생님께 이 기회를 빌려 감사드립니다.

강의에서처럼 다른 사람들은 주저할 수도 있는 이야기들을 쉽게 털어놓으시고, 하고 싶은 말이지만 차마 못 하는 말을 선생님께서는 시원시원 말씀해 주시니 속으로 박수를 보내는 분도 틀림없이 계실 것입니다. '사이다 발언'이라는 말처럼 막힌 곳을 뻥 뚫어 주는 후련함을 맛보았을 테니 말입니다.

솔직한 내 말에 담긴 폭력성을 보셨다니 놀랍습니다. 내 안의 폭력성을 본다는 것은 어마어마한 일입니다. 그 알아차림이 비폭력 대화의 첫걸음이라고 생각합니다. 내가 말하고 행동하고 있는 것을 관찰하기 시작하면 다른 사람의 말과 행동도 제대로 관찰할 수 있었습니다. '그럴 수가 있나?'라는 판단·평가에서 '그럴 수 있겠구나.'라는 이해로 변했습니다.

몸이나 마음이 어떤 상태인지, 어떤 말과 행동을 하고 있는지를 알아차리면 후회할 말이나 행동이 줄어들었습니다. 선생님과 딸이 말을 독차지하고 있음을 아신 것이 바로 알아차림이지요. 여전히 말이 많은 자신을 보면 한숨이 나온다고 하셨지만 그 횟수는 차츰차츰 줄어들 것입니다.

상대방을 공감하는 것은 쉽지 않습니다. 상황과 경험이 다르면 상대방을 공감하는 일은 어렵습니다. 자신의 관점과 감정 상태에 따라 사건을 판단하고, 그 판단을 합리화하는 것이 인지의 습관이기 때문입니다.

제 경험으로는 자신을 공감할 수 있을 때 상대방을 공감할 수 있었습니다. 자기 공감으로 마음이 고요해져야 상대방 공감이 가능했습니다. 말하기 전에 먼저 자신의 관점과 감정 상태를 유심히 살펴보시기를 권합니다. 그런 살핌을 지속적으로 하다 보면 자신이 고집하고 있는 당위적인 생각들이 보이고, 일어나는 빈도가 잦은 감정도 알게 됩니다. 무엇을 원해서 그랬는지 알게 되면 상대를 향해 시끄럽게 떠들던 마음이 잠잠해집니다. 이것이 자기 공감입니다.

자기 공감은 후회와 자책으로 남아 있는 과거를 청소할 수도 있습니다. '후회한들 무엇하리.'라며 스스로 위로하지만 여전히 마음에 무거운 짐으로 쌓여 있는 일들이 있습니다. '그때 내가 ~했어야 했는데.'라며 스스로를 흠집 내면서도 되풀이하는 일들입니다. 무엇을 원해서 그때 그렇게 말하고 행동했는지를 찾아보고, 후회스러운 것은 무엇을 충족하지 못했기 때문인지를 헤아려 봅니다. 충족하려고 했던 욕구를 인정하고 충족하지 못한 욕구를 애도하는 시간은 눈물로 빛났습니다.

"당신이 지치고 초라하게 느껴질 때, 당신의 눈에 눈물이 고일 때, 내가 눈물을 닦아 줄게요. 내가 당신 곁에 있잖아요. 힘들 때 친구도 없을 때, 험한 세상의 다리가 되어 줄게요."라는 노래 가사가 있습니다. 그 노래를 흥얼거리던 시절에는 나를 위로해 주고 내 편이 되어 줄 사람을 바깥에서 찾았습니다. 세월이 흐른 지금, 스스로 다리가 되어 나와 나를 연결하고, 그 힘으로 나와 다른 사람을 연결한다는 것을 알게 되었습니다.

강력한 팁은 '자기 공감=자기 사랑=자기 돌봄'입니다. 몸이나 마음이 힘들 때 무엇을 원하고 있는지 찾아봅니다. 몸의 세포 하나하나가 공감으로 연결되어 있기에 이렇게 살아 움직이고 있고, 기쁨도 슬픔도 누리고 있습니다. 힘들고 괴로운 것을 알아주면 지금 이대로의 나를 받아들일 수 있었습니다. 그것에 대해 언제 얘기 나눠 볼까요?

먼 훗날 사람들이 좀 더 커다란 통찰력을 얻게 되면,
결국 자신의 영혼에서 위안과 용기를 찾아야 한다는 점을
깨닫게 되지 않을까요?
- 윌리엄 서머싯 몸(William Somerset Maugham)의
『면도날』중에서 -

내 마음을
내가 봅니다

비폭력 대화의 한 축은 원하는 것을 솔직하게 말하는 것이고, 다른 한 축은 말하는 것을 공감으로 들어 주는 것입니다. 공감으로 들어 주기에는 내 몸과 마음이 말하는 것을 들어 주는 '자기 공감'과 상대방이 말하는 것을 들어 주는 '상대방 공감'이 있습니다.

자기 공감은 몸이나 마음이 힘들 때 그 소리에 귀를 기울여 원하는 것을 찾는 것입니다. 몸이나 마음이 힘들다는 것은 돌봄이 필요하다는 신호입니다. 그것을 무시하고 살아가면 관계도 일도 재미가 없고, 힘이 빠지며, 때로는 생각이 엉키고 혼란스럽기도 합니다. 무료함, 권태,

우울, 무기력, 짜증, 외롭고, 혼란스럽고, 서운하고, 화가 나는 것은 원하는 것을 충족하지 못했다는 신호입니다. 자기 돌봄으로 몸과 마음을 충전하라는 신호입니다.

자기 공감과 상대방 공감이 잘 나타나 있는 애니메이션 〈프린스 앤 프린세스〉를 보시기를 권합니다. 그 만화에는 비폭력 대화의 모든 요소가 아주 잘 나타나 있습니다. 관찰, 느낌, 필요, 부탁, 자기 공감, 상대방 공감 등이 어떻게 녹아 있는지 살펴보시기 바랍니다.

마녀라 불리는 여성이 사는 외딴 성에 사람들이 몰려옵니다. 마녀를 잡아 오는 사람을 공주와 결혼시키겠다는 왕의 선포에 많은 지원자가 찾아온 것입니다. 지원자들은 성문을 부수려고 온갖 무기를 동원하지만 마녀의 반격도 만만치 않아 모두 실패하고 맙니다.

나무 위에서 이런 소동을 지켜보기만 하던 소년이 마침내 나섭니다. 사람들은 혼자 나서는 소년을 비웃습니다. 소년은 성을 향해 걷다가 옆구리에 차고 있던 작은 칼마저 내려놓고 맨몸으로 걸어가 사람들을 놀라게 합니다. 소년은 성문 앞에서 '똑똑똑' 문을 두드리며 "들어가도 될까요?"라고 말합니다. 그러자 놀랍게도 문이 활짝 열리며 마녀가 "이 성에 들어오기 위해 저에게 허락을 구한 것은 당신이 처음입니다."라고 말하며 소년을 반갑게 맞이합니다.

성에 들어간 소년은 마녀의 안내로 이곳저곳을 구경합니다. 세계 각국의 책이 즐비한 도서관, 햇살 가득한 정원, 발명을 하는 곳, 휴식처 등 아름다운 성을 둘러보며 감탄하는 소년에게 마녀는 자신은 채소 수프를 좋아하며 꽃과 채소를 직접 기른다고 말합니다. 사람들이 상상하는 마녀의 이미지와는 너무도 거리가 멀었습니다. 소년의 제안으로 마녀는 투구를 벗기도 합니다. 성 바깥에서 소년과 공주의 결혼을 위해 사람들이 왔다는 신호가 울리자 소년은 바깥으로 나가 왕과 공주에게 감사를 표한 뒤, 자신은 마녀를 사랑하게 되어 성에 남겠다고 말하는 것으로 영화는 끝이 납니다.

공주와 결혼하기 위해 마녀의 성을 무차별적으로 공격하는 지원자들, 그것을 구경하는 사람들. 소년은 나무 위에서 이 모든 것을 관찰했습니다. 그 결과 "눈에는 눈 이에는 이"라는 말처럼 '공격에는 공격'으로 대응한다는 것을 알아차렸습니다. 나무 위에서 관찰로 느낌과 원하는 것을 알았기에 자기 공감, 상대방 공감으로 자그마한 칼까지 버려서 적대감을 없애고, 빈 마음으로 '똑똑똑' 문을 두드린 것입니다. 사람들이 만들어 놓은 마녀라는 이미지를 지우고 존재 그 자체로서 존중했기에 문을 두드렸겠지요. 마녀라 불리던 사람 역시 소년을 환영하고, 자신의 내밀한 공간을 보여 주며, 투구까지 벗어 민낯을 드러냅니다.

칼을 버리고 투구를 벗듯이 내 안에 있는 공격성과 방어를 들여다보면 공감이 이루어집니다. "마음이 가난한 자는 복이 있나니."나 "마음을 비우라."는 말은 맥을 같이합니다. 공격으로 일관하던 다른 지원자들과 달리 소년은 어떤 마음이었기에 문을 두드렸을까요? 상대방은 문 두드리는 소리를 듣고 또 어떤 느낌이었을까요?

공격하고 방어하는 것은 전쟁이나 극한 상황에서만이 아니라 일상에서도 벌어지는 일입니다. 집에서, 학교에서 도움과 협조가 필요할 때 오히려 화를 내며 말을 공격적으로 했었으니 안타깝습니다. 파충류의 뇌로 말하고 행동하면 순간적으로 원하는 것을 얻기도 하지만 관계는 멀어집니다. 내 마음도 모르고 상대방의 마음도 모르니 눈을 뜨고도 보지 못하고 귀를 열고도 듣지 못합니다.

원하는 것을 얻지 못했을 때 파충류의 뇌가 작동한 것을 알아차리면 말이나 행동을 멈출 수 있습니다. 내 마음을 들여다보면 눈이 조금 뜨이고 귀도 열리고 상대방의 자리에서 사건을 바라볼 수도 있습니다. 내가 무엇을 원하는지 상대방에게 어떤 협조를 당부해야 할지를 찾으면 말과 행동이 달라집니다. 자기 공감 후에는 상대방의 마음을 '똑똑똑' 두드리는 말이 나옵니다.

한 선생님의 이야기를 소개합니다.

저는 고등학교에 근무하고 있는 영어 교사입니다. 어느 날 복도를 지나가는데 앞에 가는 학생들이 "영어 개 웃기지 않니? 외고 나왔다고 그런지 혀 굴리는데 장난 아니더라.", "어휴, 혀만 굴리면 다 행이게? 우리한테는 자기가 나온 대학 짐작하게 하는 말을 은근슬쩍 하는데 그게 더 얄미워."라고 말하는 것을 들었습니다. '영어 개'가 바로 저였고, 그런 이야기를 나누던 학생 중 한 명이 우리 반 아이였습니다. 혹시 학생들이 뒤를 돌아볼까 봐 계단으로 발을 옮기는데 심장이 '쿵쿵쿵' 하고 뛰는 소리가 들렸습니다. 그 두 여학생은 수업 태도도 좋고 성적도 좋아 호감을 주는 학생들이었습니다.

'그 아이들이 왜 그런 말을 할까?' 외고 출신이라고 말한 적도 없고, 출신 대학을 짐작하게 할 만한 말을 한 적은 더더욱 기억에 없었습니다. 친구에게 이런 사연을 하소연하자 친구는 "우리도 그랬잖아. 선생님들이 어느 학교 나왔는지 궁금해하고 부러워하기도 하고 얄미워하기도 하고."라고 했습니다. 그 말을 듣고 가슴이 덜컹 내려앉았습니다. 공부 잘하는 아이로 인정받으며 뿌듯했던 제 모습이 떠올랐기 때문입니다. 겸손한 태도로 사람을 대했지만 제 마음속에는 자만심이 없지 않았음을 깨달았습니다. 그 학생들이 바로 제 과거의 모습이었습니다. 학생들의 '뒷담화' 덕분에 아닌 척하고 있었던 저의 엘리트 의식을 들여다보게 되었습니다.

자기 공감이 필요한 순간

불쾌한 감정을 느꼈을 때 곧바로 말이나 행동을 하면 후회할 가능성이 큽니다. 말이나 행동을 하기 전에 자신과 연결하는 것이 필요합니다. 자극을 불쾌하게 받아들여 1차 화살을 맞았더라도 그것을 생각으로 가져가는 2차 화살을 맞지 않을 힘이 내 안에 있습니다.

- 말이나 행동을 하기 전에: 무엇을 원하는지 찾기
  → '어떻게 말하고 행동하면 그것을 충족할 수 있는가?'
- 말이나 행동을 하고 나서 마음이 불편할 때: 무엇을 충족하려고 그렇게 말했는지 찾기

→ '무엇을 충족하지 못했나?'

- **상대방의 말이나 행동이 못마땅할 때:** 나는 무엇을 원하는지 찾기

  → '상대방은 무엇을 원해서 저렇게 말하고 행동하고 있는가?'를 추측하기

- **대화가 힘들 때:** 지금 내 상태로 제대로 듣고 말할 수 있는지를 묻고 판단하기, 힘들다고 생각되면 대화를 미루자고 부탁하기

- **몸이나 마음이 힘들 때:** 무엇이 필요한지 찾아 충족하기

- **과거에 했던 말이나 행동이 후회로 남아 있을 때**

  → '그때 나는 무엇을 원해서 그런 말이나 행동을 했나?'

  '후회로 남아 있는 것은 무엇을 충족하지 못해서인가?'

  '비슷한 일이 일어나면 어떤 말이나 행동을 하고 싶은가?'

이러한 질문들을 던지는 데서 자기 공감은 시작됩니다.

 **어떻게
하는가?**

---

1. **내가 본 것, 들은 것:** 내가 ~을 보았을 때, 내가 ~을 들었을 때

2. **내가 느낀 것:** 나는 ~을 느낀다.

3. **내가 필요한 것:** 왜냐하면 나는 ~이 필요하기 때문이다.

4. **부탁하기(나에게, 다른 사람에게):** (자신에게) ~을 하겠어. (상대방에게) ~을 부탁합니다.

자영업을 하는 친구가 "선생들은 좋겠어. 수업을 잘하든 못하든 꼬박꼬박 월급 나오지, 방학 있지, 퇴근 빠르지, 정년 보장되지, 연금 높지."라고 말하는 것을 듣고 내심 서운했습니다. '내 아이 한두 명도 힘든데 20~30명을 데리고 생활하는 게 얼마나 힘든지 네가 한번 해 봐. 공부 안 하려 하는 아이들하고 하는 수업은 또 어떻고. 세상에 쉬운 일이 어딨냐?'라고 받아치고 싶었습니다. 그렇게 받아쳤다면 친구는 어떻게 반응했을까요? 마음에 금이 가는 것도 모르고 서로 자기 말을 하느라 열을 올렸겠지요? 속으로 '네 말 틀렸어. 내 말 옳거든.' 하며 자기주장을 펼쳤을 것입니다.

'네가 한번 해 봐.'라는 말 대신 내 마음을 들여다봤습니다. '교직 힘든 것을 몰라주니 서운하네. 수업도, 학급 운영도 뜻대로 되지 않을 때 괴로움이 얼마나 큰데. 비참해지기까지 한다고. 교사에 대한 존중은 스러지고 기대와 요구는 날로 높아 가서 하루하루가 힘들어. 젊은 선생님들하고 섞이지도 못해서 외로운 순간들은 또 얼마나 많은데.'

누군가에게 하소연도 할 수 없을 때 안에서 뒹굴고 있는 이런저런 푸념을 들어 주노라면 울퉁불퉁했던 마음이 가라앉았습니다. 프랜차이즈 가게를 운영하는 친구 역시 나와 마찬가지일 거라는 생각이 들며 가만히 친구를 바라봤습니다. 얼굴에 살이 내렸고 눈 아래 그늘도 짙었습니다. 얼마 전 통화에서 임대료에, 본사에서 요구하는 것을 들어주다 보면 본인 인건비도 남지 않는다는 말을 들었던 기억이 났습니다. '아침에 나가서 밤늦게까지 일하지, 쉴 틈도 없지, 손님 대하기 힘들지. 매출은 또 어떻고. 많이 힘들겠구나.'라는 생각이 들면서 마음이 친구에게로 기울었습니다.

"자영업 힘들지? 밤늦게까지 일하는 데다 임대료 걱정하랴, 방학도 없고. 손님들 접대하려면 또 얼마나 힘드냐?"라고 말하자 친구 얼굴에 부드러운 기운이 감돌기 시작했습니다. "그래. 요새 교사들도 힘들다고 그러더라. 학생들도, 학부모들도 예전 같지 않아서 행정실 근무하고 싶다는 말도 들었어. 사는 게 힘드네."

말이 관계에 어떤 영향을 주고받고 있는지 깨닫자 내 생각과 감정을 더 유심히 살피게 되었습니다. 말은 생각과 감정의 산물이기 때문입니다. 상대가 어떻게 말하고 행동하든 그것에 반응한 나의 말과 행동은 나의 선택이자 나의 책임이었습니다.

그것을 인정하자 자신의 잘못도, 다른 사람의 실수에도 고개가 끄덕여졌습니다. 마음의 공간이 넓어지면서 불쾌한 일에 즉각적으로 반응하는 일이 줄어들었습니다. 시간이 흐르면 편안한 시선으로 바라볼 수도 있었습니다.

몸이나 마음이 불편하면 공격과 방어 수치가 높아집니다. 몸과 마음에 관심을 기울여 그 필요를 돌보는 것이 폭력을 걷어 내는 일입니다. 자기 돌봄으로 몸도 마음도 편해지면 나를 보는 눈도, 다른 사람들을 보는 눈도 순해집니다.

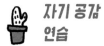

자기 공감 연습

1. 말하기 전에 준비하기

"구슬이 서 말이라도 꿰어야 보배"라는 속담이 있듯이 원하는 것도 말을 해야 얻을 수 있습니다. 그런데 원하는 것을 말하기 어려울 때가 있습니다. 다른 사람들이 어떻게 생각할지 두려운 데다 불이익을 받을 지도 모르는 상황에서는 더더욱 그렇습니다.

말하기 전에 준비를 잘하면 말할 용기가 솟을 수도 있습니다. 예행 연습을 하듯이 무엇을 원하고 있는지 찾아서 혼자 소리 내어 말하는 연습을 하시기 바랍니다. 용기를 내어 시작합니다. 작은 일부터 시도 해 봅니다. "추워서 그러는데 창문을 닫아도 될까요?"라고 물어보시기 바랍니다.

원하는 것을 말하는 횟수가 늘어 갈수록 몸이 가벼워지고 얼굴도 환해지는 것을 느끼게 될 것입니다. 몸과 마음에 앙금이 남지 않기 때 문입니다. 활력 넘치는 사람을 유심히 살펴보시기 바랍니다. 원하는 것을 충족하고 있는 사람입니다.

상황 1: 시험 출제 편집을 본인이 할 차례인데 선배 교사가 내게 미루면서 "선생님은 편집하는 거 일 아니잖아. 부탁해."라고 말했을 때

1) 자기 공감

사실	저 말을 들으니
느낌	황당하고 어이가 없고 짜증이 난다.
필요	편집은 나도 힘들다는 것을 알려야겠다.
부탁	완전히 거절할 것인가? 부분적으로 도울 것인가? → 편집해 놓으면 교정은 도와줄 수 있다.

2) 말하기

"선생님, 편집은 저도 시간을 많이 써야 해서 힘들어요. 선생님이 편집하시고 난 뒤 수정·보완하는 것은 도와드릴 수 있어요."

ഇ൹ൕ

상황 2: 함께 어울리던 학생 다섯 명 중 A, B 둘이 친했는데 A가 B와 다른 친구들에게 따돌림을 당하는 일이 벌어졌다. C가 B에게 "A가 네 흉을 봤다."라고 전하자, B는 A가 다른 친구들 흉을 본 것을 얘기했다. 그러자 C가 "A는 혼 좀 나봐야 한다. 걔랑 놀지 말자."라고 말하여 친구들이 A를 멀리하기 시작했다.

1) 자기 공감

사실	그런 일이 있다는 말을 들으니
느낌	걱정스럽고 신경이 쓰인다.
필요	반 아이들이 공동체 일원으로 잘 지내기를 바라기 때문이다.
나에게 하는 부탁	한 아이 한 아이 만나서 이야기를 들어 보고 회복적 서클을 열자.

2) C에게 말하기

사실: "'A는 혼 좀 나 봐야 한다. 걔랑 놀지 말자.'라는 말을 했다는데?"

느낌: "걱정스럽다."

필요: "너희가 예전처럼 잘 지내기를 바라기 때문이야."

부탁: "내가 한 말에 대해 어떻게 생각하니?"

3) 결과

C와 다른 네 명의 동의로 회복적 서클을 열어 예전처럼 가까이 지내지는 못하더라도 눈이 마주치면 서로 "안녕." 하며 인사하기로 약속을 정했다.

৪০★৫৪

상황 3: 지수와 해진이는 이성 친구로 사귀고 있다. 민우는 지수와 같은 반이자 초등학교 동창으로 서로 카톡을 하는 사이다. 지수가 학원이 끝나고 떡볶이를 먹고 있다고 하자 민우가 자기도 먹고 싶다고 했다. 지수는 민우에게 오라고 했고 둘이서 떡볶이를 먹었다. 이런저런 일로 지수와 민우가 어울리는 일이 잦자 해진이는 불쾌해하며 친구들에게 이 말을 전했다. 해진이 말을 들은 친구 A, B는 민우에게 "그렇게 살지 마라. 만나서 한판 붙자."라는 카톡을 보냈다. 민우가 겁이 나서 담임 교사에게 의논을 했다.

1) 자기 공감

사실	A, B가 그런 카톡을 보냈다니
느낌	걱정스럽고 불안하다.
필요	민우가 안전하기를 바란다. A, B는 해진이가 지수와 터놓고 얘기를 나누도록 하는 것이 해진이를 진정으로 돕는 일임을 알았으면 한다.
부탁	A, B를 만나 말을 들어 보고 다섯 명의 동의를 얻어 회복적 서클을 열자.

2) A, B에게 말하기

사실: "지수와 해진이 일로 민우에게 '만나서 한판 붙자.'라는 카톡을 보냈다는데."

느낌: "사실이 궁금하고, 걱정스럽다."

필요: "무엇을 말하고 싶어서 만나자고 했는지 알고 싶다."

부탁: "그 일에 대해 얘기 나눌 수 있을까?"

3) 결과

다섯 명의 동의로 회복적 서클을 열어 해진이의 오해가 풀렸고, 해진이는 지수와 사귀면서 불편한 일이 생기면 지수에게 솔직하게 말하기로 했다.

2. 비난받았다고 여겨지는 상황

'공격이나 비난받았다고 여겨질 때 어떻게 반응할 것인가? 반격할 것인가? 가만히 있을 것인가? 자기 공감을 할 것인가? 자기표현을 할 것인가? 상대방에게 공감할 것인가?' 그 순간에 어떻게 할지 선택합니다.

1) 불쾌함 알아차리기

본 것, 들은 것, 생각에서 오는 불편함을 알아차립니다. 몸에서 일어나는 것을 알아차립니다. '~ 을 느끼는구나.', '~ 라고 생각하는구나.'를 그대로 바라봅니다.

2) 자극 관찰하기

자극이 된 말이나 행동을 떠올립니다.

3) 생각 관찰하기

- 자극에 대한 판단·평가를 봅니다.
- 머릿속에 떠오르는 생각들을 하나하나 바라봅니다.
- 자극에 대한 나의 생각임을 인정합니다.
- 생각은 내가 만들어 낸 것임을 알아차립니다.

4) 느낌에 이름 붙이기

- 자극, 생각으로 인해 몸과 마음에서 일어나는 느낌에 의식을 가져갑니다.

- 느낌에 이름을 붙입니다.

- 느낌 중에서 가장 강도가 높은 느낌을 찾아봅니다.

5) 원하는 것 찾기

- 필요, 욕구, 원하는 것을 찾습니다.

- '나는 ~을 필요로 하는구나.', '나는 ~을 원하는구나.' 등

6) 부탁하기

- '나에게 ~을 부탁하고 싶은가?'

- '상대방에게 ~을 부탁하고 싶은가?' 등

[예시]

1) 불쾌함 알아차리기

학교 폭력으로 처벌을 받은 학부모가 한 말

2) 자극(상대방의 말이나 행동) 관찰하기

- "선생님들은 학생을 처벌하는 것이 목적인가요?"

- "왜 우리 애한테만 심하게 하시나요?"

- "담임 선생님이 학교 편을 들면 반 학생은 누굴 믿나요?"

3) 생각 관찰하기: 그것에 대한 비판, 비난을 떠오르는 대로 적어 본다.

- '부모가 저러니 애가 그렇지.'

- '당신 아들이 당했다면 그런 말 하겠어요?'

- '아이를 저렇게 감싸고 도니 애가 반성 없이 번번이 일을 저지르지.'

- '학생보다 부모가 더 문제야.'

- '학교 폭력을 이렇게 매뉴얼대로 처리하는 상황들이 너무 힘들다.'

- '학생 처벌은 나도 힘들다.'

4) 느낌에 이름 붙이기: 3)과 연관해 일어나는 느낌을 몸으로 느낀 뒤, 그 이름을 적어 본다.

- 속상한

- 화나는

- 열받는

- 맥이 풀리는

- 실망스러운

- 힘 빠지는 등

5) 원하는 것 찾기: 4)와 연관해 필요를 찾는다.

- 자기 공감

- 이해

- 수용

- 인정

- 믿음

- 자기표현

6) 부탁하기: 나(또는 상대방)에게 무엇을 부탁하고 싶은지 적어 본다.

나에게 하는 부탁: '어머니에게 내 마음을 전하자.'

"어머니, 결정된 사항 때문에 많이 섭섭하시지요? 저도 마음이 아픕니다. 자식을 키우는 부모로서, 담임으로서 우리 반에서 이런 일이 일어나서 정말 속상합니다. 미처 살피지 못한 제 불찰이 후회스럽기만 합니다. 아이들이 잘 지내도록 여러 가지 방법을 고민하고 있습니다. 어머님도 아이들을 도울 수 있는 제안을 해 주시길 부탁드립니다. 도와주십시오."

많은 사람들이 학생을 거쳐 학부모가 됩니다. 학생이었을 적에 선생님에 대해 어떤 기억들이 남아 있을까요? 사람들의 경험과 기억은 학부모가 된 지금 교사와의 관계에 영향을 끼칩니다. 불쾌하고 황당하기까지 한 학부모의 말이나 행동을 나에 대한 것으로 받아들이지 않기를 당부합니다. '저 말은 나에 대한 것이 아니야. 원하는 것을 얻지 못한 불만을 저렇게 표현하는 것뿐이야.'라고 선을 긋는 연습을 하시기 바랍니다.

감정을 추스르고 나서 학부모가 말하는 비난에서 '필요, 욕구'를 찾아보시기 바랍니다. 부모들은 자신의 문제보다 자녀의 문제에 더 예민한 경향이 있습니다. 내 감정을 돌보면서 학부모의 감정 상태를 살펴가며 대화를 나눌 것을 권합니다. 공감으로 서로 마음이 편안해지고 난 뒤 사무적인 일 처리를 의논하시기 바랍니다.

3. 자기 공감: 실수에서 배우기

과거를 청소할 수 있는 자기 공감 덕분에 "비폭력 대화를 배운 것을 감사해."라고 말하게 됐습니다. 자기 공감은 마음의 방을 청소하는 작업이었습니다. 어두컴컴한 마음의 방에는 '그때 왜 그렇게 말하고 행동했을까?'라는 후회와 괴로움, 부끄러움, 아쉬움, 억울함, 분함, 아픔, 슬픔, 좌절 등 여러 가지 감정들이 뒹굴고 있었습니다. 오랫동안 잊고 있었던, 외면했던 마음들을 하나하나 펼쳐 보았습니다. '그때 무엇이 필요했나? 무엇을 충족하지 못해 지금도 후회하고 있는가? 지금이라면 어떻게 하고 싶은가?'

잘못과 실수, 실패 안에 숨어 있는 소중한 가치를 발견하면서 그것들을 너그럽게 받아들이게 되었습니다. 지금껏 가슴에 남아 있는 이유도 알았습니다. 다음에는 다르게 해 보겠다는 힘도 자랐습니다. 모든 존재들이 주어진 조건에서 나름대로 최선을 다해 살아왔음을 깨달으니 나를, 다른 사람들을 따뜻하게 바라보는 순간들이 많아졌습니다.

그 여유로 상처를 받지 않는 일도 늘어났습니다. 아픔으로 남아 있던 말이나 행동에도 어떤 의미가 담겨 있다는 것을 알게 되자 가해자/피해자 의식에서 벗어나 삶이 가벼워졌습니다. 언제든 부르면 대답해 주는 친구가 있다는 것은 든든하고 행복합니다. 그 친구는 '자기 공감'으로 힘들고 괴로울 때면 험한 세상의 다리가 되어 내 마음을 알아주고 보듬어 주었습니다.

1) 지금 후회하는 지난날의 어떤 말이나 행동

수업 중에 핸드폰을 하고 있는 학생에게 몇 차례 주의를 주었지만 계속하자 그 자리로 가서 휴대 전화를 달라고 했다. 학생은 나를 밀치며 "씨팔!"이라고 욕하고는 교실 밖으로 나갔다. 교권 침해로 학생부에 넘겨 징계를 받게 했다.

2) 1)의 말이나 행동을 한 자신을 비난하는 생각(말)

① 자신에게 하는 비난이나 비판의 말: 머릿속에 떠오르는 생각들을 그대로, 모두 씁니다.

- '(친구들이 보는 앞이었는데) 너무 심했어.'
- '너무 감정적으로 반응했어.'
- '강압적이었어.'
- '힘으로 해결하려 했어. 비겁했어.'

② 생각을 적어 놓은 문장을 '좋다/나쁘다' 판단하지 않으면서 바라봅니다.

③ 그것들은 내 생각이라는 점을 의식하면서 그 생각들을 바라봅니다.

- '너무 심했어.'
  - → '나는 나 자신에게 '너무 심했어.'라고 말하고 있구나.'
- '너무 감정적으로 반응했어.'
  - → '나는 나 자신에게 '너무 감정적으로 반응했어.'라고 말하고 있구나.'
- '강압적이었어.'
  - → '나는 나 자신에게 '강압적이었어.'라고 말하고 있구나.'
- '힘으로 해결하려 했어. 비겁했어.'

→ '나는 나 자신에게 '힘으로 해결하려 했어. 비겁했어.'라고 말하고 있구나.'

3) 2)의 생각(말) 뒤에 있는 필요(need) 찾기

① 비난 뒤에 담겨 있는 필요들을 찾아서 씁니다.

생각	필요
a. 너무 심했어.	학생을 인격적으로 대하고 싶다. **(존중)**
b. 너무 감정적으로 반응했어.	다른 방법을 찾고 싶다. **(자기 공감)**
c. 강압적이었어.	학생에게 무엇을 원하는지 물어보고 싶다. **(상대방 공감)**
d. 힘으로 해결하려 했어. 비겁했어.	학생과 대화로 풀고 싶다. **(소통)**

② 1)의 행동으로 이 필요들이 충족되지 않은 것을 생각할 때 어떤 느낌들이 일어나는지 그 느낌들을 충분히 경험해 봅니다.

a. 너무 심했어. **(생각)**

미안하고 후회스럽다. **(느낌)**

가슴이 먹먹하고 막힌 듯하다. **(생리적 반응)**

※ b, c, d에 관해서도 시간을 충분히 갖고 그 느낌에 머뭅니다.

4) 3)에서 찾은 필요 그 자체의 에너지에 충분히 머무르기

허리를 곧게 세우고 눈을 감습니다. 3)의 과정에서 찾은 필요를 하나하나 떠올려 봅니다.

존중, 자기 공감, 상대방 공감, 소통. 그 필요가 충족되었던 때를 떠올리며 몸의 생리적 반응을 살펴봅니다. 그 기운을 느껴 봅니다. 울컥하면서 눈가가 촉촉해지고 깊은 한숨이 나옵니다. 가슴에 얹혀 있던 것이 내려갑니다. 잠시 눈을 감고 천천히 몸과 마음으로 그 기운을 느껴 봅니다. '학생들을 존중하고 소통하면서 관계를 맺는 것이 정말 중요하다. 나이, 지위, 역할을 넘어 힘을 함께 쓰는 세상을 꿈꾸고 있다. 학생들과 관계에서 그 꿈을 실현하고 싶다.'라고 자신에게 말합니다.

5) 자기 이해: 1)의 행동을 선택했을 당시 충족하려 했던 필요 찾기

우리가 하는 모든 행동 뒤에는 충족하려는 필요가 있다는 것을 떠올립니다. 1)의 과정에서 말이나 행동을 선택한 순간에도 충족하려는 필요가 있었습니다. 그 필요를 찾아봅니다(공동체의 질서와 조화, 존중).

후회하고 있는 어떤 말이나 행동 역시 그 순간 자신이 원하는 그 무엇을 위한 표현입니다. 그 필요 역시 얼마나 중요한지 느껴 봅니다. '그때 내가 그것을 위해 그렇게 말하고 행동했단 말이지.'라고 자신을 이해하는 과정입니다.

6) 자신에게 부탁하기: 3), 5)의 필요들을 함께 충족할 방법 찾기

자기 이해로 맺혔던 응어리가 풀리면 자연스럽게 필요를 만족시킬 가능성을 찾아갑니다.

공동체의 질서와 조화, 존중	존중, 자기 공감, 상대방 공감, 소통
그 당시 충족하고자 했던 필요	그 당시 충족하지 못한 필요

다음에 같은 상황이 생긴다면 먼저 내가 원하는 것을 말하고 학생에게는 어떤 필요가 있는지 대화를 하겠다. 수업 진행보다 더 중요한 것은 연결이라는 것을 기억하겠다.

→ 학생과 만나 당시 내가 원했던 것, 후회로 남아 있는 것에 대해 말하고 학생의 말도 듣고 싶다.

자기 돌봄의 뿌리인 내면의 힘을 키우기 위해 명상 교육을 실시하는 학교가 있습니다. '명상' 하면 특정 종교를 떠올리는 분들이 있는데 이 학교는 종교와는 무관하게 명상을 합니다. 자극에 대해 생각, 감정, 판단이 일어나는 것을 있는 그대로 볼 수 있는 힘을 기르기 위함입니다. 바깥에서 일어나는 일들에 의해 생각이나 감정이 휘둘리지 않고 원하는 것을 찾아 나갈 수 있는 힘을 기르기 위함입니다.

명상 교육의 주된 내용은 호흡할 때 몸의 느낌을 지켜보는 것으로, 3학년은 수험생을 위한 마인드 컨트롤과 연관하여 상담 및 명상을 실시하고 있습니다. 입시에서 효과를 본 선배들이 후배들에게 명상을 권해서 학년이 올라갈수록 자발적으로 명상하자고 찾아오는 학생이 많아진답니다.

"나를 보기 위해 눈을 감는다."라는 말도 있지만 심리적으로 트라우마가 있거나 명상이 힘든 학생은 눈 감고 명상하는 게 고문일 수 있어서 개별적으로 숙제를 내 준다고 합니다. 밤에 자기 전에 침대에 누워 자신에게 "○○ 야, 오늘 하루 애썼어."라고 다섯 번 말하기, 다음 단계는 자기를 향해 존댓말을 써서 "○○ 님, 오늘 하루 애썼어요."라고 다섯 번 말하기, 그다음 단계는 "참 아름다운 ○○ 님, 오늘 하루 참 애쓰셨어요."라고 다섯 번 말하기를 하게 한다고 합니다.

학력과 인성, 양 날개를 펼치도록 하는 힘이 자기 돌봄입니다. 파괴적인 말이나 행동을 하는 사람들의 마음 깊은 곳에는 자기 존재에 대한 부정이 숨어 있습니다. 자신에 대한 부정은 곧바로 타인에 대한 조롱, 험담, 멸시, 파괴로 이어집니다. 자기 돌봄에 눈을 뜨고 실천을 하다 보면 자기 존중과 타인 존중이 함께 싹이 틉니다. 내가 이렇게 소중하고 귀한 존재인데 누군들 다르겠습니까? 자기 돌봄에 대한 배움이 중하고도 시급합니다.

나무

이성선

나무는 몰랐다.

자신이 나무인 줄을

더욱 자기가

하늘의 우주의

아름다운 악기라는 것을

그러나 늦은 가을날

잎이 다 떨어지고

알몸으로 남은 어느 날

그는 보았다.

고인 빗물에 비치는

제 모습을.

떨고 있는 사람 하나

가지가 모두 현이 되어

온종일 그렇게 조용히

하늘 아래

울고 있는 자신을.

자기 공감

- **말하기 전:** '내가 무엇을 원하고 있는가?'를 묻고 그것을 말하기
- **비난으로 다가오는 말:** '무엇을 충족하지 못해 저 말이 아프게 들리나?'
- **후회하는 말이나 행동**
  ① 당시 어떤 필요를 충족하고자 그렇게 말하고, 행동했나?
  ② 어떤 필요를 충족하지 못했나?
  ③ ①과 ②를 함께 충족하려면 어떻게 말하고 행동해야 할까?

9장

공감으로 듣기

선생님께 배운 회복적 생활 교육을 수업에 접목해 봤습니다. 샘 강의를 들으면서 머릿속으로 수업안을 짜고 있었는데 막상 해 보니 정말 신나네요. 샘 제자 중 한 사람으로 잘 배우고 실천하는 중입니다. 제자가 수업을 통해 배운 것을 실천해 보았다고 사례를 보내오면 그렇게 기쁠 수가 없더라고요. 그래서 샘께도 보내 드려요.

1차시에는 소설 『원더(Wonder)』를 읽으며 수업을 진행했습니다. 등장인물들이 느낀 감정을 찾아보고, 갈등을 어떻게 풀어 나갈 것인지 이야기를 나누는 과정에서 다양한 의견이 나와 흐뭇했습니다. 2차시에는 3단계로 나누어 활동했는데, 그 내용은 아래와 같습니다.

1단계: 내가 겪고 있는 상황

엄마는 동생이 나보다 나쁜 일을 했을 때도 나를 혼내서 화가 난다.

2단계: 내가 원하는 것

엄마가 나를 이해해 주고 나도 엄마를 이해하고 싶다.

3단계: 격언 쓰기(이미 알고 있는 것을 쓰거나, 새로 만들거나, 힘들면 통과)

내가 느끼는 것과 원하는 것을 더 잘 표현할수록 소통할 수 있다.

완성하지 못한 학생들에게는 과제로 내 주었습니다. 한 학생이 과제를 하다가 어려웠는지 톡으로 메시지를 보내왔습니다. 수업 시간에 멍하니 있을 때가 많고 활동을 시작하면 바로 엎드리거나 아무것도 안 하고 가만히 있던 학생이라 반가웠습니다.

학생: '내가 겪고 있는 상황' 부분에서 격언을 쓸 수 있는 상황이 생각이 안 나는데 만들어도 되나요?

교사: 격언을 쓸 수 있는 상황을 만들고 싶구나.

학생: 네.

교사: 격언을 만드는 것이 중요하다고 생각하니?

학생: 네.

교사: 혹시 네가 어려움을 겪고 있는 일이 있니?

학생: 숙제를 급하게 했다가 선생님께 혼나는 상황이요.

교사: '나는 숙제를 급하게 했다. 선생님께 혼이 났다.'?

학생: 네.

교사: 그럼 그 상황이 1단계라고 할 수 있을까?

학생: 네, 맞아요.

교사: 2단계, 네가 원하는 것은?

학생: 차근차근 하는 거요.

교사: '나는 숙제를 차근차근 하기를 원한다.'

그럼 3단계를 위해, 숙제를 차근차근 하려면 무엇이 필요할까?

학생: 숙제를 꼼꼼히 확인하는 거요.

교사: 오, 놀라운데!

학생: 격언 만들기는 어떻게 할까요?

교사: 샘이 격언 하나 추천해 줄까?

학생: 네, 좋아요.

교사: '확실하지 않은 것에 대해 당신이 묻는 방법을 안다면, 당신은 그것을 해결할 방법을 더 잘 찾을 수 있습니다.'

학생: 지금 상황하고 딱 맞네요.

교사: 그래, 샘이 네 과제 도와주면서 생각한 거야. 네가 샘한테 물었기 때문에 여기까지 올 수 있었어.

학생: 감사합니다.

교사: 샘도 이렇게 과제를 차근차근 수행하는 학생을 만나 고맙고 기쁘다.

학생이 활동하기 싫어서 그런 태도를 보였던 것이 아니라 잘하고 싶은데 어떻게 할지 몰랐기 때문이라는 것을 알게 되었습니다. 학생은 스스로 과제를 차근차근 끝내고 싶었고, 저는 그것을 도와주고 싶다는 것. 서로가 원하는 것에 집중했기에 해낼 수 있었습니다. 마무리 수업은 3층 예배실에서 진행했답니다. 첫 반 수업에는 불을 켜고 진행했어요. 둥그렇게 앉는 데 시간이 걸렸기 때문이에요. 두 번째 반은 앞 반 애들이 알려 줬는지 쉬는 시간부터 아이들이 먼저 불 끄고 둘러앉아 저를 기다리고 있어서 감동이었습니다. 과제를 해 오지 않은 학생들은 학습 코디네이터 선생님께 도움을 받아 과제를 수행한 뒤 자기 자리로 돌아왔습니다. 친구들이 과제를 읽을 때 학생들이 경청하는 모습은 진지했고 아름다웠습니다. 읽고 싶지 않다고 한 학생은 다른 친구에게 순서를 넘겼고, 3단계가 힘들다고 한 학생은 친구들이 서로 격언을 말하고, 그중 마음에 드는 것을 당사자가 선택하여 읽었습니다.

마무리로 제가 질문을 던졌습니다. "1, 2, 3단계 중 특히 경청해야 할 부분은 어디일까요?"라고 묻자 학생들은 대부분 "1단계요."라고 대답했습니다. "우리가 1단계, 즉 겪고 있는 상황에 집중하면 상대방에게 충고와 조언, 지적을 하기 쉽답니다. 2단계로서 상대방이 정말 원하는 것이 무엇인지 잘 들어 주면 1단계 상황도 잘 이해할 수 있고, 당사자는 그 힘으로 3단계로 갈 수 있습니다. 1, 2, 3단계를 통해 우리는 서로 이해하고 존중할 수 있답니다."라고 공감의 중요성을 설명해 주었습니다.

자기가 원하는 것을 찾아 격언 만들기가 '자기 공감'이고, 친구의 말을 경청하고 친구가 원하는 것을 찾아 격언 만들기를 도와주는 것은 '상대방 공감'이라고 할 수 있을까요? 둥그렇게 앉아 서로 얼굴을 보며 발표하고 듣는 학생들을 보니 행복했습니다.

"다음 시간에 읽을 소설의 마지막 부분에서 비로소 모든 등장인물이 서로 화해하는데 어떻게 그럴 수 있었는지 오늘 짧은 체험으로 생각해 보길 바랍니다."라는 말로 수업을 마쳤습니다.

선생님께 배운 내용을 바탕으로 서클을 기획해 수업에서 실천하고 싶었는데 조언까지 받으니 진짜 제대로 공부하고 있습니다. 개인적인 경험과 관계 속에서 배운 것을 적용해 보니 느낌이 또 다릅니다. 불평 한번 없이 함께해 준 학생들이 정말 고마웠고, 교사가 준비한 만큼 학생들이 반응한다는 것도 새삼 크게 다가왔습니다. 다음 주 마무리 수업에 대한 고민이 아직 남아 있지만, 소설에 나오는 '친절'에 대한 교장 선생님의 마지막 문구를 가지고 만다라트 활동을 해 볼 생각입니다.

선생님께서 배움을 주셔서 수업이 확장되었습니다. 고맙습니다.

선생님, 감동입니다. 학생들이 둥그렇게 앉아 수업하는 사진을 보고 가슴이 벅찼습니다. 작품을 읽고 내가 겪고 있는 상황과 연결하신 점, 탁월합니다. 우리가 문학 작품을 읽는 목적이 바로 그것이지요. 상황에서 원하는 것을 찾아 격언을 만든 점도 특별합니다. 학생들이 만든 격언들은 자신의 영혼을 울리는 만트라(mantra)가 되겠지요. 저도 그 기운을 느끼며 "내가 느끼는 것과 원하는 것을 더 잘 표현할수록 소통할 수 있다."라고 암송해 봅니다.

하나를 알려 주면 열을 실천하는 제자를 두다니 영광입니다. 저도 선생님께 배우니 선생님의 제자입니다. 강의 의뢰서를 보내 주신 선생님의 메일을 읽으면서부터 선생님께 배웠습니다. 메일을 읽으면서 그 간절함이 느껴져서 인상적이었습니다. '내가 원하는 것을 누구에겐가 이렇게 확실한 주제로 적어 메일로 보낸 적이 있나?'라는 질문을 하게 만들었습니다. 역시나 그 간절함으로 배운 것을 곧바로 수업에 적용하셨군요. 선생님이 학생과 나눈 카톡을 그대로 복사해서 인용하고 싶었습니다. 학생을 도와주고 싶은 선생님의 마음과 숙제를 제대로 하고 싶은 학생의 마음의 공명이 어찌나 아름다운지 읽고 또 읽었습니다. 원하는 것을 알고 부탁을 할 수 있는 학생, 그 부탁을 선물처럼 받아 주신 선생님, 두 사람이 한 걸음 한 걸음 걸어가는 그 길이 공감의 길입니다. 특히 선생님께서 상대방의 말을 들을 때 어디에 초점을 맞춰야 하는지 학생들에게 짚어 주신 점에 박수를 보냅니다.

"우리가 1단계, 즉 겪고 있는 상황에 집중하면 상대방에게 충고와 조언, 지적을 하기 쉽습니다. 2단계로서 상대방이 정말 원하는 것이 무엇인지 잘 들어 주면 1단계 상황도 잘 이해할 수 있고, 당사자는 그 힘으로 3단계로 갈 수 있습니다. 1, 2, 3단계를 통해 우리는 서로 이해하고 존중할 수 있답니다."라고 공감의 중요성을 알려 주셨습니다. 2, 3단계 작업이 바로 자기 공감이자 상대방 공감입니다. 격언 만들기를 힘들어하는 친구를 도와주는 공감 활동은 학생들에게 보람과 감사를 느끼게 했을 것입니다. 공감으로 엮어 가는 아름다운 문학 수업입니다.

버스 터미널로 향하면서 선생님께서 들려주신 이야기도 가슴 깊이 남아 있습니다. 그 지역에서 출생한 아기가 97명이라며 학교가 나아갈 길을 말씀하셨지요. 회복적 생활 교육을 실천하는 학교를 만들고 싶다 하셨지요. 마음이 힘든 학생들이 상처를 치유하고 회복하여 자신이 온전한 존재임을 깨닫게 하고 싶다 하셨지요. 성경에 "두세 사람이 내 이름으로 모인 곳에는 나도 그들 중에 있느니라."라는 말씀이 떠오르며 함께할 분들이 계시니 그 일이 이루어질 것을 믿게 됩니다.
선생님이 꿈꾸는 세상과 제가 소망하는 세상이 수업으로 실현되고 있
어 얼마나 감사하고 감사한지 말로 표현하기 힘듭니다. 감사의 마음을
담아 공감으로 물드는 시 한 편 보내 드립니다.

어느 봄날

나희덕

청소부 김씨

길을 쓸다가

간밤 떨어져 내린

꽃잎 쓸다가

우두커니 서 있다

빗자루 세워 두고,

빗자루처럼,

제 몸에 화르르

꽃물 드는 줄도 모르고

불타는 영산홍에

취해서 취해서

그가 쓸어 낼 수 있는 건

바람보다도 적다

삶에서, 문학에서, 음악에서 보는 그대로의 삶에 흥미를 가져라.
세상은 소중한 보물과 아름다운 영혼, 재미있는 사람들로
살아 숨 쉰다. 너 자신을 잊어라.

- 헨리 밀러(Henry Miller) -

 ## 공감이란?

공감으로 듣기는 말하는 사람의 진심(속마음)을 알아주는 것입니다.
"개떡같이 말해도 찰떡같이 알아듣는다."라는 말이 있습니다. 상대방
이 어떻게 말하든 그 표현에 휘둘리지 않고 원하고 있는 것을 듣는 것
입니다. 『내가 말하는 진심 내가 모르는 본심』이라는 책 제목을 읽고
고개를 끄덕인 적이 있습니다. 바로 그 본심을 들어 주는 것이 '공감으
로 듣기'입니다.

싸움을 말리는 저를 향해 학생이 "꺼져."라고 말할 때 "뭐? '꺼져.'라
고?"로 받으면 표현에 휘둘린 것입니다. 말하는 이도 모르는 본심을 들

으려면 말하는 이의 감정에 이름을 붙여 보기를 바랍니다. "꺼져."라는 말을 '화가 났구나.', '열받았구나.', '속이 상했구나.'로 들으면 마음이 편해져서 다르게 반응할 수 있습니다. 그런 말을 하는 배경이나 속뜻을 알면 상대방을 이해하게 되어 공감으로 반응할 수 있습니다.

"친구네 집 여기저기에 석유를 뿌리고 불을 지르겠다."라는 학생의 말을 듣자 그 느낌이 전해져 왔습니다. "네가 얼마나 억울하고 분한지 알겠다."라고 말하자 학생의 눈에서 눈물이 주르르 흘러내렸습니다. 한없이 울고 있는 학생을 보자 '나도 저렇게 울고 싶었던 적이 많았지.'라는 생각이 들었습니다. 감당하기 힘든 감정의 태풍을 통곡으로 쏟아낼 수 있다면 세상은 훨씬 평화로워질 것이라고 믿습니다.

본심을 들어 주려면 말하는 사람의 감정 변화를 관찰하면서 경청합니다. 상대방 말을 듣다 보면 때로는 판단·평가가 뭉게뭉게 일어나기도 합니다. 그럴 때는 '이런! 또 평가하고 있네.'라고 자책하지 말고 그생각을 있는 그대로 보고 다시 초점을 상대방으로 가져가면 됩니다. 어떤 감정이든 그런 감정이 일어나게 된 데는 이유가 있으며, 그 감정은 현재 그 사람이 처해 있는 마음의 기상도입니다. 그 기상도를 그대로 읽어 내는 것이 공감으로 듣기입니다.

한 예비 교사에게 들은 이야기입니다.

학교생활에 적응이 힘든 학생들과 만나는데, 그중에는 ADHD 진단을 받은 학생도 있었어요. 그 학생은 잠시도 가만히 있지 않고 계속 돌아다니는 데다 말을 듣지도, 하지도 않았기 때문에 대화가 불가능했어요. 그날도 활동실에 들어갔는데 그 학생이 바퀴 달린 의자를 밀면서 여기저기를 다니고 있었어요. 말을 걸어 봤지만 역시나 아무런 반응이 없었어요. 그냥 포기하려다가 문득 바퀴 달린 의자가 눈에 들어오더군요. 의자를 꺼내서 밀며 아이의 뒤를 쫓았습니다. 아이는 신이 나서 도망가고 저는 쫓고 즐거운 놀이가 되었어요. 숨이 차서 "지호야, 숨차서 힘들다. 좀 쉬자."라고 도움을 청했더니, 학생이 동작을 멈추고 다가와 "정말 힘들어요?"라고 묻더군요. 고개를 끄덕이자 동작을 멈추고 옆에 앉더니 저에게 생수병을 건네주었어요.

'내가 받은 공감'을 나누는 활동을 하면 눈빛, 표정, 악수, 몸짓, 음식, 편지, 카톡, 메일, 선물, 말 한마디, 고개 끄덕임, 포옹 등 공감의 방법이 헤아릴 수 없이 많다는 것을 깨닫습니다. 초로의 남성이 들려준 이야기입니다. 어머니가 없는 집이라 초등학생이던 본인이 직접 아침 식사를 준비해 아버지 일터로 갖다드리고 학교에 가면 늘 지각이었다고 합니다. 이미 수업을 하고 있는 교실 문을 열고 들어간 날이 많기도 많았답니다. 선생님은 단 한 번도 눈총을 주지 않은 것은 물론이고 비나 눈이 오는 날이면 "아이고, 우리 현민이 왔네."라는 말로 맞아 주셨는데 가슴에 사무치도록 고마웠다고 말하며 그 남성은 눈물을 흘렸습니다.

작가와의 대화에서 많이 받는 질문 가운데 하나가 "선생님은 공감을 잘하느냐?"입니다. "되기도 하고 안 되기도 한다. 공감도 연습이 필요하다. 그 연습을 위해 즉흥극을 하는 친구들에게 배우고 있다."라고 대답한 적이 있습니다.

'어떻게 하면 비폭력 대화를 효과적으로 전달할 수 있을까?'를 고민하던 중 남산 도서관 강의에 참석한 연극배우 마뇨를 만났습니다. 그 인연으로 즉흥극을 하는 극단 '목요일오후한시'의 공연을 보러 갔다가 '이거구나!' 하고 쾌재를 불렀습니다. 즉흥극은 관객들이 연극으로 올리고 싶은 자기 이야기를 포스트잇에 적어 내면, 그 사연 중 관객들이 듣고자 하는 이야기를 선정해 극으로 올리는 것입니다.

정해진 극본이 없으니 배우들은 등·퇴장은 물론이고 대사까지 즉석에서 만들어 냈습니다. 관객의 이야기를 듣고 배우들은 서로가 공감하며 한 장면 한 장면을 만들어 내니 시작부터 끝까지 공감의 연속이었습니다. '외로운 밤'을 소재로 한 즉흥극에서는 한 배우가 강아지 역할로 주인공의 외로움을 공감해 주는데 감탄이 절로 터져 나왔습니다.

누군가의 이야기를 듣고 그것을 다시 극으로 보는 경험은 무척 흥미로웠습니다. 초등학교 저학년 어린이들도 집중하여 관람하는 것을 보니 놀라웠습니다. 상대방을 관찰하고 흐름을 파악해 자신이 할 말이나 행동을 선택하는 공감이 마음을 끌었습니다. 공감으로 이어진 그들의 연극을 보면서 감동의 물결이 출렁였습니다. 그 감동의 힘으로 '연극으로 배우는 비폭력 대화'를 기획하고 목요일오후한시 단원들과 함께 강의를 진행하며 공감을 배우고 있습니다.

"나만 공감으로 들어 주면 손해 아닌가요?"라는 질문을 자주 받습니다. 국가 인권 위원회 주최로 위(Wee) 센터 선생님들을 권역별로 만난 적이 있습니다. 권역마다 선생님들이 하는 말이 "준비물로 남편을 적어 달라."입니다. 그 말에 모두 웃었습니다. 한 선생님이 "나만 배워서 뭐 하나. 정작 배워야 할 사람은 남편이다."라는 말을 해서 박수를 받기도 했습니다. 공감의 중요성과 함께 그 힘을 깨달았기에 나오는 농담들이었습니다.

공감은 생존 기술입니다. 상대방의 감정에 따라 적절하게 반응할 수 있는 능력은 생존에 유리했습니다. 공감 능력은 관계를 맺고 서로 도와 안전과 안정을 도모할 수 있기 때문입니다.

 ## 공감하는 방법

공감의 목적은 연결입니다. 누누이 강조하지만 연결은 생존에 필요합니다. 너도 살고 나도 살기 위한 밧줄입니다. 내가 물에 빠졌을 때, 상대방이 물에 빠져서 허우적거릴 때 던지는 밧줄입니다. 우리는 서로서로 도왔기 때문에 삶이 가능했습니다.

마음이 이런저런 생각으로 들끓으면 연결이 힘듭니다. 자기 공감으로 듣기의 의도, 그로써 충족하고 싶은 욕구를 분명히 하면 공감으로 가는 길이 열립니다. 내가 원하는 것이나 상대방이 원하는 것이나 모두 소중하다는 것을 알면 마음의 공간이 조금씩 넓어집니다. 마음으로 이어지면 서로가 원하는 것을 솔직하게 말할 수 있었고, 그것을 충족할 방법을 함께 찾아볼 수 있습니다.

공감에는 여러 가지 방법이 있습니다. 쉬운 방법부터 해 봅니다.

1) 듣기

상대방이 하는 말을 듣습니다. 「잠언」18장 13절 "사연을 듣기 전에 대답하는 자는 미련하여 욕을 당하느니라."를 참고하시기 바랍니다. 상대방이 말을 마칠 때까지 말없이 듣습니다.

상대방이 하는 말뿐 아니라 비언어적 요소(표정, 동작, 호흡)도 살핍니다. 상대방이 머물고 있는 영혼의 집에 초대되어 집 안에 있는 갖가지 정경과 만나는 시간입니다.

2) 들은 대로 들려주기

상대방이 말한 내용 중 중요한 부분을 그대로 들려줍니다. 짧은 분량이면 들은 그대로 들려줍니다.

"A가 말하기를, B가 자기한테 사과하면 용서하겠다고 했어요. 서로 잘 지내는 게 좋을 듯해서 그 말을 B에게 전했어요. B가 흥분해서 '사과는 A가 해야지 내가 왜 사과해야 하냐.'라고 해서 그 말을 다시 A한테 전했는데 저한테 왔다 갔다 하며 이간질했다고 그래요."

예) "서로 잘 지내는 게 좋을 듯해서 A와 B가 한 말을 전했는데 이간질했다는 말을 들었구나."

3) 느낌 물어보기

상대방의 감정에 이름을 붙여 물어봅니다.

예) "이간질한다는 말을 들어서 속상하고 억울하니?"

4) 원하는 것을 물어보기

상대방이 지금 무엇을 원하고 있을지를 짐작해서 물어봅니다.

예) "친구들이 네 진심을 알아줬으면 하니?"

5) 부탁을 들어주기

상대방이 그 말을 내게 한 의도, 부탁을 짐작해서 물어봅니다.

예) "내 도움을 받고 싶니?"

6) 2)~5)를 적용한 비폭력 대화 공감

관찰: "네가 ~을 보았을 때 / ~을 들었을 때"―상대방이 본 것, 들은 것을

귀담아듣고 그대로 말합니다.

예) "이간질한다."라는 말을 들었을 때

느낌: "너는 ~을 느끼니?"―상대방의 느낌을 물어봅니다.

예) "억울했니?"

필요·욕구: "너는 ~이 필요하기 때문이니?"―원하는 것을 물어봅니다.

예) "친구들이 서로 잘 지내기를 바랐기 때문에~."

부탁: "'나에게 ~을 해 줄 수 있나요?'라고 부탁하고 싶니?"―원하는 것을

행동으로 옮기기 위한 수단이나 방법을 물어봅니다.

예) "내 도움을 받고 싶니?"

공감은 상대방에게 물어보고 제대로 공감했는지 확인하는 것이 아주 중요합니다.

4단계 공감법

자극을 받은 순간에 선택할 수 있는 4단계 공감법

> **상황:** 수업을 마치고 온 동료가 "선생님 반은 설쳐 대는 애들이 너무 많아서 수업이 힘들어요."라고 말한다.

1단계: 듣기 공감			
2단계: 자신을 향한 공감		**3단계: 상대방을 향한 공감**	
느낌	**원하는 것**	**느낌**	**원하는 것**
서운한 속상한 신경 쓰이는	수용 존중 협력	화나는 속상한 실망스러운	자기표현 이해 공감
4단계: 말로 표현하기 "수업이 힘들어서 속상했나요? 제가 도울 일이 있을까요?"			

공감의 힘

공감은 자신의 상태나 상대방의 상태를 알아차려 적절하게 반응할 수 있는 능력입니다. 벼락을 치거나 천둥소리를 내거나 마음이 싸늘하게 얼어붙는 상황을 스스로 넘을 수 있을 때 옆에 있는 사람도 함께 넘을 수 있습니다. 아이의 입에서 "힘들어요?"라는 말이 나온 것처럼 공감은 또 다른 공감으로 연결되는 기적을 낳습니다.

흔히들 "말이 없다.", "말을 안 한다."라는 말을 합니다. 버지니아 공대 총기 난사 사건을 일으킨 조승희라는 젊은이를 두고 그 어머니도 그런 말을 했다는 기사를 읽은 적이 있습니다. 저는 그 기사를 읽고 가슴이 아팠습니다. 유색인에다 말이 서툴러 친구들에게 놀림을 받았다는 소년은 "말이 없다. 말을 안 한다."라기보다 말을 할 수가 없었을 것입니다. 공감을 받기는커녕 놀림을 받았지만 참았으니 분노만 쌓였을 것입니다. 그 소년의 힘든 마음을 알아주는 누군가가 있었더라면, 괴롭고도 괴로운 심정을 털어놓을 수 있었더라면 하는 아쉬움이 너무도 컸습니다.

공감은 마음의 문을 두드려 말문을 트이게 합니다. 공감을 받으면 이해받고 있다는 생각이 듭니다. 이해받고 있다는 생각이 들면 깊은 속내도 털어놓게 됩니다. 입을 다물고 있는 것은 '이 사람이 내 말을 어떻게 들을까?' 하는 불안감과 두려움 때문입니다. 두려움이 걷히면 말문도 열립니다. 어떤 내용을 말하든 편하게 들어 줄 때 말은 꼬리에 꼬리를 물고 이어집니다. "어서 말을 해."라고 말하기보다 공감에 마음을 기울이면 폭포수처럼 터져 나오는 말을 듣게 될 것입니다.

공감은 마음의 정원에 뿌리내리고 있는 독초를 뽑아 줍니다. 분노와 증오, 원한으로 가득 찬 말을 내뱉더라도 '얼마나 억울한지, 분하고 괴로운지, 두려운지'를 들어 주면 거침없이 모조리 토해 낼 수 있습니다. 누군가에 대한 미움과 원망, 원한마저도 말을 하다 보면 마음이 가라앉았고, 그 일을 조금은 객관적으로 볼 수 있는 힘도 쌓여 갔습니다. "'정화', '순화'란 이런 것이구나!" 하는 깨달음이 오기도 했습니다.

공감의 힘에 대해 칼 로저스(Carl Rogers)는 이렇게 말합니다. "누군가와 오랜 대화를 나눈 끝에 치유받은 느낌을 받은 적이 있는가? 누군가와 특별한 관계를 맺으면서 자기 자신에 대한 호감을 되찾은 적 있는가? 만약 그렇다면 이는 믿을 수 있고 개방적이고 솔직한 상황에서 두 사람 사이에 상호 작용이 일어난 것이다. 상대방은 아마도 어떠한 판단도 내리지 않은 채 온전히 관심을 기울이며 당신의 말을 들어 주었을 것이다."

공감으로 삶의 신비를 깨달은 사연을 소개합니다.

우리 반 아이 한 명이 사고로 세상을 뜨자 정신이 번쩍 들었어요. 학교에서 더 이상 그 아이를 볼 수 없게 되자, 그 아이랑 1년 동안 '어떤 관계를 맺었나?'라는 의문이 들었어요. 가르쳐야 한다는 생각에 빠져 지시, 충고, 조언, 명령, 강요 등으로 보낸 시간이었어요. 학생들이 찾아와 말을 해도 바쁘면 일에 눈을 박고 건성으로 대화를 나눴던 일이 수도 없이 많았어요. 그 아이가 찾아와서 보건실에 가겠다고 했을 때도 마찬가지였어요. 바쁘기도 했지만 '얘는 걸핏하면 보건실이야.'라는 생각에 짜증이 나서 퉁명스럽게 대했던 날도 많았어요.

관계 맺기에 대해 고민하다가 '말하기보다 듣기를 하자.'라고 저 자신과 약속했어요. 듣기가 힘들 때는 바쁘면 바쁘다고 양해를 구하고, 그렇지 않으면 일거리를 옆으로 미루고 말을 들었어요. 학생들의 눈을 바라보며 목소리에 귀를 기울였더니 눈, 입, 몸동작, 목소리 높낮이 등 많은 것들이 말하고 있었어요. '사람이, 삶이 참 신비롭구나.' 하는 생각을 하게 됐어요.

이 이야기를 들려주시던 선생님의 눈가에 맺힌 눈물을 기억합니다.

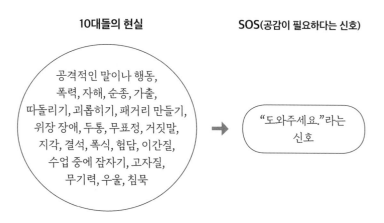

10대들의 현실

공격적인 말이나 행동, 폭력, 자해, 순종, 가출, 따돌리기, 괴롭히기, 패거리 만들기, 위장 장애, 두통, 무표정, 거짓말, 지각, 결석, 폭식, 험담, 이간질, 수업 중에 잠자기, 고자질, 무기력, 우울, 침묵

SOS(공감이 필요하다는 신호)

"도와주세요."라는 신호

※ 학생들의 이러한 말과 행동을 SOS 신호로 받아들이시기를 권합니다. '힘드니 도와 달라.'는 뜻입니다.

공감이 힘들 때

공감하기 힘들 때가 있습니다. 몸이나 마음이 힘들 때, 생각이 너무도 다른 경우, 이해관계가 어긋나는 경우, 가르쳐야 한다고 생각하는 경우, 갑이나 을로 지위나 힘이 쏠린 경우, 갈등 상황, 감정이 상했을 때 등입니다. 사실은 이런 경우가 바로 공감이 필요한 때입니다. 공감이 힘들 때는 일단 말을 멈추고 심호흡을 하며 자기 자신에게 공감하거나, 또는 그 자리를 잠시 피해 쉬기를 권합니다.

내 마음에 먹구름이 끼는 것을 알아차리면 자기 공감을 위해 "10분 뒤에 얘기 나누자."라고 말하고 자리를 뜹니다. 교실에서 일어난 상황이라면 "수업 끝나고 얘기 나누자."라고 미루기를 권합니다. 다른 사람을 공감하기 전에 먼저 자신의 마음을 알아주는 과정이 필요하기 때문입니다.

교실 안에서 감정이 상하는 일이 많습니다. 감정이 상하면 1층 파충류의 뇌 부위가 강도 높게 활성화되면서 판단과 조율을 담당하는 3층 인간의 뇌 부위인 신피질 영역의 활성도가 떨어집니다. 파충류의 뇌가 강도 높게 활성화되면 공격하거나 방어하거나 회피(묵묵부답) 상태가 됩니다. 이성적으로 생각할 수 있는 전두엽의 특정 영역이 활동을 멈춥니다.

감정을 조절하고 행동을 통제하는 데 중요한 역할을 하는 전전두엽은 20대 중반을 지나야 역할을 제대로 할 수 있다는 것이 뇌 과학 연구를 통해 밝혀졌습니다. 이를 근거로 미국에서는 12세에서 17세의 청소년 범죄자를 가능한 한 청소년 치료 센터에 입소시켜, 자제력을 길러 주는 프로그램에 참여하게 합니다. 그 가운데 하나가 행동을 멈추고 현재의 선택이 자신의 미래에 어떤 결과를 가져올지 숙고하는 훈련이라고 합니다. 파충류의 뇌 부위가 하는 즉각적이며 충동적인 행동을 자제하는 뇌 신경망을 강화하는 훈련입니다. 처벌만으로는 변화를 가져올 수 없기 때문입니다.

기대에 어긋나는 말이나 행동을 하는 학생을 보는 것은 힘듭니다. 특히 원망, 비난, 공격하는 말을 듣고 있기란 괴롭습니다. 그렇기에 그런 말을 나와 관련짓기보다는 '저 말은 지금 감정이 상해서 하는 말이야. 나에 대한 것이 아니야. 자신이 원하는 것을 저렇게 표현하는 거야.'라고 듣는 연습을 하다 보니 나와 연결 짓는 고질병이 조금씩 나아졌습니다.

우리 삶은 아주 촘촘하게 연결되어 있어 여러 가지 조건들이 서로서로 영향을 주고받고 있습니다. 내 입장에서는 터무니없는 말이나 이해할 수 없는 행동도 그 사람 처지에서는 여러 가지 조건의 결과로 그런 말이나 행동을 할 수 있습니다. 한 여학생이 "어른들이 이해해 주신다면 거짓말을 할 아이가 없어요. 거짓말하고 마음 편한 아이는 없으니까요. 예를 들어 남자 친구가 있다고 하면 그 순간부터 여러 가지 제약을 받기 때문에 '없다.'라고 말할 수밖에 없는 거예요. 남자 친구하고 사이에서 일어난 일들을 의논하고 싶어도 친구한테 말하거나 혼자 해결하게 돼요."라는 말을 들었을 때 고개를 끄덕였습니다. "거짓말도 자기 보호다."라는 말에 공감했습니다.

 **공감을
방해하는 말**

공감을 방해하는 말이 있습니다. 학생이 "내일 시험 망칠 것 같아
요."라고 말할 때 어떤 말이 공감을 방해하는지 알아볼까요?

1) 충고·조언·교육하는 말

- "걱정할 시간에 한 자라도 더 봐라."

- "사이트 알려 줄 테니 지금이라도 시작해."

- "'잘 볼 수 있을 거야.'라는 긍정적인 생각을 가져야 해."

2) 분석·진단·설명하는 말

- "네 성격이 소심해서 그래. 막상 보면 괜찮을 거야."

- "AB형들은 미리 걱정하는 경향이 있어."

- "우리 뇌는 부정적으로 생각하는 비율이 4배나 강하대."

3) 바로잡는 말

- "망칠 것 같다고 한 애들이 더 잘 보더라."

4) 위로하는 말

- "기회는 또 있어. 다음에 잘 보면 돼."

- "다른 애들도 그렇게 생각할 거야. 힘내."

5) 내 얘기 들려주기, 맞장구치는 말

- "나도 그랬어. 시험 전날은 소화도 안 되고."

- "어머나! 그래, 시험 망칠 것 같구나."

6) 감정의 흐름을 중지·전환하게 하는 말

- "걱정하지 마. 걱정해서 될 일이 아니야."

- "다음 날 시험은 준비했니?"

7) 동정하거나 애처로워하는 말

- "아이고, 어떡하니. 망치면 어떡해."

- "걱정하느라 눈이 떼꾼해졌네. 어쩌면 좋아!"

8) 조사하거나 심문하는 듯한 말

- "그렇게 생각하는 이유가 뭐야?"

- "시험 범위 어디까지 공부했는데?"

9) 평가하거나 빈정대는 말

- "넌 너무 안달복달해. 그깟 시험 하나 갖고 그러니?"

- "여유 부리더니만 그럴 줄 알았어."

10) 한 번에 딱 자르는 말

- "징징대지 마. 그런다고 점수가 오르냐? 공부나 해라."

상대방이 힘든 감정을 토로했을 때 내 입장에서 말하면 훈계가 되고, 말하는 사람의 처지나 심정을 헤아리면 공감을 할 수 있습니다.

> **공감으로 듣기의 예**
>
> **학생**: 내일 시험 망칠 것 같아요.
>
> **교사**: 걱정되니? (느낌)
>
> **학생**: (고개를 끄덕이며) 아는 게 하나도 없어요.
>
> **교사**: 아는 게 하나도 없다는 생각이 드는구나. (거울 공감)
>
> **학생**: 왜 이렇게 공부를 안 했는지 모르겠어요.
>
>   암기 과목이라도 신경 쓸 걸 그랬어요.
>
> **교사**: 후회되니? (느낌)
>
>   암기 과목은 해 볼 만하니? (필요)
>
> **학생**: 네. 지금이라도 하면 될까요?

남아프리카의 바벰바족은 범죄가 적은 부족으로 알려져 있습니다. 죄를 저지른 사람이 생기면 그 사람을 광장 한복판에 세웁니다. 마을 사람들은 남녀노소 모두 하던 일을 중단하고 광장에 모여 잘못을 저지른 사람을 중심으로 큰 원을 만들어 둘러쌉니다. 그러고는 한 사람씩 돌아가며 말하기 시작합니다. 그 사람이 어떤 말이나 행동으로 도움을 주었는가, 감동을 주었는가 하나하나 말합니다. 말을 하는 사람도 말을 듣는 사람도 어떤 마음일지 상상만으로도 뭉클합니다.

상대방이 변하기를 바라고 협조하기를 바란다면 공감을 하는 것이

한 방법입니다. 『지각대장 존』은 상상력을 공감받지 못하고 '거짓말쟁이' 취급을 받은 한 아이의 이야기를 그린 그림책입니다. 존은 학교 가는 것이 재미 없고 지겹습니다. '지각'을 거듭하며 상상에서 일어난 일을 말하자 선생님은 벌의 강도를 높여 갑니다. 결국 존은 선생님이 위험에 처했을 때 공감하지 않습니다. 존이 "학교 오는 길에 악어가 나타났어요."라고 말했을 때 선생님이 "많이 놀랐겠네."라고 공감을 한 뒤 선생님이 원하는 것을 말했다면 이야기가 어떻게 흘러갔을까요?

학생들이 일으킨 문제에 대해 "거짓말한다.", "한두 번이 아니다.", "버릇이 나빠진다.", "습관이 된다.", "친구를(상황을) 이용한다."라는 판단을 밀쳐 두고 상대방을 공감해 준 다음 선생님이 원하는 것을 말한다면 어떤 일이 일어날까요?

공감의 실제

춤 동아리 학생들이 다른 학교 축제에 나가서 춤을 춘 것이 유튜브에 올랐습니다. 학교 측에서는 사전 허락을 받지 않은 데다가 복장이며 동작이 학생 신분에 어긋난다는 이유로 동아리 폐쇄를 결정했습니다. 이러한 상황에서 춤 동아리 학생 중 한 명이 담임 선생님을 찾아와서 나눈 대화입니다.

교사: 많이 속상하지?

학생: 속상한 정도가 아니라 학교를 그만두고 싶어요. 선생님들은 너무 답답해요. 어떻게 그런 결정을 내릴 수 있어요. 춤 동아리 하는 애들은 어느 학교든 방송 댄스라고 그런 춤을 춰요. 옷도 그렇게 입고요. 남학교 축제라고 다르게 입을 수는 없잖아요.

교사: (학생의 억울함을 이해하면서도 한편으로는 약속을 깨 놓고서 그것에 대해서는 말이 없는 것에 감정이 상한다. '공연 허락을 받지 않았으니 학교에서 그런 결정을 내렸지.' — 자기 공감이 필요하다.)

(잠시 사이를 두고) 춤 동아리들 춤이나 의상이 비슷한데 학교에서 동아리 폐쇄 결정을 내린 것이 많이 억울하구나?

학생: 그럼요. 우리 학교만 이러는 것이 가혹하다는 생각이 들어요. 우리는 이제 좋아하는 춤도 못 추고 공연도 못 하고······. 춤추는 재미로 학교 다녔는데······.

교사: 춤추는 것이 그렇게 의미가 컸구나.

학생: 네. (울먹인다) ······선생님이 허락받으라고 할 때 받았어야 했는데, 공연 준비하느라 서로에게 미루다 놓쳤어요.

교사: 그랬구나.

학생: 이런 결과를 가져올 줄 몰랐어요. 공연에 출연하지 않는 사람이 그 일을 돌아가며 맡았어야 했는데.

교사: 일을 분담했더라면 허락을 받았을 텐데 해서 후회스럽구나.

학생: 네, 그랬더라면 이런 일이 벌어지지 않았을 테니까요. 학교를 원망하고 서로를 탓하고, 저희끼리도 말이 많아요.

교사: 동아리 폐쇄가 큰 충격이라 말들이 많은가 보구나.

학생: 네, 선생님들 원망을 하다가 저희끼리 서로 탓하기도 하면서 싸우고 그래요.

교사: 너희가 잘 어울렸는데. 친구들끼리 다툼이 고민스럽겠네.

학생: 동아리 폐쇄만큼이나 속이 상해요. 얼마 전까지만 해도 함께 뭉쳐 다녔는데 요새는 갈라져서 서로 싸늘하게 대해요.

교사: 안타깝다. 너희 웃음소리가 연습실 밖에서도 들렸었는데.

학생: 그렇죠. 옛날이 그리워요. 싸웠어도 금세 풀리곤 했는데.

교사: 함께 춤출 때는 갈등이 생겨도 금세 풀리곤 했구나?

학생: 네. 선생님, 다시 사이좋게 지내고 춤도 출 수 있는 방법이 있을까요?

교사: 어떤 방법이 있을까?

학생: 춤을 못 추게 되어서 서로를 원망하고 미워하는데, 다시 함께 춤을 추게 되면 화해할 수 있는 끈이 생길 것 같아요.

교사: 함께 춤을 추는 것이 한 방법이네.

학생: 그럼요. 공연을 하지 못한다 해도 춤 연습은 계속하고 싶어요.

교사: 그렇구나. 춤출 수 있는 공간을 알아보면 어떨까?

학생: 춤출 수 있는 공간이 있을까요?

교사: 청소년을 위한 공간들이 있으니 알아보는 게 좋겠다. 나도 도울게.

학생: 샘, 정말이에요?

교사: 한 군데 떠오르는 곳이 있어. 그곳을 알려 줄 테니 한번 찾아가 볼래?

학생: 샘……. (울먹인다).

언제 공감을 끝낼까요? 공감하기 위해서는 충분한 시간이 필요합니다. 말하는 사람의 감정은 페이스트리 빵처럼 겹겹이 쌓여 있습니다. 그것을 다 풀어내는 데는 시간이 걸립니다. 대화를 이어 가다 상대방의 말 높이도 낮아지고 속도도 느려지면서 긴 한숨과 함께 긴장이 풀리는 것이 느껴집니다. 그때 "말하고 싶은 것이 더 있니?"라고 묻거나, "지금 마음(느낌)이 어떠니?"라고 물어봅니다. 이런 질문은 상대방이 충분하게 말했는지를 아는 데 도움이 됩니다.

상대방이 침묵하기도 합니다. 상대방의 침묵을 나에 대한 거부로 받아들이지 않기를 바랍니다. 할 말이 없을 수도 있고, 마음이 복잡해서 어떻게 말해야 할지 몰라서 그럴 수도 있습니다. 두려워서 말을 못하기도 하고, 말해 봤자 소용없다는 절망에서 입을 다물기도 합니다.

침묵이 길수록 공감이 필요하다는 뜻입니다. 침묵하는 학생과는 신뢰 쌓기가 먼저입니다. 들어 주는 사람과 신뢰가 쌓이면 자신을 무기력하게 만드는 심리적 고통을 극복할 수 있습니다. 침묵이 당황스럽고 답답하더라도 소통하려는 의도를 분명하게 보이는 것이 중요합니다. 아울러 상대방의 침묵 뒤에 숨겨진 느낌과 필요를 짐작해 봅니다.

상대방의 침묵이 오랜 시간 지속되더라도 계속해서 상대방의 느낌과 필요를 짐작해 말하거나 내 느낌을 표현합니다. 대화하다 지치고 피곤하면 그 상태를 솔직하게 말하고 다른 날 하자고 부탁하는 것도 좋습니다.

공감으로 듣기는 말하고 있는 사람의 느낌과 필요를 듣는 것입니다. 침묵으로도 공감할 수 있습니다. 어떤 언어도 필요하지 않습니다. 상대방은 직감적으로 그 기운을 느낍니다. 말로 하는 어떤 공감보다 더 깊이 다가올 수도 있습니다. 언젠가 누군가의 공감으로 가슴이 뜨거웠던 때가 있을 것입니다. 어쩌면 그것은 '침묵 공감'이었을지 모릅니다. '공감'을 위한 시 한 편을 소개합니다.

또 다른 충고들

장 루슬로(Jean Rousselot)

고통에 찬 달팽이를 보거든
충고하려 들지 말라.
그 스스로 고통에서 벗어 나올 것이다.
너의 충고는 그를 화나게 하거나
상처 입게 만들 것이다.

하늘의 선반 위로 제자리에 있지 않은 별을 보거든
그럴 만한 이유가 있을 것이라고 생각하라.

더 빨리 흐르라고 강물의 등을 떠밀지 말라.
풀과 돌, 새와 바람, 그리고 대지 위의 모든 것들처럼
강물은 나름대로 최선을 다하고 있는 것이다.

시계추에게 달의 얼굴을 가지고 있다고 말하지 말라.
너의 말이 그의 마음을 상하게 할 것이다.

너의 문제들을 가지고 너의 개를 귀찮게 하지 말라.

그는 그만의 문제를 가지고 있으니까.

공감이 힘든 순간

1. 몸이나 마음이 힘들 때
2. 생각이 너무도 다른 경우
3. 이해관계가 어긋나는 경우
4. 가르쳐야 한다고 생각하는 경우
5. 갑으로 지위나 힘이 쏠린 경우
6. 갈등 상황
7. 감정이 상했을 때

※공감이 힘들면 그것에 대해 글을 써 보거나
누군가에게 말을 해 보기 바랍니다.

공감하기

1. 상대방이 하는 말을 끝까지 들어 주기
2. 상대방이 한 말 중에 핵심을 들은 그대로 들려주기
3. 상대방의 느낌을 짐작해 물어보기
4. 상대방이 원하는 것을 짐작해 물어보기
5. 어떻게 했으면 좋겠냐고 물어보기

※이 중 하나만 실천해도 성공입니다.

10장

분노에서 열정으로

수업 준비로 챙길 것이 많다 보니 종이 울려서야 교실로 갔습니다. 공개 수업을 하니 점심시간에 중간 청소를 하라고 부탁했건만 교실은 난장판이었습니다. 칠판에는 전 수업 시간의 판서가 그대로 남아 있었고, 학생들은 그 앞에서 장난을 치고 있었습니다. 휴지통은 쓰레기가 넘쳐 나다 못해 주변 여기저기에 흩어져 있었고, 구석구석 휴지들, 줄은 삐뚤빼뚤, 빈자리마저 평소보다 더 많았습니다.

교실 여기저기를 훑어보는 학부모들의 눈짓, 수업을 진행하는 동안에 눈치 보며 들어오는 아이들……. 아, 정말이지 교실을 박차고 나가고 싶었습니다. 화를 드러내지는 않았지만 화 기운을 느꼈는지 학생들의 반응이 시원치 않아 수업 역시 죽을 쒔습니다. 화가 나다 못해 기가 막혀서 눈물이 핑 돌았습니다. 끓어오르는 화를 참고 수업을 간신히 진행했습니다. 수업이 끝났음을 알리는 음악이 구원의 소리처럼 들렸습니다.

결국 종례 시간에 반 학생들에게 화를 폭발하고 말았습니다. 말을 하다 보니 더 열받아서 목소리가 갈라지기까지 했는데 학생들은 '저 사람 왜 저래?' 하는 표정을 짓고 있었습니다. '옳은 개소리'라는 말이 떠올라 말을 끊고 교실을 나왔습니다. 뜨거운 분노에서 차가운 분노로 돌아서며 마음의 문이 '쾅!' 하고 닫히는 소리가 들렸습니다. 이런저런 일로 교실 상황을 챙기지 못한 저 자신에게도 화가 났고, 그렇게 신신당부했건만 교실을 그 지경으로 만들어 놓은 학생들에게도 화가 치솟았습니다.

'화를 내 봤자 소용없어. 나만 추해져.'라는 생각이 들어서 화를 안 내려고 노력을 하지만 결심할 때뿐이고 번번이 화에 휘말려 분노의 불길을 뿜어내고 있는 자신을 봅니다. '불혹'이라는 마흔이 넘은 나이임에도 학생들하고 이런 감정싸움이나 하고 있는 저 자신을 보면 한심합니다. 또 나이 들어 가면서 점점 더 화를 많이 내게 되는 것 같아 걱정스럽기도 합니다. 어떤 때는 우울해져서 힘이 떨어지곤 합니다.

학생들은 제가 화를 내는 동안 속으로 무슨 생각을 했을까요? 저도 학창 시절에는 선생님들의 화를 공감했던 적이 없었습니다. '저 선생 왜 저래?'라고 생각했던 것 같습니다. 아마 그 당시 저도 지금 반 아이들처럼 그런 표정을 지었겠지요. 제가 교장 선생님을 공감하기 힘들 듯이 학생들이 저를 공감하기는 어려울 테지요.

한편으론 내 감정을 학생에게 풀고 있으니 갑질이 따로 없다는 생각도 듭니다. 윗사람이라면, 동료라면 그렇게 화를 냈을까 하고 반성도 합니다만, 다시 감정에 휘말려 화를 뿜어내니 괴롭습니다. 어떻게 하면 이 갑질을 멈출 수 있을까요? 화를 누르는 방법을 알고 싶습니다.

수업을 공개하는 일은 참 부담스럽지요. 몸이나 마음이 긴장해 있으면 작은 자극에도 반응하기 쉬운데 그런 일이 벌어졌으니 얼마나 속이 상하셨어요. 학생들의 협조가 절실했을 텐데 그 기대가 와르르 무너졌으니 겪어 본 사람만이 그 마음을 짐작할 수 있지요. 복잡한 심정으로 수업을 진행하셨을 선생님이 떠올라 안타까웠습니다.

선생님, 학생들과 감정싸움을 하고 있는 자신이 한심스럽다고 하셨지요? 화를 내고 나면 그 높이만큼이나 후회의 감정이 찾아오는 것 같습니다. 어떻게든 화를 다스려 보려 하지만 때늦은 후회를 하게 되는 때가 많습니다. 원하는 것을 충족할 수 없는 순간들이 많기 때문이겠지요.

마음이 상하신 중에도 화를 다른 방법으로 풀고 싶으신 선생님의 의도가 읽혀 뭉클했습니다. 학생에게 화내는 것을 '갑질'이라 표현하신 것을 보고 그것을 알 수 있었습니다. 그 표현을 읽으면서 순간 움찔했습니다. 돌이켜 보니 상대방이 저보다 나이가 많거나 지위가 높으면 드러내 놓고 화를 내지 못했습니다. 반면 상대방이 나이가 어리거나 지위가 낮으면 화를 드러내는 일이 잦았습니다. 그러니 '갑질'이라는 표현이 들어맞네요. '갑질'이라는 표현에 오래 마음이 머물렀습니다.

어떻게 하면 화를 누를 수 있을지를 물으셨지요? 한때 저도 화를 낸 후유증이 커서 눌렀던 적이 있습니다. 화를 드러내지 않는 대신 비난, 험담, 모르는 척하기, 비꼬기, 깎아내리기, 상대의 약점을 농담처럼 말하기 등으로 화를 풀고 있는 자신을 보았습니다. 목소리에도 짜증이 묻어났지만 화를 인정하지 않았습니다.

화를 누르면 얼음처럼 차가운 분노가 오래 지속되었습니다. 내가 원하는 것을 충족하지 못해서 화가 난 것을 상대방에게 책임이 있다고 보고 '너 때문이야.'라며 책임을 돌리면 화와 우울은 쌓여만 갔습니다. 기쁨, 즐거움이 없는 회색빛 일상이었습니다.

화는 누르기보다 제대로 풀어내야 한다는 것을 알았습니다. 화를 푸는 방법은 '화'라는 손님이 찾아왔을 때 알아차리는 것입니다. 화를 알아차리면 신기하게도 더 이상 불길이 타오르지 않았습니다. 손님이 찾아왔다 사라지는 상태와 흐름을 지켜봅니다. 화가 누그러지면 자신에게 질문을 던져 보시기 바랍니다. '나는 무엇을 원하고 있는가?'라고요. 원하는 것을 찾는 데 힘을 모으면 화는 관계를 태우는 불쏘시개에서 열망을 지피는 불쏘시개로 변했습니다.

'너 때문에 화가 났다.'라는 바깥으로 향했던 불길이 내 안의 기대와 열망 때문이라는 것을 알아차립니다. 화가 클수록 열망이 컸습니다. 원하는 것을 충족하지 못해 그랬다는 것을 알면 누군가를 향하거나 조건을 탓하는 분노가 가라앉았습니다. '내가 원하는 것은 무엇인가?'를 찾아볼 여유가 생겼습니다. '이것을 충족하지 못해서 화를 냈구나!'라는 것을 깨달으면 그것을 충족할 수 있는 수단이나 방법을 찾는 데 힘을 쓰게 되었습니다.

선생님은 화를 풀어낼 준비를 이미 마치셨습니다. 화의 원인을 바깥으로 돌리면 방화범이지만, 원활한 수업 진행을 위해 교실 정리, 학생 챙기기, 수업 진행 등 충족하지 못한 것을 아셨으니 선생님은 소방수입니다. 한 걸음 나아가 학생들의 마음을 헤아려 분노의 불길을 다스리려 하시니 소방 호스를 잡고 있는 것이나 마찬가지입니다. 다음 걸음은 원하는 것을 말이나 글로 표현하는 것입니다.

가정에서든 학교에서든 불만을 느꼈을 때 화를 내고 있나, 도움과 협력을 얻는 불쏘시개를 만들고 있나를 알아차리시기 바랍니다. 화라는 손님이 찾아왔을 때 일어나는 순간 바로 알아차리면 열망을 푸는 보물 지도를 펼치게 됩니다. 보물을 찾으려면 많은 훈련이 필요하더군요. 선생님 덕분에 갑질 '화'를 들여다보는 기회가 됐습니다. 고맙습니다.

다른 사람들을 자신이 원하는 대로
만들 수 없다고 노여워하지 마라.
왜냐하면 당신도 당신이 바라는 모습으로
자신을 만들 수 없기 때문이다.
-토마스 아 켐피스(Thomas à Kempis)-

 ## 화란?

화는 사랑, 두려움, 기쁨, 슬픔 등과 같이 핵심 감정 중의 하나입니다. 원하는 것을 충족하지 못했을 때 일어나는 감정입니다. 자연스러운 감정인데 일반적으로 화를 위험하고 파괴적인 것으로 여겨서 감추거나 누르는 경향이 있습니다. '분노(忿怒)'라는 한자에도 '칼(刀)'이 들어 있고, 영어의 화(anger)에도 d가 붙으면 '위험'을 뜻하는 danger가 됩니다. 동서양이 모두 화를 위험한 것으로 여기고 있습니다.

모든 감정은 소중한 신호인데 왜 화를 위험한 것으로 인식하게 됐을까요? 화는 강도가 높은, 기운이 센 감정이기 때문입니다. 화를 내는 본인에게 해를 가져옵니다. 화를 내서 상대방을 순간적으로 굴복시킬 수도 있고 감정을 분출할 수도 있습니다. 그러다 보면 습관이 되기 쉽습니다. 이런저런 이유를 들어 '화날 만하다.'라고 합리화를 하다 보면 화가 커지기도 합니다. 이런 태도는 몸과 마음의 병을 키웁니다.

화를 받는 사람은 어떨까요? 예상하지 못한 반응에 놀라 심장이 뛰고 두려움에 굴복하기 쉽습니다. 굴복의 결과는 참담합니다. 원망이나 원한이 쌓입니다. 복수심으로 일을 망치고 관계를 단절합니다.

불만이 바깥으로 드러나면 화가 되고, 안으로 쌓이면 우울이 됩니다. 개인적인 의견으로는 우울보다는 화로 드러나는 것이 낫다고 봅니다. 타오르는 불길은 눈에 보이니 잡으려 하지만 안에 쌓이는 얼음은 알아채기 힘들어 녹이기 어렵기 때문입니다. 타오르는 화의 불길이 열망의 덩어리임을 알게 되면 열정으로의 전환도 가능합니다.

화를 어떻게 표현하는지, 어떻게 풀어내고 있는지 알아차리는 것이 중요합니다. 마셜 로젠버그는 분노를 자신을 일깨우는 자명종으로 활용하라고 말합니다. 모든 분노의 중심에는 충족하지 못한 욕구가 있기 때문입니다. 분노의 원인을 '~ 때문에'라고 바깥으로 책임을 돌리면 원하는 것을 얻기는커녕 있는 것마저 잃게 됩니다. 무엇을 얻지 못해서 화가 났다는 것을 알아차리면 그것을 얻기 위한 일에 힘을 쏟겠지요. 화(火)를 화(禍)에서 화(和)로 바꿀 수 있습니다.

무엇이 화를 일으키나?

로젠버그는 "상대는 우리 분노에 책임이 없다. 상대의 말이나 행동은 분노를 일으키는 '자극'이 될 수는 있지만 원인은 아니다."라고 말합니다.

'화가 나는 이유는 상대방 때문이 아니라 내가 원하는 것을 충족하지 못했기 때문이다.'라고 인정하면 어떻게 될까요? 한 사건을 두고 어떤 사람은 화를 내고 어떤 사람은 담담할 수 있습니다. 한 사건에서 그 두 가지를 경험한 선생님이 들려주신 이야기입니다.

과학실에서 실험을 하고 있는데 한 학생이 라이터를 켰다 껐다 하는 것을 발견했습니다. 깜짝 놀라서 "너 지금 뭐 하는 거야?"라고 소리를 질렀습니다. 학생은 태연한 얼굴로 저를 쳐다보며 "왜요?"라고 묻는 거예요. 기가 막혀서 "뭐? 너 그게 얼마나 위험한 행동인 줄 모르고 하는 소리야?"라고 고함을 쳤습니다. "도대체 왜 라이터를 켰다 껐다 하는 거야? 너 그거 어디서 났어?"라고 추궁하자 "수업이 재미가 없어서요."라고 말하는데 화가 나다 못해 맥이 풀렸습니다. 라이터를 달라고 해서 한쪽에 놓아두고 수업을 계속 진행했습니다.

수업을 마치고서 그 학생을 불러 자초지종을 물어보았습니다. "길에서 주운 라이터이고, 수업이 지루해서 그걸 켰다 껐다 하는 것이 재미있어서 그랬다."라고 말하는 아이를 보니 어렸을 적에 부모님이 저에게 하던 말씀이 떠올랐습니다. "생각이 있냐, 없냐?"라는 말씀을 많이 하셨거든요. 별생각이 없는 그 아이에게 이런 말 저런 말 할 필요가 없었습니다. 덧셈, 뺄셈 하는 아이에게 미분, 적분을 말하는 것이나 마찬가지라는 것을 경험으로 알았기 때문입니다. '투명한 유리처럼 자기 속을 그대로 내보이고 있구나.'라는 생각이 들면서 한숨이 나왔습니다. "라이터를 갖고 다니면 담배 피우는 아이로 오해받을 수 있고, 선생님에게 수업 재미없다는 말을 대놓고 하면 야단맞는다."라고 일러 주었습니다. 그랬더니 학생은 "야단맞은 적 많아요."라며 고개를 끄덕였습니다. "앞으로는 너를 '천진난폭'이라고 불러야겠다."라고 말하는데 저도 모르게 웃음이 나왔습니다.

'위험하다.', '함부로 말한다.'라고 생각했을 때는 화가 머리끝까지 치솟았는데 그 학생과 얘기를 나누어 보니 '참 천진한 아이구나.'라는 생각이 들면서 화가 가라앉았다고 합니다. 화가 사라지자 상황 파악을 못한 채 말하고 행동하는 천둥벌거숭이 같은 학생에게 무언가 도움을 주고 싶은 마음이 들어 이런저런 이야기를 나누었다고 했습니다. 그 뒤로도 그 학생은 눈치 없는 말이나 행동을 하지만 '저 아이의 행동 특성이다.'라고 생각하니 화가 나지 않는다고 했습니다. 선생님은 화가 생각에서 온다는 것을 확실하게 깨닫고 생각을 찾아본다고 말씀하셨습니다.

고현우 학생이 쓴 「회관 문」이라는 시를 살펴볼까요?

회관 문

강원 삼척 고천분교 3학년 고현우

아침에 밖에 나가 보니
회관 문이 깨져 있다
우리들은 바람이 깼다 생각하고
어른들은 우리가 깼다 생각한다

'바람이 깼다.'라고 생각하는 아이들과 '아이들이 깼다.'라고 생각하는 어른들의 관점이 너무나 다릅니다. 아이들은 있을 수 있는 일이라 여겨 담담할 테고, 어른들은 '아이들이 깼다.'라는 추측으로 불쾌할 수 있습니다. 회관 문이 깨진 것은 자극, 소재이고 어떻게 생각하느냐(관점)에 따라 반응이 다를 것입니다. 즉, 회관 문이 깨진 사실을 어떻게 해석하느냐에 따라 느낌이 달라집니다.

불쾌한 자극(소재)

다른 학생들은 가만히 있는데 그 학생은 유독 "왜요?"라는 질문을 자주 던진다.

분노의 원인(생각)

- '따지려 드는 거야?'
- '지금 날 무시하는 거야?'

- '쟤는 왜 저렇게 딴지를 걸지?'

분노를 일으키는 나의 생각이나 신념들을 찾아봅니다. 먼저 언제 화가 나는지를 찾고, 이어서 그때 '어떤 생각을 하는가(어떤 생각을 하면 화가 나는가)?'를 알아봅니다.

'말을 듣지 않는다.', '꾸물거린다.', '내 의견에 반박한다.', '무례하다.', '함부로 대한다.', '가르치려 든다.', '나보다 못한데 인정(사랑)을 받는다.', '이용한다.', '공평하지 않다.', '비난한다.', '거절한다.', '공격적이다.', '돕지 않는다.', '성의가 없다.', '노력하지 않는다.', '책임지지 않는다.', '나한테 떠넘긴다.' 등등의 생각을 할 때 강한 불쾌감과 적대감이 일어나면서 분노로 이어집니다.

누군가를 미워하고 못마땅해하는 적대감은 쉽게 분노를 일으킵니다. 화를 일으키는 생각들은 대부분 비현실적인 기대들입니다. 물은 이미 엎질러졌는데 "주의하지 않았다."라고 화를 내는 것이 한 예입니다. "조심성이 없다."라며 꾸짖기보다 물을 닦고 어떤 부분에 주의해야 엎지르지 않을지 찾아봅니다. 바람직하지 않은 일을 되풀이한다면 그렇게 된 처지나 상황을 알아보고 다른 방법을 찾아봅니다.

사람마다 화를 내는 생각은 다릅니다. 양육 과정에서 심어진 신념들, 사회화 과정에서 배운 가치들로 인해 자신이나 다른 사람, 세상에 대한 기대가 저마다 다르기 때문입니다. 언제, 어떤 생각으로 화를 내는지 생각해 보시기 바랍니다. 학생이 특정 행동을 한다고 해서 모든 선생님이 화를 내지는 않습니다. '내 생각이 나를 화나게 한다.'라는 것을 인정하게 되면 분노를 일으키는 생각에 대해 성찰할 수 있습니다. 화를 알아채고, '다른 사람들도 나처럼 생각할까?'라는 질문을 던져 보는 것만으로도 화가 줄어듭니다.

신체적 변화

오쇼 라즈니쉬(Osho Rajneesh)는 "화가 났을 때 자신을 관찰해 본 적이 있는가? 화가 나면 사람은 특유의 자세를 취한다. 화가 났는데도 손바닥을 펴고 있는 사람은 없다. 화가 났을 때는 주먹을 꽉 쥐기 마련이다. 화가 치밀어 오르는데도 불구하고 웃는 사람은 없다. 각각의 감정에는 그만의 특유한 몸짓이 있다. 사소한 것들마저도 내면과 긴밀하게 연결되어 있는 것이다."라고 말했습니다.

감정은 몸에, 표정에, 음성에 모습을 드러냅니다. 안전·안정이 위협받거나, 불쾌하거나 하면 즉각적으로 파충류 뇌가 작동하여 공격 또는 도피, 멈춤 반응을 하게 됩니다. 몸은 긴장하고 눈꼬리가 올라가면서 눈이 커지고 맥박이 빨리 뛰고 몸이 달아오르는 것을 느낍니다. 손과 발이 뜨거워지거나 차가워지기도 합니다. 이렇게 외부나 내부의 자극은 몸에서 변화를 일으킵니다.

화가 났을 때 보이는 양상은 다양합니다. 입을 다물고, 이를 악물고, 얼굴을 찌푸리고, 눈을 흘기고, 비웃고, 얼굴에 붉은빛이 오르고, 고함을 지르고, 문을 세게 닫고, 물건을 차거나 던지고, 경적을 울리고, 발을 세게 구르고, 종이를 소리 내어 찢고, 전화를 일방적으로 끊습니다. 말이나 동작을 빨리하고, 누군가를 밀치고, 욕하고, 엄격한 말투로 말하고, 토라지고, 모르는 척하고, 잊어버린 척하고, 말을 섞지 않고, 차갑게 대합니다. 내 안에서 일어나는 화를 알아차리면 큰일로 번지지 않게 막을 수 있습니다.

"나는 화를 내지 않는다."라고 생각하고 있었는데 "수동적인 화를 내고 있었음을 알아차렸다."라며 들려주신 선생님의 이야기입니다.

누구와도 별 갈등 없이 지내 온 터라 저는 제가 화를 별로 내지 않는 사람인 줄 알았어요. 주변 사람들도 저를 "원만하다."라고 평가해서 그런 줄 알았어요. 수업 들어가는 반 학생 중에 그 어머니가 다른 학교에서 저와 같은 과목을 가르치셨거든요. 제가 설명을 하면 어떤 때 고개를 갸웃하는데 처음에는 그게 마음에 걸리더니 점점 못마땅해지기 시작했어요. 그게 적대감이라는 것을 나중에야 알았어요.

기말고사를 치르고 난 뒤에 그 학생이 시험 문제 하나가 이상하다는 거예요. 이러니저러니 하며 따지는데 그 학생의 엄마가 지시했다는 생각이 들었어요. 순간 피가 거꾸로 솟는 듯하면서 "너 지금 나를 가르치는 거야?"라고 벼락 치듯 소리를 질렀어요. 저도, 학생들도 그 소리에 깜짝 놀랐어요. 저도 쇳소리 나는 제 목소리를 들은 거예요. 그 목소리를 듣자 '아, 내가 화가 났구나.'라는 것을 깨달았어요. 누구한테 그렇게 크게 소리를 질러 본 적이 없었어요. 잠시 멍하니 있다 숨을 크게 쉬고 나서 "다른 선생님들과 그 문제를 검토해 보겠다."라고 말하고 수업을 마쳤어요. 만약 그때 제가 제 목소리를 듣지 못했다면 어쩌면 그 학생의 어머니를 들먹이는 말이 입에서 튀어나왔을지 몰라요. 그 생각을 하면 아찔해요. 그 학생이나 어머니, 그 말을 들었을 다른 학생들, 저한테까지 돌아올 큰 화를 막은 거지요.

바로 다음 시간이 쉬는 시간이라 그 문제에 대해 생각해 보았어요. 그동안 저는 화를 수동적으로 풀고 있었다는 것을 알았어요. 이번에는 소리를 질렀기에 저의 분노를 알아차린 거예요. 화가 나면 상대방의 말은 못 듣고 자기 말만 한다는 것도 알았습니다.

 화의 유형

바깥으로 드러나는 화가 있고 안에서 끓고 있는 화가 있습니다. 똑같이 화를 내거나 얼어붙거나 내부에서 끓고 있는 화는 별문제가 없어 보이지만 은근히 괴롭힘을 조장하거나 따돌림, 이간질로 얼굴을 바꿉니다. 다른 사람을 부추겨 자신의 화를 대신 행동으로 옮기게 하기도 합니다. 수동적이고 두려움이 많은 사람 안에는 깜짝 놀랄 만큼 큰 화가 존재합니다. 화를 피해 다니는 사람 안에 펄펄 끓는 화가 들어 있기도 합니다.

공격적 분노	수동적 분노
목소리를 높인다. 욕을 하거나 악담을 한다. 건드리고 밀고 꼬집고 발로 차고 때린다. 강요 또는 방해를 한다. 호통을 치거나 물건을 던진다. 주먹을 흔들어 보인다. 손으로 움켜잡는다. 허리에 손을 얹는다.	표정이 얼어붙고 목소리가 차갑다. 칭찬, 관심의 말이나 애정 표현을 하지 않는다. 약속한 것을 잊거나 늦는다. 상대방이 속상해할 행동을 한다. 비웃거나 깎아내리는 말을 한다. 사람을 피하거나 모르는 척 냉담하게 대한다. 조롱하고 경멸하고 비웃는다. 얼굴을 찡그리고 이마를 찌푸리거나 입술을 문다. 머리를 가로젓는다. 어깨를 으쓱한다. 모르는 척 지나간다.

수동적 분노는 드러내지 않는 대신 여러 가지 수단과 방법으로 상대방을 불편하게 만듭니다. 상대방을 못마땅하게 여기는 순간 분노가 시작됩니다. 수동적 분노를 알 수 있는 증거는 내가 상대방에게 친절하지 않게, 의무적으로, 퉁명스럽게 반응하는 것입니다. "호감을 느끼는 학생에게는 이름을 부르고, 못마땅하게 여기는 학생에게는 '야.'라고 부르는 것을 보고 수동적인 분노를 알아차렸다."라는 말을 들은 적이 있습니다.

바깥으로 드러나는 분노는 스스로 자각하여 해결하려고 노력할 수 있지만, 수동적 분노는 알아채지 못하는 특성 때문에 해결하기 어렵습니다. 선생님이 수동적으로 분노를 드러낸다면 학생들은 선생님이 화난 것을 모르고 계속 그러한 말이나 행동을 하겠지요. 화가 나서 소리를 지르거나 냉담으로 표정을 바꾸기보다 화를 평온한 말로 표현하기를 권합니다.

분노에서 열정으로 가는 5단계

"화가 났는데 평온한 말로 표현하는 게 가능한가요?"라는 질문을 받습니다. 화가 난 순간은 힘듭니다. 화가 났을 때는 "동물이 으르렁거리고 있음을 기억하라."라는 말이 있습니다. 화가 나면 어떤 말이든 동물의 으르렁거림이 된다는 뜻으로, 말하고자 하는 내용은 사라지고 화만 불타오른다는 뜻입니다. 그에 대한 반응은 애석하게도 두려움과 공포뿐입니다. 힘없는 상대에게 겁을 줘서 당장 원하는 결과를 얻을지는 몰라도 당하는 사람은 후폭풍이 남게 마련입니다. 눈앞의 문제는 사라졌을지 모르지만 결국 더 큰 문제를 안고 가는 것입니다.

학생이 잘못된 말이나 행동을 했다고 판단하는 순간 '교육을 한다.'라는 목적으로 말을 꺼냈다가 학생의 저항에 부딪히면 야단치거나 꾸짖곤 했습니다. 학생이 순순히 인정하고 지도를 받아들여 반성하는 것을 기대했지만 그런 기대가 허물어지는 경우가 많았습니다. 변명을 하거나 짜증을 내면 저 역시 짜증이나 화로 맞대응을 하곤 했습니다. 학생 입장에서는 지도를 받는다는 생각이 들기보다는 교사의 화풀이 대상이 되었다는 억울한 마음이 들었을지도 모릅니다. 왜 그런 일이 일어났는지 살펴보고 다음에는 어떻게 반응하는 것이 서로에게 이로울지 의논하는 것이 교육이지, 일방적인 가르침은 '꼰대'의 전형이라는 것을 이제야 알게 됐으니 안타깝기 그지없습니다.

'지도'에서 '소통'으로 가려면 내 안에서 일어난 것에 대해 솔직해질 필요가 있습니다. 화가 난 것을 감추거나 숨길 이유는 없습니다. 감정을 누르거나 숨기는 것은 문제 해결에 도움이 되지 않을뿐더러 언제 터질지 모르는 시한폭탄을 안고 가는 것과 마찬가지입니다. 또 숨긴다고 잘 숨겨지지도 않습니다. 청소년들이나 젊은이들이 어른들을 "위선적이다.", "이중적이다."라고 말하는 것은 감정을 누르며 말하거나 언행이 일치하지 않기 때문입니다.

> **학생**: 선생님, 왜 화를 내세요?
> **교사**: 아니, 내가 왜 화를 내?
> **학생**: 화나신 것 같은데요?
> **교사**: 안 났다는데 왜 자꾸 화났다고 그래! 네가 나를 어떻게 알아?

어떤 상황에서는 어른들의 무표정한 얼굴이 아이들한테는 화가 난 것으로 보인다는 것을 알게 되었습니다. 어쩌면 제가 누르고 있는 화를 그 학생이 느꼈을지도 모릅니다.

화가 났을 때 그 화를 제대로 푸는 방법은 먼저 바깥에 있는 상대방이나 조건을 탓하는 것을 멈춥니다. 상대방이나 조건을 원망하고 탓하다 보면 작은 일이 커지기도 합니다. 또, '화'라는 힘을 써서 누군가를 억지로 움직이게 하는 일은 누구에게도 이롭지 않습니다.

시선을 바깥에서 안으로 돌립니다. '내가 무엇을 원하고 있는가?'를 찾아보고, 그것에 의식을 모읍니다. 원하는 것이 무엇인지를 정확하게 알고 난 뒤에는 느낌을 솔직하게 표현하되, 말하는 데 주의를 기울여야 합니다. "네가 ~해서 화가 난다."가 아니라, "나는 ~하기를 기대했는데, ~을 충족하지 못해서 화가 난다."라고 말하는 것입니다. 예를 들어 "네가 네 것만 챙기니까 일이 이렇게 됐잖아."라고 말하는 대신 " 네가 친구들과 함께하기를 바랐는데, 그 기대가 어그러져 화가 났다."라고 말합니다. "네가 늦게 내서 화가 났다."라고 말하는 대신 "기한 내에 성적 처리를 하길 원했는데, 그걸 하지 못해 화가 났다."라고 말합니다. 이렇게 내가 원하는 것을 충족하지 못해 화가 났음을 알립니다.

상대방이 어떤 말이나 행동을 하기를 원했기 때문이라는 것을 알았다면 그것을 위해 힘을 씁니다. '문제 행동'이라고 칭하는 것들을 '낯선 행동'으로 볼 것을 당부했습니다. '문제 행동 → 화'에서 '낯선 행동 → 호기심·관심'으로 전환하기 위함입니다. 상대방이 변화를 일으키는 데 도움이나 협조를 얻을 수 있기 때문입니다.

"분노를 마음에 품고 하룻밤을 넘기지 말라."라는 말이 있습니다. 5분 이상 지속되는 분노, 특정 대상, 특정 상황에 되풀이되는 화는 성찰이 필요합니다. 내가 무엇을 그리도 중요하게 생각하는지, 어떤 도움이 필요한지 확실하게 알 수 있는 기회입니다. 누군가의 탓으로 돌려 미워하고 원망하기에는 시간이 너무도 아깝습니다. 화를 제때 풀어내지 못하고 마음에 쌓아 두면 원망과 미움이 독으로 자라납니다. 윌리엄 블레이크(William Blake)는 그것의 위험성에 대해 이렇게 경고합니다.

독나무
윌리엄 블레이크

나는 친구에게 화가 났다
화가 난 것을 말했더니
화가 사라졌다
적에게 화가 났다
화가 난 것을 말하지 않자
화는 커져만 갔다

나는 두려움에 떨며
밤낮으로 화에 눈물로 물을 주었다
그리고 미소와 부드러운 위선으로 햇빛을 주었다

화는 밤낮으로 자라더니
이내 빛나는 사과가 되었다

적도 빛나는 사과를 보았고

내 것임을 알았다

캄캄한 밤에

적이 몰래 정원으로 들어왔다

아침에 나는 기뻤다

적이 나무 아래 뻗어 있는 것을 보고

화를 품고 사는 것은 내 안에 독나무를 키우는 것처럼 위험한 일이라고 시인은 말합니다. 마음에 화를 품으면 누군가에 대한 원망과 미움이 자라나 두려움과 슬픔, 웃음과 부드러운 위선으로 가식적인 삶을 살면서 상대방을 죽음으로 내몰 수 있다고 말합니다. 분노는 마음에서 상대방을 죽이기도 하지만 나를 죽이기도 합니다.

기대가 틀어져 분노와 원망으로 시간을 보냈던 적이 있습니다. 그것들을 흰 종이 위에 가득 써 내려가자 내가 무엇을 원하는지를 알 수 있었습니다. '내가 이토록 간절한 마음을 갖고 있구나.'를 깨닫자 하염없이 눈물이 흘렀습니다. 기대가 분노로 원망, 절망으로 변했다가 다시 열망과 희망이 되어 솟구쳤습니다. 책상 앞에 앉아 원고를 쓰고 있는 딸을 향해 "무슨 공부를 그렇게 열심히 하냐? 학생 때 그렇게 좀 하지."라며 놀라던 어머니의 말씀이 떠오릅니다. 제가 쓴 두 권의 책은 '분노'를 '열정'으로 바꾼 결과물입니다.

분노를 열정으로 바꾸는 5단계를 연습해 볼까요?

상황 1: 부서를 옮겼는데 전 부서에서 맡았던 업무를 새로운 부서로 이관해 두 가지 업무를 맡게 되었다. 전 부서 부장이 이관을 적극적으로 주장했다고 한다. 화가 나서 전 부서 부장을 찾아가 "선생님 쪽 부서 일이 왜 저한테 왔나요?"라고 묻자 "선생님이 새로 맡은 업무하고 연관성도 있고, 선생님이 그 일에 전문가잖아요."라고 대답했다. 그 말을 듣고 화가 폭발해서 "그 일이 얼마나 힘든지 선생님이 누구보다 잘 아시잖아요. 선생님더러 그 두 가지 업무를 하라면 하시겠어요?"라고 따졌다. 그랬더니 "선생님이 그 일을 열심히 하시고 보람을 느끼셔서 좋아하시는 줄 알았어요."라고 말하는 게 아닌가. 기가 막혀 "선생님이 한번 그 두 가지 일을 해 보세요. 보람을 느끼고 좋아할 수 있는지."라고 화를 내며 소리쳤다.

1단계: 화가 난 것, 즉 감정의 신호등에 빨간불이 켜진 것을 알아차리면 말과 행동을 멈춥니다. 크게 숨을 내쉬고 들이마십니다.

1) 화가 나는 신호를 몸에서 알아차립니다.

화가 나면 얼굴이나 몸에 그 징표가 나타납니다. 얼굴이 달아오르거나 눈꼬리가 올라갑니다. 심장 박동이 빨라지면서 몸에 힘이 들어가 손을 꽉 쥐게 됩니다. 말이 빨라지고 호흡이 거칠어지고 걸음도 빨라집니다. 화가 났을 때 몸에서 일어나는 변화는 사람마다 다릅니다. 몸의 변화를 잘 지켜보시기 바랍니다.

2) 심호흡을 하면 화가 조금씩 가라앉습니다.

말이나 행동을 멈추고, 자리를 옮길 것을 권합니다. 다른 장소로 가거나 화장실로 가서 손을 씻는 것도 한 방법입니다. 마음이 안정될 때까지 어깨를 높이 올렸다 내리며 심호흡을 합니다. 바깥으로 나가 잠시 걷는 것도 도움이 됩니다.

2단계: 화나게 하는 생각을 찾아봅니다.

예) '자기 부서 일을 말도 없이 떠넘기다니 교활하다.'
　　'얌체다.'
　　'일을 열심히 하고 보람을 느끼는 것 같다고 일을 떠맡겨? 핑계도 가지가지다.'

'부장 회의에서 논의했을 텐데, 다른 부서로 이관할 수 있도록 뭔가 수를 썼음이 분명해.'

'이번에 맡은 일은 처음 하는 일이라 걱정스러운데 두 가지 일을 하라는 건 둘 다 망치라는 거지.'

3단계: 느낌과 원하는 것을 찾고, 그것을 말하기 전에 상대방의 처지, 원하는 것을 알아봅니다.

1) 느낌과 필요를 찾아봅니다.

- '자기 부서 일을 말도 없이 떠넘기다니 교활하다.'
  - -열받는, 분한 등
  - -예측 가능성 대화

- '다른 사람이 힘든 줄을 모른다.'
  - -속상한, 억울한, 야속한 등
  - -이해, 관심

- '일을 열심히 하고 보람을 느끼는 것 같다고 일을 떠맡겨? 핑계도 가지가지다.'
  - -기가 막힌, 억울한 등
  - -존중, 인정

- '부장 회의에서 논의했을 텐데, 다른 부서로 이관할 수 있도록 뭔가 수를 썼음이 분명해.'
  - -분한, 밥맛 떨어지는, 좌절한 등
  - -공동체, 신뢰, 참여

- '이번에 맡은 일은 처음 하는 일이라 걱정스러운데 두 가지 일을 하라는 건 둘 다 망치라는 거지.'
  - -기가 막힌, 걱정되는, 불안한 등
  - -자기표현, 효능감, 여유

2) 상대방은 무엇을 원했는지 추측해 봅니다.

자신이 원하는 것을 알고 나면 상대방이 왜 그랬는지를 알아보고 싶은 마음의 여유가 생깁니다. 상대방이 원하는 것을 알고서 말하는 기운은 다릅니다. 상대방의 마음을 헤아리고 말을 하면 상대방도 그 말에 귀를 기울일 가능성이 큽니다.

상대방이 한 말

- "선생님이 새로 맡은 업무하고 연관성도 있고, 선생님이 그 일에 전문가잖아요."—효율성, 신뢰
- "선생님이 그 일을 열심히 하시고 보람을 느끼셔서 좋아하시는 줄 알았어요."—인정

4단계: 화가 났을 때를 기록으로 남기시기 바랍니다. 분노 일지는 메모 형식으로 쓸 것을 권합니다. 기록을 하면 자신의 분노 유형을 알 수 있고, 어떤 말이나 행동에 자극을 받고 있는지도 알 수 있어 분노를 조절하는 데 도움이 됩니다. 화를 일으키는 생각, 신념을 성찰할 수 있어 분노의 뿌리를 볼 수 있습니다.

분노 일지

---

① 상황
② 장소
③ 연관된 사람
④ 분노 강도(1~10)
⑤ 비난하는 말들 적기, 그중에 내가 원하는 것은 무엇이었는지 찾아보기
⑥ 상대방이 한 말이나 행동 적기, 상대방이 원하는 것은 무엇이었는지도 찾아보기
⑦ 말하고 싶은 것을 소리 내어 말하기

5단계: 자신의 '느낌'과 충족하지 못한 '필요'를 말로 표현합니다. 자신의 분노를 제대로 표현하는 것이 중요합니다. 원하는 것과 느낌을 표현하는 것이 목

적이므로 공격적인 의도가 없습니다. 상대방이 원하는 것도 의식하며 말합니다. 분노가 가라앉고 내가 원하는 것에 마음의 초점이 모였다는 생각이 들면 상대방도 편하다고 여겨지는 시간을 알아보고 대화를 요청합니다.

이제 자신의 분노를 온전히 표현하기 위해 말을 합니다. 느낌과 필요를 의식하고 그것을 솔직하게 표현하는 것은 "선생님이 한번 그 두 가지 일을 해 보세요. 보람을 느끼고 좋아할 수 있는지."라고 말하는 것보다 용기가 필요합니다.

예) "선생님, 부서를 옮겼는데 그 전 부서에서 맡았던 일이 그대로 옮겨 온 것을 보고 정말 깜짝 놀랐고 화가 났어요. 그 일을 혼자서 해내느라 무척 힘들었는데 또 내가 해야 한다고 생각하니 야속하기까지 하더라고요. 새로 맡은 업무도 처음 해 보는 일이라 배우고 익혀 가면서 제대로 해낼 수 있을지 걱정되는데, 전에 하던 일까지 그대로 오니까 양어깨에 무거운 돌을 하나씩 얹어 놓은 것 같은 느낌이라 기가 막히더라고요. 제 말에 대해 어떻게 생각하세요?"

෨♥ঙ

> **상황 2:** 자기소개서를 쓰는 수행 평가를 하기 위해 여러 가지 준비를 했습니다. 무얼 써야 할지 모르겠다는 학생들에게 써야 할 내용을 항목별로 추려 제시했고 진로와 관련된 사이트를 소개했습니다. 대학 진학 외에도 직업을 가지려면 자기소개서가 필요하다는 것을 강조했습니다. 자기소개서 양식을 나눠 주고 있는데 한 학생이 받은 종이를 구기더니 책상 위로 던졌습니다.

1단계

1) 화가 나는 신호를 몸에서 알아차립니다.

머리 위로 열이 확 솟구치는 것을 느꼈습니다. 눈이 커지는 것도 알 수 있었습니다. 목에서도 뜨거운 것이 올라왔습니다. 소리를 지르고 싶은 충동도 일어났습니다.

2) 심호흡을 하면 긴장이 풀립니다.

가슴을 크게 부풀려 세 번 숨을 쉬고 나자 열이 조금은 내려가는 것을 느꼈습니다. 스스로에게 속으로 말했습니다. '왜 저런 행동을 할까?'라고 생각하자 열이 확 내려가는 것을 느꼈습니다.

2단계

나를 화나게 하는 생각: '나를 무시하는 행동이다.', '얼마나 애써서 만든 것들인데.'

3단계

1) 내 느낌과 필요를 찾아봅니다.

- '나를 무시하는 행동이다.'
  - -놀란, 끓어오르는 등
  - -수용, 존중
- '얼마나 애써서 만든 것들인데.'
  - -속상한, 좌절한 등
  - -인정, 관심

2) 상대방은 무엇을 원했는지 추측해 봅니다.

- 받은 종이를 구겨서 던졌다.
  - -귀찮은, 성가신, 지겨운, 짜증 나는 등

-자율성 존중/휴식

4단계

분노 일지

① **상황**: 자기소개서 양식을 나눠 주는데 한 학생이 그걸 받더니 구겨 책상 위로 던졌다.

② **장소**: ○반 교실

③ **연관된 사람**: 김○○

④ **분노 강도(1~10)**: 7

⑤ **비난하는 말들 적기, 그중에 내가 원하는 것은 무엇이었는지 찾아보기**

• '나를 무시하는 행동이다.'

• '얼마나 애써서 만든 것들인데.'

→ 수용, 존중, 인정, 보람

⑥ **상대방이 한 말이나 행동 적기, 상대방이 원하는 것은 무엇이었는지도 찾아보기**

• 받은 종이를 구겨서 던졌다.

→ 자율성 존중/휴식

⑦ **말하고 싶은 것을 소리 내어 말하기**

5단계: ○○와 대화를 해 보니 이해도 안 가고 재미도 없고 해서 순간적으로 한 행동이었음을 인정했습니다. 자신은 대학엘 안 간다며 무엇을 원하는지 모르겠다고 말했습니다. 취직할 때도 자기소개서가 필요한 것은 알지만 쓰기 어려워 누군가가 도와주면 쓰고 싶다고 말했습니다. "왜 그랬니?" 라고 추궁을 했다면 서로 얼굴 붉힐 일이 일어났을 수도 있었습니다. 상대방이 원하는 것을 묻자 진심을 만날 수 있었습니다.

> 예) "○○야, 네가 자소서 양식을 구겨서 버리는 것을 보니 마음이 아프다. 너희에게 도움을 주고 싶어서 내가 무척 애써서 만든 것이 거든. 네가 무엇을 원하는지를 알고 싶다."

화를 내는 학생

학생이 화를 내며 대들 때 감당하기 어렵다는 말을 많이 듣습니다. 화를 받는 입장이 되면 정말 괴롭습니다. 상대방이 누구든 화를 내면 놀라고 당황스러워 순간적으로 어떻게 대처해야 할지 모릅니다. 이때 똑같이 화를 내며 맞서기 쉬운데 "2차 화살을 맞지 말라."는 말을 떠올립니다. 상대방의 화가 '1차 화살'이라면 내가 그 자극에 대해 부정적으로 생각하는 것이 '2차 화살'입니다. 상대방과 서로 맞서게 되는 것은 2차 화살 때문이었습니다.

2차 화살을 맞지 않으려면 공부와 연습이 필요합니다. 화가 난 상황도 살펴야 했지만 '질풍노도'라고 불리는 시기에 대한 공부도 도움이 되었습니다. 깨어 있는 시간 대부분을 학교에서 보내고 있고 가족보다 더 많은 시간을 함께하는 학생들과 편하게 지내고 싶었기 때문입니다. 상대방을 알수록 이해가 깊어졌고, 이해가 깊어지면 공감으로 갔습니다.

"400년 전, 셰익스피어는 『겨울 이야기』라는 작품에서 어느 나이든 목자의 이야기를 이렇게 전했다. '열 살과 스물세 살이라는 나이 사이의 세월이 없었으면 좋겠네. 아니면 청춘이라는 시간이 남은 일생 동안 줄곧 별도의 공백 속에 잠들어 있거나. 그 시기에 하는 일이라고는 여자에게 아이를 배게 하거나, 노인들에게 욕지거리를 내뱉거나, 훔치고 싸움박질하는 것밖에 없으니 말일세.' 또한 2500년 전, 소크라테스는 청소년들을 '부모에게 반발하며 스승을 괴롭히는 성향이 짙은

이들'이라고 묘사했다. 어쩌면 청소년은 어른에게 인내와 이해심을 요구하는 존재인지도 모른다."라는 글을 읽었습니다.

"하버드대 신경심리학 교수들은 성인과 청소년 실험자에게 사진 속의 인물을 보여 준 뒤 인물들이 어떤 감정을 표현하고 있는지를 물어봤습니다. 청소년들은 성인들이 쉽게 맞히는 문제를 제대로 대답하지 못한 경우가 많았습니다. 타인의 감정을 잘 읽어 내지 못하는 것이었습니다. 실험자의 뇌를 자기 공명 영상(MRI)으로 촬영한 결과 그 이유가 밝혀졌습니다. 성인은 이성적 판단을 관장하는 뇌 부위인 전두엽을 사용했지만 아직 성장기인 청소년들은 그러지 못했습니다. 또한 청소년들은 성인보다 남성 호르몬의 분비가 왕성해 분노와 짜증을 담당하는 아몬드 모양의 뇌 속 편도체가 늘 자극받고 있다는 것도 증명됐습니다."라는 글도 있습니다.

선생님들께 『청소년, 코끼리에 맞서다』라는 책을 추천합니다. 프랑스 일간지 「리베라시옹」의 과학 전문 기자인 지은이는 셰익스피어도 소크라테스도 이해하지 못한 청소년들의 이상 행동을 과학적으로 설명합니다. '뇌 과학을 통해 청소년을 통찰한다'라는 부제가 붙어 있는 이 책은 청소년기 아이들의 몸과 마음에 나타나는 다양한 변화들과 그 이유를 뇌 과학을 비롯해 인류학, 생물학, 진화론에 이르기까지 다양한 분야의 연구 사례를 통해 이해하기 쉽게 설명합니다. 우리를 당황스럽게 만드는 청소년들의 생각과 감정, 행동을 과학적으로 설명함으로써 오해와 편견을 깰 수 있게 해 줍니다.

학생이 교사에게 불손한 말을 하거나 태도를 보이면 그것을 꾸짖던 시대는 지나갔습니다. 어떤 선한 의도를 가지고 있든 화를 내면서 지도하면 누구에게도 득이 되지 않는다는 사실을 잘 알기 때문입니다. '저런 말이나 행동을 하는 속내가 무엇인가? 어떻게 지도하는 것이 효율적인가?'를 고민하는 것이 효과적입니다. 혼내고 야단치는 것은 지도라기보다 '감정풀이'라는 것이 밝혀져 '인간관계 공부'로 방향을 돌리고 있습니다.

그럼에도 화를 내는 학생, 학부모, 동료를 대하는 일은 쉽지 않습니다. 자녀 지도에 불만을 품은 학부모가 낮술을 먹고 학생부에 들이닥치다시피 했던 적이 있습니다. 무서워서 옆 교무실로 피신한 저를 보고 선배 선생님이 "김 선생, 저렇게 눈에 보이게 화내는 사람은 쉬워. 불이 난 것을 알았으니 끄면 되잖아. 정말 무서운 것은 보이지 않는 화야."라고 말씀하셨습니다.

백일장에서 「미소」라는 제목으로 쓴 학생의 콩트 작품을 읽고 그 말의 속뜻을 알게 되었습니다. 주인공은 선생님들의 사랑을 받는 학생으로 교무실 출입이 잦습니다. 그 학생은 교무실을 드나들면서 본 선생님들의 각양각색의 모습을 친구들에게 전달하는데 아주 냉소적인 관점입니다. 평소 선생님들에게 공손한 태도를 보였던 것과는 너무도 다른 모습입니다. 학생들은 선생님들에게 실망하기도 하고 분노하기도 합니다. 그 콩트를 쓴 학생을 불러 물어보니 중학교 때 선생님들에게 사랑을 받았던 친구가 말한 것을 쓴 작품이라며 사실에 가깝다고 말했습니다.

선생님 앞에서 순종적이고 복종적인 태도를 보이는 학생일수록 자신도 모르는 수동적인 분노가 들끓고 있을 가능성이 큽니다. 자기 욕구를 누르고 상대방 욕구에 따른 결과입니다. 수동적인 분노를 일으키지 않으려면 솔직한 자기표현이 중요합니다.

빈 배
장자

한 사람이 작은 배를 타고 강을 건너는데
빈 배가 와서 그의 배와 부딪히면
그가 비록 속 좁은 사람일지라도
화를 내지 않을 것이다.

그러나 그 배 안에 한 사람이라도 있으면
그는 피하라고 소리칠 것이다.
그가 소리쳤는데 듣지 못하면
다시 소리칠 것이고
또 소리치다가
마침내는 욕설을 퍼붓기 시작할 것이다.

이런 일들은 그 배 안에 누군가가 있기 때문이다.
만약 그 배가 비어 있다면
그는 소리치지 않을 것이고 화내지 않을 것이다.

세상의 강을 건너는 자신을 빈 배로 만들 수 있다면
아무도 당신을 해치지 않을 것이다.

「빈 배」를 읽으며 "It's not about me."를 다시금 되새깁니다. 장자가 권하는 것처럼 자신을 빈 배로 만들 수 있다면, 상대방의 배를 빈 배로 볼 수 있다면 상처를 입지도 입히지도 않을 것입니다.

화는 강력한 에너지를 지닌 감정입니다. 그것을 어떻게 풀어내느냐에 따라 독이 될 수도, 약이 될 수도 있습니다. 다른 사람을 비난하고 원망하는 데 힘을 쓸 것인지, 서로의 필요를 채워 가며 삶을 풍요롭게 하는 데 힘을 쓸 것인지는 나의 선택에 달려 있습니다.

1. 화를 일으킨 소재와 원인을 구분하면 화를 풀어낼 수 있습니다.
2. 화를 알아차리기
3. 분노 일지 쓰기가 성찰 일지가 됩니다.
4. 화를 제대로 풀기: 원하는 것을 찾아 말로, 행동으로 옮기기
5. 상대방이 화를 낼 때: 방화범, 소방수 중에 선택하기

11장

힘을 어떻게
쓸 것인가?

선생님, 잘 지내시는지요? 강의 중에 G20 서울 정상 회의 폐막식에서 오바마 대통령이 우리나라 기자들에게 질문권을 주었지만 아무도 질문을 하지 않은 것에 대해 말했던 내용이 숙제처럼 가슴속을 맴돌고 있습니다.

선생님이 그때 그런 말씀을 하셨어요. "한국 기자들이 질문을 하지 못한 데에는 여러 가지 이유가 있겠지만 우리 사회에서 질문을 이의 제기로 불편하게 여기는 관습이 한 원인일 수 있습니다. 어른들 말을 잘 듣고 따르는 것을 미덕으로 들었지 자기표현을 장려 받은 적은 없기 때문이겠지요."

저 역시 집에서는 물론이고 학교에서도 질문을 했던 기억이 없습니다. 질문을 했다가 집에서는 "쓸데없는 것을 묻는다."라는 말을 들었던 것 같고, 학교에서는 '내 실력을 들킬까 봐', '부끄러워서', '선생님이 어떻게 반응할지 몰라서', '튄다고 할까 봐'라고 생각해서 입을 다물었던 것 같습니다. 제가 학생이었을 때도 그랬지만 교사가 된 지금도 질문을 하는 학생은 보기 힘듭니다. 교과 내용에 관한 질문은 간혹 받는데 다른 의견을 제시하는 경우는 거의 없었습니다.

'말하기' 수업에 일부러 '질문하기'를 추가해서 활동을 했습니다. 한 학생이 "질문을 했다가 혼났던 기억이 많다."라고 말하자 여기저기에서 비슷한 불만이 터져 나왔습니다. "어른들 말을 잘 들으라는 말만 들었지, 내 목소리를 내라는 말을 들은 적은 없다."라는 학생들 말에 정말 가슴이 뜨끔했습니다.

학생들이 겪는 일들을 듣다 보니, '일상화된 폭력'이라는 말이 떠올랐습니다. "윗사람이 도처에 있으니 아이들이 약자이고, 불편이 도처에 있으니 장애인이 약자"라는 말을 실감했습니다.

학생들에게 "어떻게 하면 자기 의견을 말할 수 있겠냐?"라고 물었더니, "이래라저래라 하는 말들을 하지 말아 달라.", "무엇을 결정하기 전에 의견을 물어봐 달라.", "실수나 잘못을 다그치면 화가 나서 잘못을 인정하는 마음이 사라진다. 내 얘기를 들어 주는 친구에게 말하다 보면 내 잘못이나 실수를 깨닫게 된다.", "말이 되든 안 되든 어른들이 우리 말을 들어만 주는 시간이 있었으면 한다." 등 여러 의견이 나왔습니다.

집에서는 자녀들에게, 학교에서는 학생들에게 나는 어떻게 말하고 행동했는지 돌아보는 계기가 되었습니다. 학생들의 말을 들으면서 세상이 많이 달라졌다지만 '아직까지도 우리는 어린 사람, 약자가 입을 열기 어려운 사회구나.'라는 생각이 들었습니다. "자녀들이, 학생들이 자기 목소리를 내게 하려면 어떻게 해야 할까?"라는 질문을 삶의 화두로 삼으려고 합니다. "누구든 말할 수 있고, 어떤 내용이든 들어 주는 세상을 꿈꾼다."라는 선생님의 목소리가 여기저기 울려 퍼지기를 바랍니다.

선생님, G20 서울 정상 회의 폐막식 일화가 가슴에 남아 있으시군요. 저도 한국 기자들이 질문을 안 하는 것이 충격이었습니다. 질문 기회를 받은 한국 기자들이 가만히 있자 중국 기자가 손을 번쩍 들더군요. 오바마 대통령이 거듭 한국 기자들에게 질문을 요청했지만 아무도 손을 들지 않아 질문은 결국 중국 기자에게 넘어갔습니다. 그것을 보면서 안타깝기도 하고 화가 나기도 했지만 그 이유를 곰곰이 따져 보면서 슬펐습니다. 입을 다문 한국 기자들은 우리 아들딸들이고 우리가 가르친 학생들이니 우리 책임이라는 생각이 들었습니다.

일상생활에서든 배움의 장에서든 질문은 사고의 확장과 배움을 얻을 수 있고 사실 확인을 위해 꼭 필요합니다. 질문을 해서 확인하지 않으면 추측이나 해석이 무성해져서 오해나 왜곡이 싹트기 쉽고 잘못된 판단을 하기 쉽습니다. 질의응답으로 무언가를 확실하게 알 수 있고, 문제 해결을 돕고, 소통을 효율적으로 할 수 있습니다.

『아웃라이어』라는 책에는 권력간격지수(Power Distance Index)라는 용어가 나옵니다. 전 세계 비행기 조종사들이 특정 문화에서 위계질서와 권위를 얼마나 존중하는지 나타내는 지수입니다. 국가별 비행기 추락 사고 발생 빈도와의 연관성을 알아보기 위한 조사라고 합니다. 권력간격지수는 "직원들이 관리자의 의견에 동의하지 않지만 두려움 때문에 그것을 드러내지 않는 일이 얼마나 자주 발생하는가?"라는 질문으로 측정한다고 합니다. 우리나라 권력간격지수가 브라질 다음으로 높아 세계 2위였습니다.

서울에서 괌으로 간 비행기 추락 사고로 탑승객 228명이 사망한 적이 있습니다. 『아웃라이어』에서는 당시 비행기 블랙박스 녹음을 근거로 기장의 오판을 부기장과 조종사가 에둘러 말했던 것을 사고의 원인으로 들었습니다. 『원하는 것을 얻는 법』이란 책의 저자도 우리나라에서 워크숍을 진행했을 때 회사 대표만 말하고 다른 사람들은 모두 입을 다물고 있던 것을 언급했습니다.

공동체의 건강과 성장은 힘이 약한 사람이 솔직하게 자기표현을 할 수 있을 때 가능하다고 합니다. 나이, 지위, 역할을 떠나 상대에 대한 존중과 신뢰가 바탕이 되어 있을 때 솔직하게 의사 표현을 할 수 있기 때문입니다. 선생님께서 수업하는 교실에서 학생들이 마음껏 불평불만을 토해 냈다는 것에서 그 가능성을 봅니다.

선생님께서 입을 다물었던 과거처럼 저 역시 그런 적이 많았습니다. 결혼을 앞두고 언니한테 "너는 하고 싶은 말은 꿈에서도 하는 애니까 남편한테 숨길 생각 마라."라는 말을 들었던 저였는데 말입니다. "버릇 없다.", "나댄다.", "잘난 척한다."라는 지적을 받으면서 점점 말하기를 눌렀습니다.

선생님들에게 "학생들이 말을 하지 않아 답답하다.", "학생들이 말을 함부로 해서 마음이 상했다."라는 말을 듣곤 합니다. 자기표현을 제대로 하는 법을 배우지 못한 데다 선생님 말씀대로 "어른들 말을 잘 들어야 한다."라는 관습이 한 원인일 것입니다. '일상화된 폭력'이라는 표현을 읽으면서 저 역시 마음이 착잡했습니다.

생명체에게 중요한 것은 '생존'과 '번식'이라고 배웠습니다. 어른들이 아이들에게 당부하는 말들도 결국 '생존'과 '번식'을 위한 것입니다. 아이들이 어릴 때는 주로 '안전'과 '안정'을 위해 주의해야 하는 것들을 많이 말하고, 학교에 가면 '배움'이나 '성장'을 위해 노력해야 한다는 충고나 조언을 많이 합니다.

사랑과 관심에서 하는 말인데 아이들이 잔소리나 강요로 듣는 이유는 무엇일까요? 여러 가지 이유가 있겠지만 어른들이 말하기를 독점하기 때문이라고 봅니다. 자녀들을 위해 학생들을 위해 "유익한 일이니 해야 한다.", "해로우니 하지 말아야 한다."라며 밀어붙이기 쉽습니다. 일방적인 말하기는 힘을 일방적으로 쓰고 있는 한 예입니다.

힘을 함께 쓰려면 말하기에 앞서 상황을 살피는 것이 먼저라고 봅니다. 듣는 이의 상황이나 처지, 준비됐나를 고려하여 함께 의논하고 선택합니다. 아이들은 존중과 함께 힘을 함께 쓰는 법을 배우게 됩니다. 예를 들어 수업 시간에 계속 잠을 자거나 반항을 일삼는 아이가 있다면 어떻게 하는 것이 힘을 함께 쓰는 것일까요? 그 아이의 환경적·심리적 상황을 알아본 뒤에 대화하는 것입니다. 어쩌면 그 아이도 노랫말에 나오는 아이처럼 슬픔이나 불안을 잠으로 풀고 있는지도 모르니까요. 사실 그럴 가능성이 큽니다.

손가락질 마 송

송형호

잠자는 기계냐고 손가락질 마
서글픔을 잊는 데는 잠이 최고야
까칠한 아이라고 손가락질 마
슬픔이 가시 되어 돋아나는 걸

(······)

바로잡아야 할 아이들의 말이나 행동이 그 아이의 힘든 내면의 표현이라는 것을 알게 되면 어떻게 할까요? 함부로 말하고 행동하는 것이 그 아이의 서툰 표현이라는 것을 이해한다면 어떤 말을 하게 될까요? 이런저런 조언을 하기보다 그 학생의 괴로움이나 아픔에 먼저 마음이 가겠지요. 주의 깊게 살펴보다 대화를 시도하고, 말하기보다 듣기를 선택하게 될 것입니다. 조언이, 심지어는 위로마저 상대방을 더 아프게 찌를 수도 있다는 사실을 알게 된다면 말을 들어 주는 것으로 대화를 마칠 것입니다.

말썽꾸러기들과 편하게 잘 지내는 선배 선생님께 "꾸러기들하고 잘 지내는 비결이 무엇이냐?"라고 물은 적이 있습니다. 선배님은 "걔들이 어떤 말을 하든 편하게 받는다. 친구라고 생각하면 화날 일이 별로 없다."라고 말하시더군요. 그 말을 듣고 "아!" 하고 탄성을 질렀던 기억이 새롭습니다. 친구라고 생각하면 그 어떤 관계보다 편하게 말하고 듣겠지요. 힘이 한쪽으로 쏠려 있지 않기 때문입니다.

말할 수 있어야 삶에 필요한 것들을 얻을 수 있습니다. 아이들이 누구에게든 자기 생각을 자유롭게 말할 수 있다면 생명 활동이 활발해지겠지요. 부모님이나 선생님, 어른들이 함께 힘을 쓴다면 아이들이 자유롭게 말할 수 있는 힘을 갖게 됩니다. 아이들이 그런 권리를 어렸을 적부터 누릴 수 있다면 상처 주는 말하기, 상처 받는 듣기는 많이 줄어들 것입니다.

"자녀들이, 학생들이 자기 목소리를 내게 하려면 어떻게 해야 할까?"라는 질문을 삶의 화두로 삼으려고 한다는 말씀이 가슴에 잔잔한 파문을 일으킵니다. "누구든 말할 수 있고, 어떤 내용이든 들어 주는 세상을 꿈꾼다."라는 저의 꿈과 순하게 겹치네요. 그 겹침이 작은 불빛이 될 수 있다는 믿음이 생깁니다. 선생님과 함께 걸으니 힘이 납니다.

남을 지배하는 이는 혼돈 가운데 있고
남에게 지배받는 이는 슬픔 속에 있네.
남을 지배하려 들지 말고 남에게 종속되지도 마라.
-장자-

내가 쓰고 있는 힘 알아채기

우리가 맺고 있는 모든 관계에는 힘이 작용하고 있습니다. 힘을 쓰기도 하고 힘에 당하기도 합니다. '갑을 관계'라는 말이 그것을 말해 주고 있습니다. 어디에선가는 갑이 되고 다른 곳에서는 을이 되기도 합니다. '가족 세우기'를 해 보면 가족관계에서 어떤 힘들을 주고받고 있는지 드러납니다. 가족 구성원들이 힘을 어떻게 쓰느냐에 따라 가족 간에 불화로 드러나기도 하고 사랑으로 드러나기도 합니다.

소설 「우상의 눈물」, 『우리들의 일그러진 영웅』에는 교실 안에서 작용하고 있는 힘의 양상이 잘 드러나 있습니다. 「우상의 눈물」은 불법적인 폭력을 휘두르는 기표, 학급의 평화를 위한다는 명목을 내세워 합법적인 폭력으로 기표를 쫓아내는 담임, 담임의 힘에 기대어 힘을 휘두르는 반장 형우, 힘에 굴복하는 눈치 빠른 유대, 돈으로 담임과 거래하는 유대 어머니를 통해 여러 가지 힘의 모습을 보여 주고 있습니다.

『우리들의 일그러진 영웅』에서는 엄석대라는 학생이 폭력을 휘두르고 '나'는 거기에 저항하다 굴복하면서 편안한 학급 생활을 합니다. 그런데 새로 부임한 담임에 의해 석대의 성적 조작 사실이 밝혀지면서 석대는 교실을 뛰쳐나가 그길로 사라집니다. 학생들은 새로운 담임의 권력 아래 길들여집니다.

이 두 소설은 친구들에게 힘을 휘두르는 학생들과 그들에게 동조하여 힘을 행사하는 인물들이 합법적 힘을 가진 담임 선생님과 그에 동조하는 학생에 의해 무너지고 평범한 학생들은 새로운 힘에 복종하는 모습을 보여 줍니다. 물리적인 힘은 물론이고 질서와 안정이라는 이름으로 사람들을 획일적으로 길들이고자 하는 합법적인 힘마저도 누군가에게는 억압과 폭력이 될 수 있다는 것을 보여 줍니다.

담임을 맡자 학급에서 벌어지는 힘의 양상들이 눈에 들어왔습니다. 내가 휘두르는 힘도 있었지만, 학생들 사이에서도 공식적으로, 비공식적으로 행사하는 힘이 있었습니다. 그리고 그 힘에 편승해 자기를 보호하려는 학생들과 힘에 눌려 기 죽은 학생들이 있었습니다. 어떤 힘이든 그 힘의 위력을 알아차리지 못하면 폭력으로 흐르기 쉬웠습니다.

수업 태도 불량에 지각·조퇴·결과를 수시로 하는 데다 폭력을 휘두르는 학생이 있었습니다. 힘이 약한 학생을 폭행한 것에 화가 치밀었습니다. 왜 그 아이를 때렸는지 이런저런 이유를 들기에 "걔가 너보다 힘이 셌다면 주먹을 휘둘렀겠어? 너보다 힘이 약하니까 때렸지. 말을 할수록 네 비겁함이 드러난다."라고 말하자 그 학생은 "제가 왜 비겁해요?"라고 소리를 높였습니다. 저도 지지 않고 "약한 친구를 때린 게 비겁한 거지. 아니야?"라고 받아쳤습니다. 그러자 "선생님은 비겁하지 않은 줄 아나 봐요."라고 비웃었습니다. 열이 뻗쳐 "그게 무슨 소리야?"라고 외치자 "저한테 이러고 있는 거 비겁한 거잖아요. 제가 학생이니까, 힘이 없으니까 이러잖아요. 교장 선생님한테 이럴 수 있어요?"라고 받았습니다. "너, 지금 그걸 말이라고 하는 거야? 친구를 때려 놓고⋯⋯?"라고 말하며 제 손이 올라가려는 순간 학생들이 옆에서 말렸습니다. 그 학생은 "이놈의 학교, 치사해서 그만둔다."라고 소리치며 교실을 나갔고 저는 분에 못 이겨 "너, 그 말에 책임져!"라고 소리를 질렀습니다.

한 시간쯤 지났나? 친구들 손에 이끌려 그 학생이 교무실 제 자리로 왔습니다. "선생님, 제가 잘못했어요. 친구들 말을 들어 보니 제가 너무 심했어요. 제 잘못은 인정 않고 선생님께 그런 말을 해서 죄송합니다."라며 고개를 숙였습니다. 순간 안도감과 함께 왠지 모를 민망함, 부끄러움, 참담함을 느꼈습니다. 제가 휘두른 힘과 그 학생과 친구들이 보여 준 힘의 차이를 확실하게 깨달았기 때문입니다.

학생을 불러 그 일에 대해 사과하자 "선생님은 직설적으로 화를 내서 힘들기는 하지만 편한 면도 있어요. 말을 돌려 가며 비웃는 것이 더 힘들어요."라고 저를 위로했지만 학생과 힘겨루기를 한 그 사건은 내

내 부끄러운 기억으로 남아 있습니다.

모임이나 회의에서 결정권이 있으면 힘을 행사하는 사람입니다. 발언을 많이 하는 것도 힘을 행사하는 일입니다. 결정권도 없고 듣기만 하는 사람은 힘에 당하는 입장이기 쉽습니다. 교사는 수업을 진행하는 권위자로, 조회·종례를 통해 지시 사항을 전달하며 힘을 행사합니다.

이런 말을 하면 억울해하는 선생님도 계십니다. 기세등등한 학생들에게 시달리다 보면 학생들의 힘에 눌리고 있다는 생각이 들기 때문인 듯합니다. 하지만 학교 내에서 인사 고과라는 교사 평가권을 가진 교장 선생님이 최고 권력자이듯, 교사도 학생 평가권이 있고 생활 기록부를 작성하는 입장이기에 학생과의 관계에서는 힘을 가지고 있는 사람입니다.

요즘에는 학부모들 중에 활발한 의사 표현으로 선생님들을 힘들게 하는 경우가 많다고 합니다. 어떤 경우에는 그 발언이 황당해서 같은 학부모 입장에서도 기가 막힌다는 말을 들었습니다. 학급이나 학교 전체의 상황을 헤아리기보다 내 자녀를 보호하는 데 급급하기 때문에 그런 일이 벌어지기도 합니다. 학부모 역시 '민원인'이라는 표현으로 힘을 갖게 되었는데 본인들은 인정하기 어렵습니다.

"남을 지배하는 이는 혼돈 가운데 있고 남에게 지배받는 이는 슬픔 속에 있다."라는 장자의 말이 시사하는 바가 많습니다. 그 누구도 지배와 종속에 따른 혼돈과 슬픔을 원하지 않을 것입니다. 자기가 지배를 하고 있는지, 지배를 받고 있는지를 알아차리면 힘을 어떻게 써야 할지를 선택할 수 있겠지요. 그렇게 되면 그로 인한 혼돈과 슬픔에서 조금씩 멀어질 수 있겠지요.

한 선생님께 들은 이야기입니다. 무더운 한여름에 문을 열어 놓고 저녁 식사를 하는데 누군가 아파트 문을 발로 차며 "선생 새끼들! 나쁜 놈의 새끼들!"이라고 소리를 지르고 지나갔답니다. 아내가 깜짝 놀라 인터폰 쪽으로 가려 하자 선생님은 "학창 시절에 선생에게 상처 받은 사람일지 몰라." 하며 말렸고, 아내도, 아이들도 가만히 있었다고 합니다. 그날 밤, 선생님은 여러 가지 사건이 떠올라 마음이 착잡해서 깊은 잠을 이룰 수 없었다고 합니다. 부인도 교사였던지라 엎치락뒤치락 좀처럼 잠을 못 이루고 있음을 느꼈다고 했습니다. 그 사건으로 학생들과 갈등이 생겼을 때, 발로 문을 찼던 그 사람을 떠올리면 후회하는 일이 줄어들었다고 했습니다. "그 사람이 그렇게 표현해 주어 고맙다."라는 말로 선생님은 이야기를 마쳤습니다.

내가 어떤 힘을 쓰고 있는지를 알아차리는 것은 쉬운 일이 아닙니다. 상대방의 의사와는 상관없이 상대방을 움직이게 하려는 것은 힘을 쓰고 있는 것입니다. 불이익이나 보복이 두려워서 말하고 움직이고 있다면 힘에 당하고 있는 것입니다. 지금 내가 어떻게 하고 있는지를 알게 되면 선택이 가능합니다.

사람			사람
힘	⇨⇨	수단·방법 ⇦⇦	힘
(의도, 목적)		(말, 행동, 기타)	(의도, 목적)

힘을 어떻게 쓰고 있나요?

힘을 쓰는 방식은 '일방적인 힘쓰기'와 '함께 힘쓰기'라는 두 가지 유형으로 나눌 수 있습니다. '일방적인 힘쓰기'는 자신이 원하는 것, 바람직하다고 여기는 것을 위해 스스로 힘을 쓰거나 다른 사람이 움직여 주기를 요구하는 것입니다. 보호를 위해 일방적인 힘쓰기가 필요한 경우도 있지만 일방적인 힘쓰기는 상대방에게 거부감을 불러일으켜 일의 효율도 낮아지고 관계도 멀어지기 쉽습니다.

선생님이 특별실 청소를 지도하면서 "이건 이렇게 하는 게 낫지."라며 봉지 끈을 풀어서 다시 느슨하게 묶어 보이자 학생이 입을 삐죽이며 볼멘소리로 "그렇게 했는데요."라고 답해서 순간 당황스러웠다고 합니다. "아니, 이건 곧 사용할 건데 네가 꼭 묶어서 풀기 편하게 가볍게 묶으라는 건데 왜 짜증을 내니?"라고 말했는데 학생은 여전히 불만스러운 표정이어서 이해가 안 된다고 말씀하셨습니다.

선생님은 학생에게 지도를 하셨지만 학생은 자신이 뭔가 잘못하고 있다는 메시지로 받아들인 것입니다. '충고·조언'은 지도와 비슷합니다. 잘 안 되고 있는 것에 대해 '이렇게 하면 될 것이다.'라는 의도가 담겨 있습니다. 어떤 맥락에서는 충고·조언을 지적이나 강요로 해석할 수 있습니다. 상대방에게 도움이 될 것으로 여겨져서 말하는 충고·조언마저도 일방적인 힘쓰기가 될 수 있습니다. 그것을 의식하고 말하면 소통에 도움이 됩니다.

'함께 힘쓰기'는 각자 원하는 것을 확인하고 만족할 수 있는 결과를 끌어내기 위해 함께 움직이는 것입니다. 위의 사례에서 선생님이 "소희야, 그거 곧 풀어서 쓸 거야."라고 말하여 학생 스스로 행동할 수 있도록 했으면 어땠을까요? 느슨하게 묶지 않는다면 그때 개입하면 됩니다.

	일방적인 힘쓰기	함께 힘쓰기
뜻	원하는 것을 위해 다른 사람이 움직여 줄 것을 요구하는 것	서로가 만족할 수 있는 수단이나 방법을 찾는 것
목적	힘을 행사하는 사람(단체)의 목적이나 가치	상호 만족
수단·방법	보상, 처벌, 보호	부탁, 선택 자기표현 상대 공감
결과	보상, 처벌—자율성 훼손, 소외와 단절	신뢰와 유대

힘을 함께 쓰려면 자신이나 상대방이 힘으로 누르고 있는지, 힘에 눌리고 있는지를 알아차려야 합니다. 힘에 눌리면 상황과 성향에 따라 움츠림, 작은 목소리, 실수, 긴장, 침묵, 어색한 웃음, 잔기침, 수줍음, 떨림, 고개 숙이고 걷기, 과식, 도벽, 잠자기, 흉보기, 친구·반려동물 괴롭히기, 소리 지르기, 피하기, 일탈 행동, 폭력 등 다양한 반응 및 양상을 보입니다.

이런 모습이 어른들 눈에는 고쳐야 할 행동이지만 아이들의 처지에 선 억눌린 감정을 풀기 위한 행동일 수 있습니다. 가정에서 눌렸던 감정들을 학교에 와서 여러 가지 형태로 풀어내는 학생도 있습니다. 그런 행동을 학생 개인의 잘못으로 치부하면 그 증상을 오히려 악화시킬 수 있습니다.

비난이나 처벌로 그런 행동이 잠시 수그러들지는 몰라도 억눌린 감정은 언제, 어디로 튈지 모릅니다. 이곳에서는 해를 가하는 말이나 행동이지만 다른 관계에서 해를 받은 결과로 보고 상처 회복과 조건 개선에 힘쓸 때 변화를 볼 수 있습니다.

일방적인 힘쓰기에는 '처벌을 위한 힘쓰기'와 '보호를 위한 힘쓰기'가 있습니다. 처벌을 위해 힘을 쓸 때는 나쁘다고 여겨지는 행동을 하는 사람에게 고통을 주려는 의도가 있습니다. 해를 주는 말이나 행동을 한 사람을 나쁘거나 악한 사람으로 보고 벌이라는 고통을 통해 그 사람을 뉘우치게 만들어 행동을 바로잡는다는 것입니다.

벌점을 매기고, 벌점이 쌓이면 처벌 사항을 공지하기도 하고 전학 조처를 하기도 합니다. 처벌은 원한과 적의를 불러일으킨다는 점에서 교육적 효과를 기대할 수 없습니다. 처벌한다고 해서 나아지거나 달라지지 않는 것이 그 증거입니다.

마셜 로젠버그는 처벌을 하기 전에 자신에게 두 가지 질문을 하라고 합니다.

1. 나는 이 사람이 무엇을 하기를 원하는가?
2. 나는 이 사람이 '그것을 하는 이유'가 무엇이기를 바라는가?

질문 2를 풀어 말하면, '내가 부탁한 것을 상대방이 하는 이유가 무엇이기를 바라는가?', 곧 '상대방이 어떤 의도에서 행동하기를 바라는가?'라는 뜻입니다. 두 번째 질문을 던져 보면 벌은 힘에 눌려 두려움이나 죄책감 또는 수치심에 따른 행동을 하게 만듭니다. 자신의 선택에 따라 주도적으로 행동할 수 있는 능력을 오히려 방해한다는 것을 알게 됩니다.

학생이 규칙이나 규율을 어기면 그것들이 공동체에서 필요한 이유를 서로 나눕니다. 어떻게 하면 그것을 지킬 수 있을지를 함께 정하고 교사는 학생의 실천을 도울 방법을 강구합니다. "화장실에서, 학교 뒤편에서 담배를 피워서 야단치고 처벌을 한다? '이건 아니다.'라는 생각이 들었어요. 중국집에 가서 음식을 먹으며 담배에 관해 얘기를 나눴어요. 그 학생이 금연 학교에 가면서 '에이, 선생님 때문이야.'라고 말하면서 안아 주는데 울컥했어요."라는 말을 들었습니다.

보호를 위해 힘을 쓴다는 것은 생명 현상과 인권에 초점을 두고 있습니다. 안전이나 보호를 위해 특정 행동을 취하라고 요구하는 예가 그것입니다. 예를 들면 특정 지역에 운행 속도를 정해 놓는 것, 위험 지역을 표시해 놓고 출입을 금지하는 것 등입니다.

사람이 다치거나 불법이 일어나는 것을 막기 위한 것은 보호를 위한 힘쓰기입니다. 인권과 생명을 보호하기 위해 일방적인 힘쓰기를 사용할 수 있습니다. 위험한 상황에서 보호를 위해 시간을 지체해서는 안 될 때입니다. 한 학생이 다른 학생에게 폭력을 행사하는 장면을 목격했을 때입니다. 강제로 힘을 사용하기로 선택했을 때는 그 선택이 처벌을 위한 것인지, 보호를 위한 것인지 그 의도를 분명히 하고 행동합니다.

교직 초기에는 학생들을 대하는 것이 어렵고 조심스러웠는데 경력이 쌓이다 보니 수업에서는 '먼저 배운 전공자의 권위'로, 학급 운영에서는 '삶의 경험이 많은 선배'로 '이래야 한다. 저래야 한다.'라는 답을 미리 정해 놓고 학생들에게 강요, 명령, 심지어는 협박까지 하는 일이 많아졌습니다.

의욕이 가득 찼던 어느 해 2월, 수업과 학급 운영에 관한 계획들을 세웠습니다. 그 가운데 하나가 학급 학생들을 모둠으로 나누어 같은 책을 한 권씩 읽고, 그달 마지막 토요일 수업이 끝난 뒤 모둠이 돌아가며 발표회를 하는 것이었습니다. 서너 달이 지나자 잘 따라 주던 학생들이 "학원 간다.", "아프다.", "집안 행사가 있다."라며 활동에 빠지더니 급기야 발표를 하기 힘들 정도가 되었습니다. 참다 참다 화가 폭발해 "한 학기에 한 번뿐인데 이걸 못하다니."라며 학생들을 질타하기 시작했습니다.

그때는 제가 일방적인 힘(폭력)을 휘두르고 있다는 것을 전혀 알아채지 못했습니다. 학생들에게 꼭 필요한 일을 하고 있다고 생각했습니다. 근무 시간 외 시간을 내어 발표회를 하고 독려를 위해 상품과 다과까지 준비하는 일이었기에 스스로 흐뭇하기까지 했습니다. 한 치의 망설임도 없이 제가 설정해 놓은 목표를 강요하고 있었습니다.

시간이 한참 지난 뒤에야 이 모든 것이 자기만족임을 알게 되었습니다. 학생들의 동의를 얻었다 해도 학생들은 동의할 수밖에 없는 처지였고, 일방적으로 몰아붙이는 일에 기꺼이 참여할 사람이 있을까요? 보상과 처벌을 강화할수록 학생들끼리 상대방에게 책임을 돌리며 반목이 잦다는 것도 몰랐습니다.

일방적인 힘쓰기는 아무리 좋은 의도에서 시작해도 불만과 갈등을 낳을 수밖에 없다는 것을 알았습니다. 스스로 선택하지 않는 일은 변명, 저항, 무기력으로 간다는 것을 확실하게 알았습니다. 그 후로는 어떤 일이든 제안은 하지만 선택은 학생들이 하도록 했습니다.

힘에 눌려 있으면 의사 표현을 하지 못한다는 것을 알자 어떻게 하면 자유롭게 제대로 말하게 할 수 있을까를 고민하기 시작했습니다. 메일, 쪽지, 모둠이 의논해서 함께 말하기를 활용하고, 혼자 말하기 힘들면 함께 말할 사람을 찾는 것이 중요하다고 강조했습니다. 불가능한 것으로 여겨졌던 일도 함께 말하고 행동하면 가능한 일로 변했다는 것을 예로 들어 말했습니다. 약자로 여겨졌던 사람들이 힘을 함께 쓴 결과를 찾으면서 감동으로 가슴 뭉클했습니다. 그 여운으로 숨을 골랐던 적이 한두 번이 아니었습니다.

신임 선생님들과 학창 시절 선생님에 관한 기억을 나눈 적이 있습니다. 감사했던 기억으로 눈시울이 젖기도 했지만 억울하고 분했던 기억도 많았습니다. 그런 기억들을 나누고 "교사로서 어떤 태도가 필요한가?"라는 질문을 던지자 크게 세 가지로 정리되었습니다.

1. 학생을 동료 교사처럼 존중하기
2. 학생과 말싸움하지 않기＝학생과 힘 겨루지 않기

3. 학생들과 함께 규칙을 정하고 거기에 따르기

이러한 세 가지 결심은 학생들과 생활하면서 또 추가되겠지요. 교직에 이제 첫발을 내딛는 선생님들이 하는 말을 들으며 '왜 나는 저런 생각을 하지 못했을까?'라는 반성으로 부끄러웠습니다. 학창 시절의 아픔이 선생님으로서의 각오를 다지는 데 발판이 된 것을 함께 축하했습니다.

 ## 어떤 힘쓰기를
선택할 것인가?

청소 당번인 학생이 청소를 하지 않고 가 버렸습니다. 학생에게 확인해 보니 학원 숙제를 하기 위해서였습니다. 말이나 행동이 기대와 어긋나면 다음과 같이 두 가지 반응을 보이기 쉽습니다. 자, 어떤 의자에 앉으시겠어요?

1) 비난하는 의자에 앉기

> **상대 탓하기 — 비난·공격**
> • "네가 문제야."
>   -상대방을 꾸짖고 공격하는 데 힘을 쏟는다.
>   -화가 커진다.

- 상대방을 비난·공격합니다. 화가 납니다.

  -'자기가 청소를 안 하고 가면 다른 친구들이 더 하게 될 텐데.'

  (이기적이다. 못됐다.)

  -'학교보다 학원이 더 중요하단 말이야!'

  -'학교 숙제는 제대로 했나?'

- 생각은 일파만파로 점점 확대되어 과거 행적까지 들추어내기도 합니다.

2) 자책하는 의자에 앉기

> **자신 탓하기—자책**
>
> - "내가 문제야."
>
>   -자신을 비난하고 탓하는 데 힘을 쏟는다.
>
>   -우울해진다.

- 내 잘못이라며 자신을 비난합니다. 우울해집니다.

  '내가 그 자리에 있었어야 했는데.'

  '청소 안 한 것으로 이렇게 학생과 실랑이를 하고 있다니 한심하다.'

  '마음 알아주기를 한다고 해 놓고 또 이러네.'

1), 2)를 되풀이하면 울화병이 생기기 쉽습니다.

3) 쉬어 가는 의자에 앉기

> **쉬어 가는 의자**
>
> -호흡을 의식하며 길게 숨을 내뱉습니다.
>
> -힘을 어떻게 쓰고 싶은지 선택합니다.

- 말이나 행동을 멈춥니다.
- 마음이 편해질 때까지 쉽니다.

4) 자기 공감 의자(내 마음을 들여다보는 의자)에 앉기

> **내 마음 알아주기**
>
> - 느낌에 이름 붙이기
>
>   -속상하고 화가 난다.
>
> - 원하는 것 찾아보기
>
>   -교실을 쾌적한 공간으로 만들기 위해 자기가 맡은 구역을 청소하기 바란다.

- 마음이 불편한 순간 내 감정에 이름을 붙이고, 원하는 것이 무엇인지 찾아봅니다.
- 시선을 나에게로 돌리는 것만으로도 감정이 누그러집니다.

5) 상대방 공감 의자(상대방의 마음을 알아보는 의자)에 앉기

> **상대방 마음 알아보기**
>
> • 느낌 추측하기
>
>   -'학원 숙제를 못 해서 불안하고 조급했나?'
>
> • 원하는 것 추측하기
>
>   -'학원 숙제를 하는 것이 중요했나?'
>
> ⇨ 상대방에게 물어보고 대화를 나누는 것에 힘을 쓰기
>   로 결정한다.

• 상대방이 왜 그런 행동을 했을지 헤아려 봅니다.

  -'(상대방에게) 어떤 사정이 있었을까?'

  -'어떤 느낌이었을까?'

  -'무엇을 원했을까?'

6) 초대 의자에 앉기

• 상대방과 상의해 언제, 어디서, 무엇에 대해 대화를 나눌지 정합니다.

  -그 일에 대해 어떠한 사정이 있었는지 묻고, 원하는 것도 듣습니다. 선
   생님이 원하는 것을 말합니다.

  -다음에 청소를 하기 어려운 상황이 되면 어떻게 할지 의견을 나눕니다.

불쾌한 일이 일어났을 때 '네 탓' 또는 '내 탓'으로 돌리면 '벌'을 볼

일이 없어집니다. 불편한 말이나 행동, 사건이 나를 이해할 수 있는 단서입니다. 그 단서가 바로 '별'입니다. 별은 내가 중요하게 여기고 있는 그 무엇입니다. 마음이 불편할 때에는 숨을 길게 내쉽니다. 별을 볼 일 없게 만들 것인가, 별을 딸 것인가? 자동적이고 무의식적인 반응을 멈추면 별을 딸 수 있습니다.

 함께 힘쓸 수 있는 방법: 존중

이모티콘 중에 칩과 데일이 커다란 나뭇잎을 서로 주거니 받거니 하는 그림이 있습니다. 그 이모티콘을 볼 적마다 오고 가는 대화, 힘을 함께 쓰기 등이 떠올라 입꼬리가 올라갑니다. 놀이 기구인 시소도 마찬가지입니다. 올라갔다 내려갔다 하면서 즐기려면 체중이 비슷해야 합니다. 한쪽이 무겁거나 가벼우면 오르락내리락하는 놀이는 불가능합니다. 건강한 관계 맺기의 조건 중 하나가 힘을 함께 쓰는 것입니다.

힘을 함께 쓰는 방법 중 하나가 '존중'입니다. 존중의 뜻을 사전에서 찾아보면 '높이어 귀하고 중요하게 대하는 것'이라고 나옵니다. 일반적으로 나이나 지위 등 여러 가지 면에서 힘의 우위를 차지하고 있을 때는 귀한 대접을 받습니다. 반대의 경우는 어떨까요?

학교 밖으로 나와 보니 누군가를 가르치려 하는 사람을 '꼰대'로 부르며 불쾌해하는 사람이 많았습니다. 내 꾸짖음과 야단을 들어 줄 사람은 단 한 명도 없었습니다. 그런 말들을 학생들에게 매일 하며 살았다니 기가 막힐 일이었습니다. 학생들에게 얼마나 함부로 힘을 썼는지를 깨달았습니다. 더 솔직하게 말하면 학생들을 '하대'했다는 뼈아픈 확인까지 하게 되었습니다. 그것들을 받아 준 학생들에게 고맙고 미안한 마음을 전하고 싶습니다.

　다음은 유치원에 다니는 어린이가 한 말을 시인이자 작곡가가 이야기 시 형태로 재구성해 곡을 붙인 노랫말입니다.

　　왜 국에다 밥 말았어?
　　조민정

　　왜 국에다 밥 말았어?
　　싫단 말이야.
　　이제부턴 나한테
　　물어보고 국에 말아 줘.
　　꼭 그래야 돼.

　　　　　　　　　－『맨날맨날 우리만 자래: 마주이야기로 백창우가 만든 노래』, 보리

　아이가 '나한테 꼭 물어보기'를 당부하고 있습니다. 아이는 의견을 묻지 않고 상대방이 마음대로 결정하는 것에 대해 그러지 말아 달라고 간곡히 부탁하고 있습니다. 강요와 명령에 길들여진 아이는 문제가 생겨도 질문을 하거나 답을 구하지 않습니다. 자신이 진정으로 원하는 것이 무엇인지, 지금 정말 필요한 것이 무엇인지 생각해 본 적이 없기

때문입니다. 이런 상태에 익숙해지면 자기 욕구가 무엇인지 모르게 되어 무조건 따르거나 반항하거나 무기력한 상태로 살아가게 됩니다.

2014년 4월 16일, 대한민국은 충격에 휩싸였습니다. 꽃다운 아이들이 수장되는 모습을 온 국민이 TV 화면을 통해 실시간으로 지켜봤습니다. 믿을 수 없는 현실에 사람들은 크게 분노했고, 분노는 사회 변화에 대한 열망으로 이어졌습니다. 그 과정에서 사람들의 마음에 비수처럼 꽂힌 한마디가 있었습니다. 바로 "가만히 있으라."는 말이었지요. 가만히 있으라는 선장의 말에 순종한 아이들의 이야기를, 그 말에 순종하지 않아 살아남은 다른 아이들에게서 전해 듣는 마음은 참담했습니다. 교육이 서야 할 자리에 대해 커다란 질문을 던져 준 말이었습니다.

아이들이 감각에 열려 있고, 자기 내부에서 일어나고 있는 것에 관심을 가지고 그것을 표현하고 행동하도록 가르쳤더라면 어땠을까 생각해 보곤 합니다. 무엇을 느끼고 있나, 무엇을 원하고 있나에 집중하면 길을 찾을 수 있기 때문입니다. 자유롭게 의견을 나누고 함께 힘을 쓰는 방법을 일찌감치 몸에 익혔더라면 어떻게 됐을까요?

힘을 함께 쓰려면 자신이 원하는 것을 분명하게 알고, 그것을 제대로 표현할 수 있는 능력이 필요합니다. 자신을 제대로 표현하게 되면 다른 사람의 말에도 귀를 기울이게 됩니다. 생명의 소리라는 것을 알고 있기 때문입니다. 이것이 이루어지려면 자유롭게 자신의 의사를 표현할 수 있도록 지지와 격려가 필요합니다. 선생님의 태도에 따라 학생들이 달라지는 사례를 보면 교사의 힘이 크다는 것을 새삼 깨닫습니다.

다음은 선생님들이 들려주신 이야기입니다.

고2 때 담임을 맡았던 학생이 제대하고 학교를 찾아와서 "선생님 덕분에 '체 게바라'라는 별명을 얻었다."라고 하더군요. 제가 담임을 맡으면 반 학생들은 선배들에게 "안됐다."라는 말을 많이 들었어요. 규율을 엄격하게 적용하기도 했지만 다른 반보다 30분 일찍 등교하라고 하고, 예체능계를 지원하는 학생들까지 야자를 하라고 했거든요. 그 학생이 회장이 되었을 때 부회장과 찾아와 제게 건의를 했습니다. "등교 시간을 다른 반처럼 해 달라. 예체능계 지원하는 친구들은 야자를 빼달라."고요. 이유를 물으니 반 아이들이 그 두 가지에 불평불만이 많아서 자기들이 선거 운동을 할 때 그것을 공약으로 내걸었다고 하더군요.

그것을 공약으로 내걸어서 회장, 부회장이 됐다니 학생들의 불만이 얼마나 컸는지 알 수 있었어요. 회장 선거 때 그 학생이 "선생님께 여러분의 뜻을 알려 이뤄질 수 있도록 노력하겠다."라고 하자 아이들이 환호성을 지르며 손뼉을 쳤는데 '그게 그 말이었구나.' 하고 알게 되었지요. 나는 좋다고 세운 방침이지만 누군가에게는 굴레가 될 수 있다는 생각이 들었습니다. 오랫동안 지켜 왔던 방침이었지만 '바꿔야 한다.'라는 생각이 들더군요. 제가 "그래, 그러자."라고 말했더니 엄청 좋아하며 교실로 달려갔어요.

그 학생은 그때의 경험으로 불평불만을 가지고 뒷담화를 하기보다 원하는 것을 말하는 편이 낫다는 것을 배웠다고 했어요. 군 복무 시절 불만 사항에 대해 의견을 내자고 했는데 동료들은 "가만히 있는 게 낫다."라고 말했지만 선임에게 건의를 했답니다. 선임은 "군대에서는 하라는 대로 하는 거다."라는 말을 했대요. 얼마 뒤 회식 자리에서 거절했던 선임의 허락을 받아 그 위 상사에게 의견을 말하자 "그런 일이 있냐?"라며 "생각해 보겠다."라고 하더니 곧바로 시정됐답니다. 그 뒤로 동료들이 그 학생을 '체 게바라'라고 불렀다며 저에게 "감사하다."라는 말을 했을 때 흐뭇했습니다.

₧ℂℓ

'권력'은 정치권에서나 쓰는 말이라고 생각했어요. 그런데 권력이 남을 자기 뜻대로 움직이거나 지배할 수 있는 공인된 힘이라는 뜻을 깨닫고는 마음이 복잡했어요. 교사도 그런 힘을 행사할 수 있으니 '권력자'일 수 있다는 사실이 무척 부담스러웠어요. '권력'이라는 말도 거부감이 드는데 권력자가 되기는 더더욱 싫었습니다. 그래서 '의견 묻기'를 실행했는데 결심해 놓고 번번이 내 뜻을 관철하기 위해 힘을 쓰고 있는 자신을 보게 되더군요. 친구가 근무하는 학년부 선생님들이 학생들에게 존댓말을 하기 시작하자 관계가 많이 달라졌다는 말을 듣고 저도 존댓말을 쓰자고 마음먹었어요. 학생들은 "선생님, 왜 갑자기 존댓말을 쓰고 그러세요. 낯설어요. 하던 대로 하세요.", "친근감이 떨어져요."라는 등의 반응을 보였고, 저 역시 존댓말을 쓰는 것이 어색하고 힘들었는데 그래도 밀고 나갔어요. 존댓말을 써도 여전히 힘을 행사하고 있는 자신을 발견하곤 하지만, 확실히 어느 정도 거리를 확보하게 됐습니다. '욱하기', '말싸움'이 확실하게 줄었어요.

'왜 학생들과 부딪칠까?' 생각나는 사례들을 적고 이유를 찾아보니 제가 만들어 놓은 원칙과 전제가 너무도 견고하기 때문이라는 것을 알게 됐습니다. 그 덕분에 저는 "모범생이다.", "성실하다.", "믿음직스럽다."라는 칭찬을 들으며 자랐다는 것도 알게 됐습니다. 그 무렵 니체 철학에 대한 강의를 듣고 있었는데 그 전제와 원칙이 머릿속에 심어진 "착함으로 무장된 노예 정신"이라는 말을 듣자 가슴이 답답했어요. 저 스스로 터득한 가치라기보다 어른들이 심어 준 가치에 따라 기계 인간처럼 살아온 거지요.

"스스로 주인이 되는 삶을 살기 위해서는 정신 속에 심어진 누군가의 의지를 실현해야 한다는 무거운 짐을 내려놓고, 샘솟는 자신의 의지를 실현하기 위한 사자의 용맹이 절대적으로 필요하다."라는 말에 깊이 공감했습니다. 학생들도, 우리 집 아이들도 세상의 잣대에 휘둘리지 않는 삶을 살게 하려면 어떻게 해야 할지 고민하기 시작했습니다. 아이들이 다른 사람에 의해 심어진 의무에 대해 "아니요."라고 말할 수 있는 힘, 자신의 삶이 그 자체로 존중받을 수 있는 가치라는 것을 흔들림 없이 지켜 내는 데 도움을 주는 어른이 되고 싶습니다. 그 후 '옳다.', '그르다.'라고 판단하고 있는 것에 대해 '알 수 없다!'라는 느낌표를 던지고 있습니다.

5년 차 교사로서 새로운 학교에 부임했을 때 겪은 일입니다. 당시에는 환경 미화 심사가 있었어요. 3월에 환경 미화 심사 기준표가 나왔는데, 각 교실에 30센티미터 이상 되는 화분 여덟 개를 가져다 놓고, 꽃밭을 반별로 나누어 반 구역에 일년초 꽃 스무 포기를 심는 내용이 있었습니다. 교실 베란다가 폭이 좁아 화분 여덟 개를 놓는 것은 안전상으로도 문제가 있었고, 그 비용을 학급비로 충당하는 것도 마땅치 않았습니다. 교실에 놓아둔 화초들이 시들고 죽어 가는 것을 보면서 생명을 소홀하게 대하는 것이 불편하기도 했습니다.

그 세 가지 이유에다 교실은 학생들이 생활하는 공간이므로 공간 꾸미기는 학생들의 의견이 최우선이어야 한다는 생각을 말하자 몇몇 선생님들 역시 저와 같은 뜻임을 밝혔습니다. 우리가 문제 제기를 하자 학년 부장은 "이전 학교는 어땠는지 모르지만 로마에 오면 로마법을 따라야 하듯이 이 학교는 관례대로 그렇게 해오고 있으니 해야 한다."라고 못을 박았습니다. 중재에 나선 교감 선생님은 "여학교라 학생들의 정서 순화를 위한 것이다."라며 협조를 당부했습니다.

학교 안에서 일어나는 여러 가지 불합리하고 부당한 일로 갈등하는 순간이 오면 '내 아이가 이 교실에 있다면 어떻게 할 것인가?'라는 질문을 던졌습니다. 살펴보니 그 기준을 맞추지 않으면 상을 받지 못할 뿐 별문제가 되지 않아 그 규정을 지키지 않았습니다. 모난 돌이라는 소리를 기꺼이 듣기로 선택했지요.

교과서에 실린 시로 학습 목표를 익히고 교과서 밖의 시를 통해 그것을 익히는 활동을 했습니다. 그 활동을 위해 교과서 밖의 시 70여 편을 선정해 수업 들어가는 반 뒤 게시판에 붙여 놓고 각자 한 작품씩 선정해서 활동을 하기로 했습니다. 그런데 학생들이 제출한 결과물이 신통치 않았습니다. 학생들에게 이유를 물어보니 "시가 너무 어렵다."라는 말을 했습니다.

몇몇 학생들에게 "도와 달라."고 협조를 요청했습니다. 사이트를 알려 주고 그곳에서 마음에 드는 시를 10편씩 골라 오라고 했습니다. 골라 온 시 중에서 학생들이 활동하고 싶은 시 70편을 선정하게 했습니다. 그 시들을 게시판에 붙이자 즐거워하는 학생들을 보면서 일방적으로 내린 결정에 대해 생각해 보게 되었습니다. 그 일 이후로 학생들에게 "어떻게 하기를 원하니?"라고 묻기 시작했습니다.

위, 아래를 나눠 놓고 위는 아래를 지배하고 아래는 위를 따르던 삶에서 상대를 해방시키고 자신도 해방된 선생님들의 이야기를 들으며 가슴이 뜨거웠습니다. 서로를 해방시키는 길은 힘을 함께 쓰는 일이었습니다.

힘을 함께 쓰려면 소통이 필요하겠지요. "표현이 소통이고, 소통은 온몸에 피가 통하는 것임을 알겠다."라고 말씀하시는 선생님께 모두 박수를 보냈습니다. "기대나 요구를 뒤로하고 몸이 어떤지, 맘이 어떤지 물어볼 때 학생의 눈빛이 달라졌다."라고 말한 선생님의 표정을 생생하게 기억합니다. 그런 관계를 만들어 내신 선생님들과 학생들 사이에서 오가는 느낌을 잠시 느껴 보는 것만으로도 코끝이 찡해집니다.

함께 힘쓰기를 실천하는 방법으로 학생들에게 원하는 것이 있을 때 "도와주세요."라는 말을 하여 상대방에게 도움을 요청하라고 당부합니다. 선생님들께도 학생들의 협조가 필요할 때 "도와 달라."고 말하기를 당부합니다. 삶이 도움을 주고받는 일임을 알게 되면 '감사'를 깊이 느끼게 됩니다. 깊은 감사를 느끼면 삶의 의미가 확실해집니다.

- 내가 쓰고 있는 힘 알아채기
- 어떤 힘쓰기를 선택하고 있는지 의식하기
- 힘을 함께 쓰려면
  - 자기 공감으로 가는 길 걷기
  - 상대방 공감으로 가는 길 걷기
- 도와 달라고 말하기

12장

애도와 축하

선생님께 말씀을 전해 듣고 정말 깜짝 놀랐습니다. '멘붕'이 올 만큼 충격이 컸습니다. 어머니가 돌아가신 줄은 알았지만 자살이라는 것을 전혀 모르고 있었습니다. 장례를 치르고 학교에 온 아이에게 "어머니는 네가 힘내고 공부 열심히 하기를 원하실 것이다."라고 말했었는데, 상황을 알고 나니 그렇게 틀에 박힌 말을 한 것이 너무나 미안하고 창피하기까지 합니다. 그 학생을 볼 적마다 마음이 찜찜합니다.

맘에 걸리는 일이 한두 가지가 아닙니다. 어머니가 돌아가시기 전에 그 학생한테 지적을 많이 했던 게 마음에 걸렸습니다. 수업 시간에 자주 엎드려 있는 데다 지각과 조퇴가 잦아서 그랬던 건데, 좀 더 세심히 주변 여건을 살피지 못한 게 계속 마음에 남네요. 그동안 아이는 고민과 괴로움을 잠자는 것으로, 지각으로, 조퇴로 말하고 있었는데, 태도 불량으로 못마땅하게 보았으니 기가 막힐 따름입니다.

게다가 깊은 슬픔으로 가슴에 멍이 들었을 아이에게 "공부 열심히 하라."는 말을 했다니 정말이지 부끄럽기 짝이 없습니다. 넘어져 있는 아이를 일으켜 세우는 말이 아닌 것은 확실한데 그렇다면 어떤 말을 해야 할지 모르겠습니다. 이런 실수가 어디 그 학생에게만 해당했을까요.

학생들이 저마다의 고민, 아픔, 괴로움을 안은 채 교실에 앉아 있을지도 모른다고 생각하니 교실 문을 열기가 겁이 납니다. 더욱이 상실, 이별에서 비롯된 아픈 마음을 돌보지도 못한 채 그곳에 앉아 있을 아이들이 많을 거라는 생각을 하면 어떻게 해야 할지 모르겠습니다.

선생님, 어떻게 해야 할지 막막하기만 합니다.

서울로 가는 기차 안에서 놀라시던 선생님의 표정이 여러 번 떠올랐습니다. 선생님이 충격이 컸으리라는 생각이 들어 마음을 나누고 싶었지만 그러지 못하고 돌아서서 내내 마음이 무거웠습니다. 저도 그 학생이 "가까운 사람의 죽음을 애도하지 못했다."라고 말하며 울었을 때 그 대상이 어머니일 것이라는 생각은 전혀 하지 못했습니다.

학생의 울음소리와 함께 갑자기 교실에 찾아든 정적으로 누군가의 기침 소리가 크게 들렸던 기억이 납니다. 친구가 건넨 손수건으로 눈물을 닦고 애써 진정하려는 모습을 보며 가슴이 아팠습니다.

"학생들이 저마다의 고민, 아픔, 괴로움을 안은 채 교실에 앉아 있을지도 모른다고 생각하니 교실 문을 열기가 겁이 납니다."라는 글을 읽고 잠시 숙연해졌습니다. 학생들이 힘들고, 아프고, 괴로운 마음을 지각이나 조퇴, 무기력, 일탈이나 저항으로 드러낼 수 있다는 것을 헤아리기까지는 시간이 걸리겠지요.

학생을 위로하고 격려하는 뜻에서 한 말이지만 사실을 알고 난 뒤에 얼마나 안타깝고 후회스러우실지, 그 마음이 전해 옵니다. 학생 한 명 한 명의 영혼의 집에는 기쁨, 슬픔, 아픔 등 수많은 기록과 흔적이 있겠지요. 그것들은 세월의 흐름으로 희미해지기도 하겠지만 가슴에 응어리로 남아 있을 겁니다.

어머니의 갑작스러운 죽음으로 그 학생이 얼마나 힘들지, 그 학생에게 문득문득 찾아올 외로움과 슬픔을 생각하면 가슴이 아프시지요? 슬픔에 잠긴 사람의 마음을 다치지 않게 위로하기란 정말 힘든 일입니다. 사랑하는 대상을 잃은 상실감으로 원망이나 분노, 자책이 마음 깊은 곳에 자리 잡고 있어서 그 어떤 위로의 말도 스며들기 어렵습니다.

삶에서 축하만큼이나 소중한 것이 애도인데, 우리가 애도에는 많이 서투른 듯합니다. 이런저런 이유로 자신의 슬픔을 맘껏 풀어내지 못했기에 다른 사람의 슬픔을 대할 때도 당황스럽습니다. 어떻게 해야 할지 몰라 들었던 대로 관습적인 말을 건네기도 합니다. 그런 위로의 말이 듣는 이의 가슴을 더 아프게 할 수도 있다는 사실을 깨닫지 못한 채로 말입니다.

그날 그 학생이 저에게 "선생님, 종교에서는 자살을 나쁘게 말하는데 선생님은 어떻게 생각하세요?"라는 질문을 던졌습니다. 솔직하게 제 생각을 말했습니다. "생명 존중의 뜻에서 자살을 나쁘게 말하겠지만 한 사람이 자살을 선택하는 데는 여러 가지 요인이 있을 테니 나쁘다고 단정 짓기 어렵다. 내게도 자살한 사촌이 있다. 그 친구가 어떻게 살았는지 알기에 그런 선택을 할 수밖에 없었던 것을 존중한다. 함께 누렸던 삶의 순간들에 감사하고 누리지 못한 삶을 애도할 뿐이다."라고요. 자살에 대한 부정적인 인식 때문에 마음껏 슬퍼할 수조차 없었을 테니 얼마나 외롭고 괴로웠을까요? 혼자서 그 괴로움과 아픔, 슬픔을 삭여야 했을 테니 또 얼마나 힘들었을까요? 그런 생각에 가슴이 저릿합니다. 어떤 이유이든, 어떤 형태이든 세상을 뜬 이에 대한 애도로 두 손을 모읍니다. 생명에 대한 찬가만큼이나 죽음에 대한 애도 역시 필요합니다.

"경쟁이 치열한 사회의 남성들은 힘들다. 그 남성과 사는 여성 역시 힘들다. 그들의 아이들이 가장 힘들다."라는 말이 떠오릅니다. 어른들도, 어른들의 보살핌을 받고 자라나는 아이들도 세상의 거센 잣대에 부대끼는 삶을 살고 있습니다. 경쟁과 비교라는 풍랑에 배가 난파되어 누군가가 떠나가는 부재를 견뎌야 하는 시간이 있습니다.

외롭고 슬픈 마음을 누른 채, 누르고 있다는 사실도 모르면서 살아가는 학생들이 많습니다. 그 영혼의 집에 빗장을 푸는 일이 어쩌면 가장 위대한 수업일 수 있다는 생각이 듭니다. "아이의 눈물이 어른의 눈물보다 무거울 수 있다."라는 말처럼 그 눈물의 의미를 이해한다면, 아이들은 빗장을 풀고 괴로움과 아픔, 분노와 슬픔을 말할 수 있겠지요. 그것을 들어 주고 공감하는 친구와 어른이 있다면 삶의 무게는 한결 가벼워질 것입니다. 나오미 시하브 나이의 시가 떠오릅니다.

친절

나오미 시하브 나이

친절이 무언지 진정으로 알려면

가진 것을 잃어 봐야 한다.

(……)

슬픔이 내면의 또 다른 깊은 곳에서 우러나오는 것임을 알 때에서야

친절이 마음속 가장 심오한 것임을 알게 된다.

슬픔에 젖어 잠에서 깨어 봐야 한다.

너의 목소리가

한 올 한 올 모든 슬픔의 가닥을 담아낼 때까지,

그리고 슬픔이라는 천의 크기를 다 헤아릴 때까지

슬픔에 말을 걸어야만 한다.

그러면

오직 친절만이

그대의 신발 끈을 묶어 주고

편지를 부치고 빵을 사며

하루를 보내게 하고,

세상 사람들에게 당당히 외칠 수 있다.

그대가 찾고 있던 것이 바로 나라고,

그림자나 친구처럼,

그대 가는 어디라도 함께할 수 있다고.

선생님의 메일을 읽으면서 슬픔을 다시 만났습니다. 시에서처럼 슬픔과 더불어 깨어나고, 슬픔에 말을 걸어 주고, 한 올 한 올 모든 슬픔의 가닥을 담아내어 슬픔이라는 천의 크기를 다 헤아리고 나면 마땅한 건 친절뿐이라는 시인의 말에 고개를 끄덕입니다.

슬픔도, 기쁨도, 아픔도 삶의 축제에 올라오는 성찬이라는 생각이 듭니다. 뼈아픈 후회로 잠 못 이루고 뒤척였던 순간들, 누구에게도 말할 수 없는 아픔으로 괴로웠던 순간들, 사랑하는 사람과의 이별로 끝없이 흐르는 눈물을 닦을 수도 없었던 시간들……. 이 모든 것들이 삶의 의미를 되새기게 하는 소중한 시간이었습니다. 깊이 애도할 때 찾아오는 친절, 그 친절로 인해 자신과 누군가와 깊은 연결을 느낄 수 있었습니다.

선생님과 그 학생이 깊은 연결로 귀한 시간 누리기를 두 손 모아 빕니다.

사랑하기 때문에 우리가 절망하는 거라고.
존엄을 믿고 있기 때문에 고통을 느끼는 것이라고.
그러니까, 우리의 고통이야말로 열쇠이며 단단한 씨앗이라고.
- 한강, '여름의 소년들에게' 중에서 -

 ## 맘껏
슬퍼하기

학생들 대상으로 4회기 강의를 진행할 때였습니다. 학교에서 한 회기를 더 해 달라는 요청이 와서 무엇을 할까 궁리 중이었습니다. 당시 인기를 끌던 드라마 〈응답하라 1988〉의 한 장면에 눈이 들어왔습니다. 선우 아버지가 돌아가신 날, 장례식장을 찾은 보라가 주먹을 움켜쥐고 울음을 참는 선우에게 "울어, 선우야. 참지 말고 실컷 울어."라고 말하는 장면이었습니다. 작가의 공감 능력에 감탄하면서 마지막 회기 주제를 '애도'로 정했습니다.

'애도(哀悼)'란 한자 그대로 풀이하면 '슬퍼하고 아파하다.'라는 뜻이고, 사전에 올라 있는 뜻은 '사람의 죽음을 슬퍼함'입니다. 일반적으로 '애도'라고 하면 두 번째 뜻으로 쓰이지만, 여기에서는 두 가지를 포함한 뜻으로 애도를 씁니다.

'애도'로 주제를 정하고 수업안을 짜다 보니 제 삶에서 애도하지 못했던 여러 가지 일들이 떠올랐습니다. 교직 생활 첫해, 2월이 되어 담임을 맡았던 아이들과 헤어져서 서운하기만 한데 학생들은 새로운 학년의 반을 확인하는 데 온통 관심이 쏠려 혼자 교실에 남아 커튼을 내리며 울었던 기억이 납니다. 교무실에서 1년을 같이 지냈던 선생님들이 다른 학교로 전출을 가는데 친하지 않았어도 마냥 서운해서 혼자 슬펐던 기억도 떠올랐습니다.

1년 단위로 만나고 헤어지는 일을 여러 번 겪게 되자 감성이 무뎌진 것이 안타까웠습니다. 2월, 함께 한 해를 지낸 것을 축하하고 아쉽고 서운했던 마음도 나누는 시간을 가졌더라면 얼마나 좋았을까요? 3월, 춥고 바쁜 한 달이기도 하지만 설렘과 어색함, 반가움을 함께 나눴다면 따스한 봄바람을 느낄 수도 있었을 텐데 말입니다.

학생들과 함께하는 한 순간 한 순간, 바쁘다는 핑계로 만남에 소홀했던 것이 후회로 남아 있습니다. 특별한 문제가 없어 손이 가지 않았던 학생들에게 정말 많이 미안합니다. 어떤 것으로든 존재감을 드러내는 학생들이나 말썽을 일으킨 학생들과는 대화를 나눌 기회가 많았습니다. 그와 달리 스스로 제 할 일을 알아서 하는 학생들과는 깊이 있는 대화를 나눈 기억이 없습니다. "요즘 어떻게 지내니?", "안녕?" 하고 말을 걸거나, 따뜻한 눈길을 보낼 수도 있었는데 말입니다.

그 사람에게

신동엽

아름다운
하늘 밑
너도야 왔다 가는구나
쓸쓸한 세상 세월
너도야 왔다 가는구나.

다시는
못 만날지라도 먼 훗날
무덤 속 누워 추억하자,
호젓한 산골길서 마주친
그날, 우린 왜
인사도 없이
지나쳤던가, 하고.

만나고 헤어지는 인연의 정거장에서 구름처럼 몰려왔다 흩어지는 감정들을 맞이하고 보내는 것이 그 순간에 사는 것임을 알게 되었습니다. 순간순간 그 감정들을 맘껏 누리지 못한 안타까움이 밀려들었습니다. 만나는 반가움과 설렘, 기쁨, 헤어지는 아쉬움과 안타까움, 슬픔마저도 삶을 엮어 가는 소중한 씨줄과 날줄이었습니다. "만나서 반갑다.", "헤어지니 슬프다."라는 말로 마음을 전하고, 악수를 청하지 못했던 것이 후회스럽습니다.

사랑하는 사람과 헤어지기도 하고 함께했던 동물이나 식물을 떠나보내기도 합니다. 정들었던 장소를 떠나기도 하고 소중히 간직했던 물건을 잃어버리기도 합니다. 애도의 대상이 사람에게만 한정된 것은 아닙니다. 자신에게 소중하고 의미 있는 것이라면 무엇이든 대상이 될 수 있습니다.

애도와 공감에 관한 수업 교재로 『이럴 수 있는 거야??!』라는 그림책을 활용합니다. 이 책에는 사랑하는 새가 죽자 사람들에게 화를 쏟아 내던 소녀가 친구들의 관심과 도움을 받아 분노 아래 숨어 있는 슬픔을 만나는 과정이 잘 그려져 있습니다.

여자아이가 빨간 가방을 질질 끌고 공원에 나타납니다. 여자아이는 화가 나서 "이럴 수 있는 거야??!"라고 악을 씁니다. 호기심을 느낀 친구들이 그 뒤를 따르고, 여자아이는 공원 이곳저곳을 돌아다니며 계속 "이럴 수 있는 거야??!"라고 성난 목소리로 외쳐 댑니다. 한 친구가 용기를 내어 "너, 왜 그러니?"라고 이유를 묻습니다. 여자아이는 "내 엘비스가 죽었어."라고 말하며 가방을 열어 죽은 새를 보여 줍니다. 가수인 줄 알았던 엘비스가 실은 여자아이가 키우던 노란 새의 이름이었습니다. 친구들은 비로소 여자아이가 그토록 화가 나서 소리쳤던 이유를 이해하고 공감의 말을 건넵니다.

그때 한 친구가 엘비스를 묻어 주자는 제안을 하고, 여섯 친구는 힘을 모아 조촐한 장례식을 치릅니다. 그러고는 둥그렇게 모여 앉아 아몬드가 박힌 과자를 나눠 먹고, 따뜻한 코코아를 마시며 여자아이가 들려주는 엘비스 이야기에 귀를 기울입니다. 그런 뒤에 조금 울고는 서로를 꼭 끌어안고 입가에 미소를 머금으며 "참 좋았다."라고 말하고는 헤어집니다.

이 책에는 새의 죽음을 소재로 애도하는 과정이 아주 섬세하게 잘 나타나 있습니다. "이럴 수 있는 거야??!"라는 여자아이의 외침에는 어느 날 갑자기 사랑하는 대상을 잃은 당혹감과 분노, 상실의 고통이 고스란히 담겨 있습니다. 커다란 빨간 가방을 질질 끌며 악을 쓰는 아이의 모습을 통해 아이가 얼마나 혼란스럽고 감당하기 힘든 일을 겪고 있는지를 잘 보여 줍니다. 친구들은 공원에서 화를 내며 소리치는 여자아이의 행동을 못마땅해하는 대신 '호기심'으로 다가갑니다. "너, 왜 그러니?"라고 물어봐 주는 친구들이 있었기에 여자아이는 속마음을 털어놓습니다. 그것에 대해 친구들이 보여 주는 공감은 가슴 뭉클합니다. 여자아이가 원하는 것을 알아서 엘비스를 함께 묻어 주고 엘비스와의 추억도 들어 줍니다. 서로 꼭 끌어안고 헤어지면서 "참 좋았다."라고 표현하는 장면은 깊은 연결을 느끼게 했습니다.

이 책을 읽고 살아오면서 겪었던 여러 가지 이별의 유형을 찾아보는 활동을 했습니다. 학생들은 학년이 바뀌거나 이사나 전학으로 친구들, 선생님과 헤어지고, 이혼이나 사별로 엄마나 아빠와 헤어지고, 이성 친구와 헤어지고, 반려동물을 잃어버리거나 죽음으로 헤어지고, 아끼던 물건이 사라지는 등 수많은 이별을 이야기했습니다. 이별에 따르는 숱한 감정들을 보살피지 못한 아쉬움과 안타까움이 터져 나왔습니다. 그런 감정들에 우리가 풀어내지 못한 여러 가지 바람이 담겨 있으니, 그것들을 하나하나 알아주는 것이 애도라고 말하고 애도하는 방법을 안내했습니다.

학생들에게 시골집 길고양이들이 다른 고양이의 죽음을 애도한 이야기를 들려주었습니다. 이야기가 끝나자 한 학생이 가까운 사람이 자살했는데 애도를 하지 못했다며 눈물을 흘렸습니다. 뜻밖의 상황에 교실은 갑자기 정적에 빠져들었습니다. 그 학생은 소리 내어 울었고 친구가 손수건을 건네자 눈물을 훔치며 진정하려고 안간힘을 썼습니다. 그런 학생을 보며 가슴이 아팠지만 수업이 끝나는 시점이라 어깨에 손을 얹는 것으로 안타까운 마음을 전하고 교무실로 돌아왔습니다. 그 얘기를 담임 선생님에게 전하자 선생님이 깜짝 놀랐습니다. 얼마 전에 그 학생의 어머니가 돌아가셨는데 자살인 줄 몰랐다며 무척 당황해하셨습니다. 선생님의 후회와 탄식을 들으며 또 한 번 안타까움이 밀려들었습니다.

서울로 돌아가는 기차 안에서 그동안 나를 거쳐 간 이별들을 떠올려 봤습니다. 사촌 율이의 죽음, 엄마의 죽음, 제자의 죽음 등은 여전히 슬픔으로 다가옵니다. 초등학생 때 "아빠가 돌아가셨다. 빨리 집으로 가라."는 선생님의 말씀을 듣고 울면서 황급히 가방을 싸던 친구의 모습이 선명하게 떠올랐고, 여러 사람들이 나타났다 스러지곤 했습니다. 저 역시 애도를 제대로 하지 못한 응어리들이 가슴 여기저기에서 뒹굴고 있었습니다.

그 학생을 불러 어머니의 자살에 얽힌 여러 가지 이야기를 듣고, 흐

느끼는 학생을 껴안고 선생님도 함께 울었다는 소식을 들었습니다. 그 소식을 들으면서 "Heart is a resilience muscle(가슴은 회복되는 근육이다)." 이라는 말이 다가왔습니다. 슬픔의 강물을 함께 건널 때 상처는 회복되고 관계는 깊어집니다. 아픔과 슬픔을 나누고 함께 애도함으로써 가슴에 맺힌 응어리들이 서서히 풀립니다. 화려한 날의 모임은 잊어도 궁핍한 날의 벗은 가슴에 깊이 남아 있듯이 함께 애도함으로써 깊은 연결과 유대를 느낄 수 있습니다.

영화 〈스틸 라이프(Still Life)〉에는 고독사나 무연사로 세상을 뜬 사람의 추도문을 작성하고 지인들을 찾아 장례식에 초대하는 직업을 가진 주인공이 자신의 일에 진심을 다하는 모습이 그려집니다. 고인의 유품을 단서로 장례식에 와 줄 만한 사람에게 연락하지만 사람들은 대부분 장례식 참석을 거절합니다. 고인의 종교까지 고려한 장례 절차를 시간과 돈 낭비로 보는 상사가 주인공에게 해고 통보를 하자, 주인공은 마지막 의뢰인의 장례를 치르게 해 달라고 부탁합니다.

마지막 의뢰인은 주인공 가까이에 살던 사람으로, 주인공은 그 사람의 발자취를 따라갑니다. 그러자 삶의 조각들이 퍼즐처럼 맞춰지면서 그 사람을 조금씩 알아 갑니다. 그가 전쟁에서 사람을 죽였던 고통으로 알코올 중독자가 되었음을 알게 되고, 한 여자를 뜨겁게 사랑했다는 것도 알게 됩니다. 군인, 노동자, 노숙자로 살다 홀로 세상을 뜬 그였지만 주인공은 한 사람의 풍부한 삶의 역사를 만납니다. 딸을 사랑하는 고인의 뜻을 기려 사진첩을 정리해 그의 딸에게 건넴으로써 딸이 아버지를 새롭게 만나도록 해 주기도 합니다. 딸은 주인공에게 호감을 느끼고, 둘은 아버지 장례식 때 만나기로 약속합니다. 하지만 장례식 전날, 주인공은 교통사고로 세상을 떠납니다. 업무 처리를 빠르게 하는 후임 직원에 의해 주인공의 장례가 신속하게 치러집니다. 데이트를 위해 샀던 꽃다발이 헌화가 되고, 관에 사망 날짜와 이름만 적힌 채 아무도 찾는 이 없이 매장됩니다. 하지만 외롭고 쓸쓸한 그의 무덤에 그동안 그가 장례를 치러 주었던 고독한 영혼들이 하나둘 모여들어 그를 추도하는 것으로 영화는 끝이 납니다.

살아 있는 사람이나 죽음에 이른 사람이나 모든 존재가 얼마나 소중한가를 깨우쳐 주는 영화였습니다. "잊지 않고 있습니다. 내가 날마다 만나는 모든 이들이 인간이란 것을."이라는 문장을 쓴 소설가는 우리 모두가 "고귀한 생명"이라는 말을 하고 있습니다. "그건 과거도 현재도 미래도 너무도 분명한 사실이다."라는 말은 시공간을 뛰어넘어 아직 태어나지 않은 생명도, 태어난 생명도, 세상을 떠난 생명도 소중하다는 말로 읽힙니다.

한 사진작가는 "삽시간의 환상"이라는 말로 우리네 삶 전체를 애도했습니다. 삶이 어쩌면 삽시간의 환상일 수도 있기에 빛났다 스러지는 순간순간이 찬란한 빛이 아닐까요? 소리 내어 웃고 소리 내어 우는 것으로 그 환상을 누리고 싶습니다.

 **애도하는 법**

가까운 사람이나 반려동물과 헤어졌을 때, 장소를 떠났을 때, 물건을 잃거나 떠나보냈을 때 애도를 합니다(상대방이 충분히 느낄 수 있도록 반응을 살펴 가며 천천히 진행합니다. 스스로 할 수도 있습니다).

시골집에는 전 주인이 밥을 주던 길고양이들이 있었습니다. 그들을 굶길 수가 없어서 밥을 주게 되었습니다. 남편은 길고양이들에게 사랑과 관심을 듬뿍 주었습니다. 하루는 한밤중에 남편이 커튼 끝을 살짝 젖히고 아기 고양이 이름을 부르는 바람에 자다 놀라 깨서 "이 밤에 무슨 일이냐? 낮에나 부르라."고 제가 화를 낸 적도 있습니다.

그러던 어느 날 아기 고양이가 사료도 먹지 않고 몸을 겨우 움직여 물만 마시고 한구석에 웅크리고 있었습니다. 우리가 가까이 다가가는 것을 극도로 꺼려서 이러지도 저러지도 못하는 사이 털이 빠지고 힘이 빠져 가는 모습을 안타깝게 지켜볼 수밖에 없었습니다. 우리가 집을 비운 사이 아기 고양이가 죽었고, 동네 길고양이들이 모여서 그 죽음을 애도했다는 이야기를 옆집 사는 이에게 전해 듣고 얼마나 울었는지 모릅니다. 아기 고양이의 죽음이 슬펐지만 그 죽음을 함께해 준 길고양이들에게 신비와 경이, 감사를 느꼈습니다.

1. 여러 가지 감정을 충분히 표현하기

말하는 이가 여러 가지 감정을 맘껏 표현할 수 있도록 돕습니다.

- **언제 그 사람(장소, 동물, 사물)이 생각나나요?**

  아기 길고양이들을 볼 때마다

- **어떤 일이 있었나요?**

  길고양이들 중 아기 고양이가 죽었다.

- **그 사람(장소, 동물, 사물)을 떠올리면 어떤 감정을 느끼나요?**

  목이 메는, 슬픔, 안타까움, 후회, 아쉬움 등

2. 즐거운 추억으로 마음 돌리기

충분히 말하고 나면 함께 지냈던 즐거운 시간을 찾아봅니다.

- **그 사람(장소, 동물, 사물)과 있었던 즐거운 추억은 무엇인가요?**

  아기 고양이는 겁이 많은 엄마 고양이와 달리 우리 주변을 맴돌면서 놀고
  쉬었다. 꼬리를 잡아당겨도 겁내지 않고 먹이를 열심히 먹었다. 이불을 널
  어 놓으면 발톱으로 뜯어서 혼이 나기도 했지만 나무 위를 기어오르고, 벌
  이나 새를 쫓는 등 여러 가지 모습이 너무도 사랑스러웠다. 나무에 오르는
  걸 보고 우리가 손뼉을 쳐 주면 신이 나서 오르락내리락하곤 했다.

- **그 사람(동물)이 좋아했던 것은 무엇인가요?**

  통조림을 좋아했다. 통조림을 먹을 때는 만져도 가만히 있고, 고개를 들이

박고 먹어서 다른 고양이들이 먹을 수 있도록 밀어 내도 다시 고개를 들이

밀고 다가오곤 했다. 문을 열어 두면 집 안으로 들어오기도 했다.

3. 그 사람(장소, 동물, 사물)이 남긴 것에 감사의 마음 가지기

그 사람(장소, 동물, 사물)이 우리에게 주고 간 선물(물건, 말, 행동을 통

한 가치)이 무엇인지 떠올리게 돕습니다. 그리고 감사하는 마음을 가지

도록 합니다.

• 관찰: 그 사람(장소, 동물, 사물)이 남긴 것은 무엇인가요? (가치도 포함)

동네 길고양이들이 모여서 아기 고양이의 죽음을 애도했다는 이야기를 옆

집 사는 이에게 전해 듣고 많이 울었다. 아기 고양이의 죽음이 슬프면서도

그 죽음을 함께해 준 길고양이들에게 감사하고, 생명체들에게 신비와 경

이, 감사를 느꼈다.

• 느낌: 지금 그것을 떠올리면 어떤 느낌인가요?

슬픈, 놀랍고, 경이롭고, 감동받은, 뭉클한, 충만한, 감사한, 푸근한 등

• 필요: 어떤 필요(욕구)가 충족되나요?

애도, 생명의 신비, 감사, 연결 등

"아기야, 너하고 지냈던 짧은 시간이 오래도록 남아 있네. 네가 아플 때 어떻게 하지 못했던 것이 내내 마음 아파. 네가 세상을 떴을 때 친구들이 너와 함께했다는 말을 듣고 얼마나 고맙고 감사하고, 감동이던지……. 네 덕분에 길냥이들을 유심히 보게 되고 사랑의 마음을 전하게 됐어. 생명체에 대한 사랑으로 이어지게 돼."

4. 역할극 하기

이 단계는 시작하기에 앞서 애도하시는 분에게 돌아가신 분(동물, 사물)과 이야기를 나누어 볼 의사가 있는지 동의를 구해야 합니다.

- 돌아가신 분을 상징하는 물건, 사진 등을 사용하거나 진행하는 사람이 돌아가신 분의 역할을 합니다.
- 상징물을 보면서(또는 돌아가신 분의 역할을 하는 진행자에게) 하고 싶은 말을 다 해 보라고 합니다.
- 진행하는 사람은 그 말을 듣고 돌아가신 분으로서 공감을 해 줍니다. (천천히)
- 애도하는 사람에게 돌아가신 분이 되어 보겠는지 의견을 묻습니다. (역할 바꾸기)
- 진행하는 사람은 애도하는 사람 역할을 하며 들었던 말을 그대로 들려줍

니다.

- 침묵으로 과정을 돌아봅니다.

- 소감을 나눕니다.

누군가의 죽음이나 자살, 세월호 사건 등과 같이 학급이나 학교, 지역 사회, 사회적인 사건에 관해서도 역할극을 할 수 있습니다.

- **관찰**: 그 소식을 들었을 때

- **느낌**: 지금 어떻게 느끼십니까?

- **필요**: 무엇이 필요해서 그렇게 느끼셨나요?

- **부탁**: 위의 필요를 충족하기 위해 '나는 무엇을 할 것인가?'를 나눕니다.

 ## 생일
축하시

학생들에게 생일 축하시를 써 주는 선생님이 계십니다. 선생님은 생일 축하시를 쓰기 전에 그 학생과 편지나 문자 메시지를 주고받으며 마음을 나누고 그 내용을 시에 담는다고 합니다. 앞면에는 담임 선생님이 쓴 생일 축하시가 있고 뒷면에는 친구들이 쓴 축하 글이 담겨 있는 선물을 받았을 때 학생들은 어떤 감정을 느낄까요? 선생님과 친구들에게 자기의 탄생을 축하받으면 쑥스럽기도 하지만 얼마나 기쁠까요? 한 문장 한 문장 읽어 내려가며 기쁨과 감사로 미소 지을 얼굴이 그려집니다.

한 학생의 생일을 앞두고 선생님은 새벽까지 시가 안 쓰여서 고민이었다고 합니다. 그 학생은 대화할 때 단어를 세 개 이상 사용하지 않는 데다 문자 메시지로도 소통이 힘들어 쓸거리가 떠오르지 않았다고 합니다. 그러다 문득 비틀스의 〈렛 잇 비〉가 떠오르면서 시가 조금씩 풀렸다고 합니다.

그 학생은 꿈이 없고, 꿈이 없는 것이 아무렇지도 않은 당당한 아이라고 합니다. '꿈이 있어 뭣 하랴. 그 꿈마저도 어른들이 만들어 놓은 틀 중의 하나일 테니.'라고 생각하면 고개가 끄덕여집니다. 기존의 것에 길들여지지 않은 그 야생의 힘이 부럽기만 합니다.

그 학생은 회사에 들어가 돈을 벌며 살겠다면서 그 말끝에 남의 간섭만 받지 않으면 된다는 말을 덧붙였다고 합니다. 타인의 간섭으로 생명의 힘이 꺾일 수 있음을 벌써 알아차렸다니 놀랍습니다. 당당하게 살기 위해 스스로 생계를 꾸릴 생각을 하다니 장하고 장합니다.

그 학생을 위한 선생님의 축하시를 소개합니다.

너의 당당함에 대하여

안준철

영국의 세계적인 가수
비틀스가 부른 〈렛 잇 비〉라는 노래가 있지.
우리말로 해석하면

내버려 두어라.

좀 철학적으로 풀어 보면

그것을 그것이도록 그냥 놔둬라.

나도 너를 내버려 두고 싶다.

너를 너이도록 그냥 놔두고 싶다.

6월에 핀 들장미처럼

너만의 향기가 나도록

너에게 물을 주는 것조차

하늘에 맡기고 싶다.

넌 아직 꿈이 없고

꿈을 꾸려고도 하지 않지만

꿈이 있건 없건

내 인생 내가 잘 살면 되는 거 아니냐는

너의 그런 당당함이

가장 자연스러운

가장 아름다운 모습일 수도 있으니까.

다만, 너의 하나뿐인 인생을

억만금을 주고도 살 수 없는

천하보다도 귀한 너만의 생명을

네가 원하는 대로

남의 간섭을 받지 않아도 될 만큼

귀히 여기며 살기를.

이 아름다운 '생명 찬가'를 읽다 보니 사주 명리학을 공부한 이가 "사주 명리학이 뭐냐?"라고 질문을 받을 때마다 '애지욕기생(愛之慾基生)'을 떠올린다는 말이 생각났습니다. 『논어』의 「안연」 편에 나오는 사랑에 관한 정의로, "사랑이란 사랑하는 사람이 제 삶을 온전히 다 살도록 돕는다."라는 뜻이라고 합니다. 그이는 이 말을 무척 아껴서 가슴에 담아 두고 산다고 합니다.

"6월에 핀 들장미처럼 / 너만의 향기가 나도록 / 너에게 물을 주는 것조차 / 하늘에 맡기고 싶다."라는 시 구절에서 "사랑이란 사랑하는 사람이 제 삶을 온전히 다 살도록 돕는다."라는 선생님의 뜻을 읽습니다. 물을 주는 것조차 하늘에 맡기고 싶다는 경건한 태도에 자신을 돌아보게 됩니다.

'지나친 간섭을 얼마나 많이 했었는가?' 이런저런 근거를 말하며 생명을 내 뜻대로 움직이려 했던 수많은 기억이 떠올랐습니다. 얄팍한 내 생각을 겁도 없이 왜 그렇게 들이밀었는지 부끄럽기만 합니다. 알면 뒤로 물러나서 지켜봤을 텐데 말입니다. 노자가 "무위자연(無爲自然: 사람의 힘을 더하지 않은 그대로의 자연)"을 말한 그 뜻을 이제야 새록새록 새기고 있습니다.

선생님이 쓰신 시의 마지막 연을 소리 내어 읽어 봅니다.

너의 하나뿐인 인생을

(……)

네가 원하는 대로

남의 간섭을 받지 않아도 될 만큼

귀히 여기며 살기를.

안 선생님 마음에 제 마음도 보탭니다. 하나뿐인 인생을 귀히 여기며 살기를 바라는 마음 간절합니다.

 ## 축하하기란?

'축하'라는 단어를 사전에서 찾아보면 '남의 좋은 일을 기뻐하고 즐거워한다는 뜻으로 인사함.'으로 풀이하고 있습니다. 남의 좋은 일뿐이겠습니까? 내게 일어난 일도 스스로 축하를 하고 축하를 받을 수도 있습니다. 몸이 아파 보니 아침에 눈을 뜨고 일어날 수 있는 것도, 걸음을 제대로 걸을 수 있는 것도, 음식을 넘길 수 있는 것도 축하할 일이었습니다.

'축하'하기를 쓰기 위해 내가 받았던 축하, 내가 보냈던 축하를 떠올리자 순식간에 기쁨과 감사가 솟아났습니다. 합격자들 이름을 학교 담벼락에 쭉 써 붙이던 매서운 시절이었습니다. 진학하기를 원했던 1차 고등학교 합격자 명단에서 내 이름을 볼 수 없었던 그날 서울의 겨울은 너무도 추웠습니다. 집에서 가까운 학교로 2차를 정했고 다행히 합격을 했지만 마음은 그리 편치 않았습니다. 세상의 시선이 교복으로, 일류, 이류, 삼류로 사람마저 평가를 하고 있었기 때문입니다.

어느 날 우체부 아저씨가 우리 집에 편지를 전해 줬습니다. 중학교 담임 선생님이신 신경만 선생님이 보낸 편지였습니다. 선생님은 내가 다니게 될 학교에 대해서 나도 모르는 사실을 적어 보내셨습니다. 오케스트라가 있는 학교다, 배구부 활동으로 유명하다, 가야금과 사군자를 가르치는 특별한 학교다 등이 담겨 있었습니다. 어떻게 아셨는지 그 학교의 자랑거리를 적어 보내신 것입니다. "속이 알찬 학교에 다니게 됐다. 축하한다."라는 선생님의 편지를 읽으면서 울었습니다. 그 편지 덕분이었을까요? '중앙여고'에서 저는 특별한 교육 과정들을 경험했고, 선생님들의 매력에 푹 빠져 지냈습니다. 수양회에서 뵌 이기영 선생님, 안병무 선생님 덕분에 불경과 성경을 틈나는 대로 읽으며 다른 세계에 눈을 뜨기도 했습니다.

선생님이 주신 축하 편지와 함께 그림처럼 떠오르는 장면이 있습니다. 선생님 댁을 찾아갔을 때 선생님이 사모님과 함께 흥겨운 음악에 맞추어 마루에서 춤을 추던 모습입니다. 우리는 그 광경에 놀라기도 했지만 두 분의 춤추는 모습이 신기하고 흥미로워서 키를 낮추고 담벼락에 기대어 숨어 구경했습니다. 삶의 어떤 순간을 즐기시던 선생님이셨기에 제게 그런 축하 편지를 보내셨을 거라는 추측을 해 봅니다.

마음을 다해 축하한 적이 있나요? 누군가의 축하에 가슴이 벅찬 적이 있나요? 진심을 다해 축하를 하거나 그런 축하를 받으면 그 순간은

땅 밑에서 샘물이 솟구치듯, 하늘에서 폭죽이 '펑펑펑!' 터지듯 기쁨이 솟구치며 힘이 나고 감사를 나눌 수 있습니다.

 ## 축하할 만한 일이 없어요

"'축하할 거리'를 찾아보자." 하면 어른들은 "축하할 만한 일이 있나?"라며 고개를 갸우뚱하고 "축하할 만한 일이 없어요."라고 말하는 분들이 많습니다. '소확행(소박하지만 확실한 행복)'이란 말이 있듯이 삶에서 일어나는 소소한 일들에 생기를 불어넣는 것이 '축하하기'입니다. 축하할 만한 특별한 일이 있어서라기보다 소소한 것에서 의미를 찾아 축하를 하면 그날이 그날 같은 날 중 어느 한 순간이 잠시라도 반짝입니다. 목마른 식물에 물을 주듯, 깜박이는 불에 기름을 붓듯 삶의 하루하루를 숙제가 아니라 축제로 만드는 일입니다.

축하할 때, 축하를 받을 때 어떤 감정을 느낄까요? 놀람, 반가움, 기쁨, 감사한, 감동받은, 가슴 뭉클한, 황홀한, 충만한, 즐거운, 행복한, 따뜻한, 푸근한, 훈훈한, 정겨운, 유쾌한, 벅찬, 감미로운, 뿌듯한 등 놀라울 정도로 많은 감정을 느낄 수 있습니다. 존재에 대한 인정으로, 감사로, 축하로 살아 있음이 기쁨이 되고 흐뭇한 시간이 되는 축제입니다.

초대

오리아 마운틴 드러머(Oriah Mountain Dreamer)

(……)

나는 알고 싶다

당신이 기쁨과 함께할 수 있는지

나의 것이든 당신의 것이든

미친 듯이 춤출 수 있고 그 황홀함으로

손가락 끝과 발가락 끝까지 채울 수 있는지를

나는 알고 싶다

어떤 것이 예쁘지 않더라도

매일 그것의 아름다움을 볼 수 있는지

당신의 삶 있는 그대로에서

그것들을 캐낼 수 있는지를

(……)

　나의 것이든 당신의 것이든 기쁨과 함께하며 그 황홀함으로 손끝, 발끝까지 채울 수 있는 축하를 하려면 누구의 삶이든 있는 그대로에서 아름다움을 캐낼 수 있을 때 가능하겠지요.

　존재의 어떤 행동도 살아 있기 위한 노력으로 인정하고 축하해 주려면 우리가 살고 있는 사회에 대한 성찰과 존재에 대한 깊은 공감이 필요합니다.

3월 어느 날 학생부에서 연락이 왔습니다. 우리 반 한 학생이 다른 학교 학생들과 패싸움을 벌이던 중 소주병을 깨서 손목을 그었다는 것이었습니다. 한 반에 70명이었던 시절이라 교무 수첩을 열어 사진을 보니 이름을 채 외우지 못한 학생이었습니다. 학생부에서는 선도 위원회를 열어야 한다며 학생에게 부모님을 모셔 오라고 했습니다. 그 말을 들은 학생은 "부모님이 아시면 나를 죽일 것이다."라며 고개를 숙였습니다.

아버지가 집에 계신다고 하기에 제가 "아버님을 찾아뵙고 말씀을 드리겠다." 하고 그 학생과 함께 집으로 갔습니다. 반지하 셋방으로 내려가는 입구에서부터 지린내와 술 냄새가 풍겼습니다. 지린내는 셋방을 사는 사람들이 공동으로 사용하는 화장실에서 나는 냄새였습니다. 문을 여니 어질러진 방에 소주병이 뒹굴고 있었고, 술에 취한 아버지는 한쪽 구석에 드러누워 있었습니다. 학생 집으로 향할 때만 해도 학생과 거리를 두고 걸었는데 학교로 돌아올 때는 그 학생의 손을 잡고 있었습니다.

입학식부터 결석인 학생이 있었습니다. 아이가 다녔던 초등학교로 전화를 해 보니 난지도에 살고 있다는 정보를 줄 뿐이었습니다. 난지도에 가니 집들에 주소가 없는지 방송하는 곳으로 가라고 했습니다. 방송으로 학생 이름을 부르며 담임 선생님이 왔으니 나오라고 했지만 학생은 나타나지 않았습니다. 교무부에서 처리를 해야 한다고 재촉해서 몇 번인가 더 가서 드디어 그 학생을 만날 수 있었습니다. 내 앞으로 아장아장 걸어오는 아이를 보고 충격을 받았습니다. 도저히 중학생이라고 볼 수 없는, 초등학교 저학년쯤 되어 보이는 작고 삐쩍 마른 체구였기 때문입니다. 영양 부족으로 발육 상태가 멈춘 아이로 보였습니다.

아이와 함께 집으로 가면서 엄마가 집을 나갔다는 말을 듣고, '세상에, 이런 아이를 두고 집을 나가다니 기가 막히네.'라고 생각했는데 집에 들어가 보고는 할 말을 잃었습니다. '나라도 집을 나가겠구나.'라는 생각이 들었기 때문입니다. 집을 떠난 엄마들을 비난하는 소리를 들으면 그때 본 그 집 안 정경이 떠오르면서, 누군가가 처한 삶의 조건을 알지도 못하고서 하는 말이 얼마나 폭력적인지 말해 주고 싶은 충동이 불쑥불쑥 치솟곤 했습니다.

끔찍한 범죄를 저지른 사람을 두고 "사람을 죽이고도 반성의 기미가 전혀 없다.", "잔인하다.", "살려 두면 무슨 일을 저지를지 모른다."라는 말들을 합니다. 그 말을 들으면 그 사람이 아기로 세상에 태어난 모습을 떠올려 봅니다. 아이들은 탄생 환경부터 모두 다릅니다. 어떤 아이는 모든 이들의 축복과 사랑, 돌봄을 받으며 자라는가 하면 어떤 아이는 원하지 않는 생명으로 태어나 학대를 받으며 살아가기도 합니다.

어떤 일의 결과만을 놓고 보면 그 사람에게 가혹한 말을 할 수 있지만 그렇게까지 '잔인한 행동'을 한 삶의 여정을 보면 사회와 어른들의 책임을 보게 됩니다. 돌봄과 공감을 충분히 받고 자라났다면 어땠을까요? 한 사람의 성장에 영향을 주는 인적·물적 환경의 영향은 너무나 큽니다. 지존파 사건이 일어났을 때 한 모임에서 "우리가 그들을 만들었다."라고 말하는 어른을 보고 코끝이 찡했던 기억이 납니다.

숨기고 싶은 가정사, 복잡다단한 감정들을 가진 아이들이 학교에 오는 것만으로도 장하다는 생각이 들었습니다. 힘든 상황에서 살고 있는 아이들이 학교에 와서 친구들과 어울리고 장난치고 웃고 하는 모습들을 보면 '생명의 힘'에 대한 찬가를 부를 수밖에 없었습니다. '아, 쟤들이 어리니 저렇게 뛰어노는구나.'라는 생각이 들어 목이 메기도 했습니다. 삶의 무게에 짓눌린 어른들의 모습과 대조되어 안도와 감동, 축하, 슬픔이 뒤범벅된 복잡한 감정을 느꼈습니다.

 ## 무엇을 축하할 것인가?

축하는 좋은 일에 한다는데 '좋은 일'이란 무엇일까요? 좋은 일이란 '삶을 온전히 다 살도록 돕는 일'이라고 생각합니다. 제 삶을 온전히 다 살도록 돕는 일에는 스스로가 이루어 낸 어떤 성과(성적 향상, 체중 조절, 공부량 늘리기, 지각 줄이기, 자신과의 약속 실천 등)도 포함되므로 이를 축하할 수도 있습니다. 상대방이 이루어 낸 것을 축하할 수도 있고요. 하루를 시작하는 것(조회), 하루 일과를 마친 것(종례)을 축하할 수도 있습니다.

학생들이 찾은 축하하기 발표를 듣다 여러 번 웃음이 빵 터졌습니다.

"엄마의 건망증 — 참고서 여러 번 사기가 가능함, 아빠의 만취 — 우리에게 돈을 주신다, 변비 탈출, 아침에 스스로 일어나기, 선생님이 숙제 내 주신 사실을 잊은 것, 교차 등교로 급식 줄이 짧아진 것, 친구한테 빚 갚은 것, 받은 선물로 (이성) 친구 선물 해결한 것, 물건값 깎아 수신 것, 추운데 바로 버스 탈 수 있었던 것, 외출한다고 하면 엄마가 좋아하는 것 ─비대면 수업으로 집 안 생활이 많아진 덕분, 생일잔치를 직접 파스타 만들기로 해결하여 돈을 남긴 것, 알바 합격, 깁스 푼 것…….”

이처럼 소소한 일들에서 축하를 찾을 수 있는 능력에 박수를 보냈습니다. 웃고 손뼉 치고 하다 보면 시간이 훌쩍 갔습니다.

축하하는 방법

- **말로, 글로 축하하기**: 카톡, 메일, 문자, 손 편지, 엽서, A4 용지에 참여를 원하는 학생들이 한 줄 축하 쓰기를 하여 코팅해 주기, 축하 상장 만들기 등
- 손뼉 쳐 주기, 악수하기, 양쪽으로 길게 늘어서서 축하받을 사람이 지나갈 적마다 축하 말 하기, 축하받을 사람을 가운데 세우고 친구들이 종이비행기에 축하 말을 써서 날리면 축하를 받은 친구가 하나씩 펴서 읽기 등
- **소감 나누기**: 축하를 받은 친구가 먼저 소감을 말하고 축하를 한 친구들이 자발적으로 소감을 말하기

※ 축하를 해 주기도 하고 받기도 하는 일의 의미를 되새기게 합니다.

온라인 수업을 진행하고 있는데 채팅 창에 험한 말들이 오고 갔습니다. 욕설도 있어서 “무슨 말들이냐?”라고 지적하자 “선생님한테 한 게 아니고 우리끼리 하는 말이다.”라며 “할 말도 못 하냐?”라고 적반하장 격으로 따지고 드는데 어이가 없었습니다. 말이 오

고 가다가는 후회할 말을 하게 될 것 같아 수업 끝나고 얘기하자며 멈췄습니다. 수업을 진행하면서도 아이들이 주고받은 말이 떠올라 괘씸하다는 생각에 마음이 복잡했습니다.

수업을 마치고 자리로 돌아와 '어떻게 반응할 것인가?'라는 고민으로 그 일을 '복기'하며 여러 가지를 살펴봤습니다. '내가 너무 예민하게 반응하나?'라는 생각이 들기도 했습니다. 교실에서 복도에서 걸핏하면 하는 말들인데 글로 읽으니 '욱'했나 싶었습니다. 그것보다 '낯설음, 긴장, 지쳐 있음'이라는 것이 더 깊은 원인임을 찾게 되었습니다. 코로나19 때문에 대면 수업을 해도 마스크를 쓰고 있는 상황이라 아직도 학생들과 서먹했습니다. 온라인 수업을 진행할 때는 학생들을 수업에 들어오게 하는 것이 꽤나 신경 쓰이는 일이었습니다. 전화로 잠자는 아이를 깨우고, 아이가 전화를 안 받으면 부모님에게 전화해서 부탁하고, 전화 자체를 기분 나빠하는 학부모도 있었습니다. 수업 끝나기 몇 분 전에 들어오는 아이도 있어 힘이 빠질 때가 많았습니다.

학생 중 한 명에게 연락해서 "왜 그런 말들을 했냐?"라고 묻자 카톡에서 주고받은 내용으로 마음이 상해서 싸웠는데 또 자극적인 말을 해서 욕설이 오갔다고 했습니다. 그 말을 듣고 있다 보니 학생들 상태 역시 피곤하고 긴장되고 지쳐 있음을 알 수 있었습니다. '그래, 담임 수당 어디다 쓰냐. 만나서 얘기 나누고 먹자.'라는 생각이 들었습니다. 그 녀석들에게 연락했더니 "맛난 거 먹자."라는 말에 모두 즐거워했습니다.

처음에는 서먹해하더니 음식을 먹으며 서로 얘기를 나누자 화해 분위기가 조성되는가 싶었습니다. 저랑 처음 통화를 했던 학생이 손을 내밀어 악수를 청하면서 "미안하다."라고 사과를 했습니다. 상대방 역시 "미안하다."라며 사과를 했습니다. 우리는 박수로 두 아이의 화해를 축하해 주었습니다. 집에 도착해서 보니 통화를 했던 학생이 카톡을 보내왔습니다.

"선생님, 용기를 내 사과를 했는데 박수로 축하까지 받으니 갑자기 제 키가 쑥 커진 듯했습니다. 키 커지는 보약보다 사과할 일에 먼저 사과하여 축하를 받는 일이 더 효과가 있을 듯합니다. 남들이 해 주는 축하도 좋지만 스스로 축하를 많이 하려고 합니다. 선생님, 오늘 자리 마련해 주셔서 감사합니다."

축하하기의 예
• **사실:** 수업하는 반에 1년 쉬다가 복학한 학생이 있었습니다. 친구들은 수행 평가를 위한 연습을 마친 상태였고, 그 학생은 바로 수행 평가를 치러야 하는 상황이었습니다. 그런 상황이 신경 쓰여서 그 학생에게 친구들 앞에서 연습 삼아 미리 한 번 해 보겠냐고 제안하자 학생은 기꺼이 "하겠다."라고 했습니다.
• **그 일로 인해 일어나는 느낌:** 놀라움, 기쁨, 씩씩함, 든든함, 감동, 감사 등
• **무엇을 충족했나?:** 연결

선생님은 학생에게 카톡 메시지를 보냈고, 학생 역시 답을 보냈습니다.

형수야,

국어 A를 맡고 있는 샘이야. 어제 내가 "한번 해 보겠냐?"라고 제안했을 때 네가 곧바로 "네."라고 대답해서 사실 속으로 놀랐어. 친구들은 이미 수행 평가 연습을 마친 상태라 네가 떨렸을 텐데도 용감하게 도전하는 너한테 놀랐어. 만난 지 얼마 안 된 친구들 앞이라 쑥스러워서 거절할 수도 있다고 생각했거든. 친구들이 지켜보고 있는 가운데 네가 큰 소리로 발표해 주어 정말 기쁘고 든든했어. 네가 얼마나 용감하고 씩씩했는지 네게 반했다는 것을 고백할게.

공부하는 모습을 핸드폰으로 찍는 너를 보면서 새로운 환경에 적응하려고 노력하는 마음이 보여 뿌듯했단다. 원하는 결과가 바로 나타나지 않을지는 몰라도 지금처럼 꾸준히 노력하면 그 결과가 나타날 거라 믿어.

내일 수행 평가에서 친구들에게 너를 제대로 알릴 수 있도록 연습해서 자신 있게 큰 소리로 발표해 주기를 부탁한다. 그리고 언제든 도서실로 샘을 찾아오렴. 공부 말고도 이런저런 얘기 나누자꾸나. 샘은 올해까지만 하고 학교 그만둘 거야. 너와의 만남이 기쁘다. 이곳에서의 생활이 행복하기를 빈다. 너하고 만날 수 있었음을 축하하고 싶다.

학생의 답장입니다.

아침부터 좋은 말씀으로 응원해 주시고 저하고의 만남을 축하로 받아 주시다니 최상의 감동이자 영광입니다. 새롭게 학교생활을 시작하려니 서먹하기도 하고 떨리기도 했습니다. 선생님께서 "한 번 해 보겠냐?"라고 하셨을 때 그 목소리가 따뜻하게 느껴져서 저도 모르게 "네."라고 대답했던 것 같습니다. 선생님과 친구들의 박수를 받으니 놀라우면서도 선생님이 강조하시는 "할까 말까 망설여질 때는 '에라, 모르겠다.' 하고 보자."라는 말씀대로 '그래, 하는 거야.'라는 생각이 들었습니다. 앞으로도 실천하겠습니다.
저는 학교도, 선생님들도, 친구들도 좋습니다. 적응하는 것도 그것만의 묘미가 있어 더없이 즐겁습니다. 선생님께서 올해까지만 하신다는 말을 들으니 괜스레 마음이 움직이는군요. 힘든 일이 있거나 좋은 일이 있으면 선생님 찾아뵙고 얘기 나눌게요. 선생님에게 제자 그 이상의 의미가 되어 좋은 추억으로 남고 싶습니다. 감사합니다.

고통으로 밤을 지새우고 눈물을 흘렸던 시간들이 있습니다. "사랑하기 때문에 우리가 절망하는 거라고. 존엄을 믿고 있기 때문에 고통을 느끼는 것이라고. 그러니까, 우리의 고통이야말로 열쇠이며 단단한 씨앗이라고." 하는 문장이 가슴에 새겨지듯 다가오는 날들이었습니다.
고통과 절망에서 사랑과 존엄과 기쁨을 캘 수 있는 깊이는 그 어디

쯤일까요? 내가 느끼고 있는 사랑, 절망, 존엄, 고통, 슬픔과 기쁨의 깊이가 삶의 깊이임을 알고 있습니다. 그것들이 나뉘어 있지 않고 한 뿌리임도 알고 있습니다.

어떤 생명이든 그 생명의 탄생을 기쁨으로 맞이하고, 누군가의 죽음이든 그 죽음을 슬픔으로 애도하는 것이 사랑과 자비의 실천임을 알고 있습니다. 어떤 사람의 죽음을 애도할 수 없을 때 그 사람의 행동을 가능하게 했던 그 사회 구성원의 무지와 탐욕을 애도하게 됩니다. 생명의 탄생을 축하하고 그 삶을 돌보고 죽음을 애도하는 것이 인간의 길이라고 믿습니다.

소리 내어 웃고,
소리 내어 울기

13장

감사하기

내게 행복이 온다면
나는 그에게 감사하고
내게 불행이 와도
나는 또 그에게 감사한다.

한 번은 밖에서 오고
한 번은 안에서 오는 행복이다.

우리의 행복의 문은
밖에서도 열리지만
안에서도 열리게 되어 있다.

내가 행복할 때
나는 오늘의 햇빛을 따스히 사랑하고
내가 불행할 때
나는 내일의 별들을 사랑한다.

이와 같이 내 생명의 숨결은
밖에서도 들이쉬고
안에서도 내어쉬게 되어 있다.

이와 같이 내 생명의 바다는
밀물이 되기도 하고
썰물이 되기도 하면서
끊임없이 끊임없이 출렁거린다!
-김현승, 「지각」-

행복을 가져다주는 감사

시인은 행복이 와도 감사하고 불행이 와도 감사하다고 합니다. 생명의 바다는 밀물이 되기도 하고 썰물이 되기도 하면서 출렁거리기 때문입니다. 행복도 불행도 밀물처럼 밀려왔다가 썰물처럼 사라집니다. 『기쁨의 천 가지 이름』을 쓴 바이런 케이티(Byron Katie)와 스티븐 미첼(Stephen Mitchell) 역시 일어나는 모든 일에 '기쁨'이라는 이름을 붙입니다.

기쁨의 다른 이름은 '행복'이겠지요. 행복을 느끼는 가장 쉬운 방법 중 하나가 '감사'라고 합니다. 눈 뜨고 일어나 잠자리에 들기까지의 일상을 당연하게 여길 수도 있지만, 감사로 느낄 때 삶이 달라진다는 것입니다. "당신의 평범한 하루가 어떤 사람에게는 간절히 원하는 하루일 수도 있다."라는 구절처럼 말입니다.

첫 학교에 근무할 때였습니다. 선배 선생님들 중에 일반 기업에 근무하다 학교로 온 선생님이 계셨는데 학교생활을 무척 만족스러워했습니다. 그런가 하면 학군이 좋다는 학교에서 학생들을 가르치다 온 선생님은 학생들의 수업 태도, 복장, 거친 말투 등 여러 면에서 불만스러워했습니다.

교직 초기에는 아침에 이를 닦을 때도 학생들을 떠올리면 즐거웠습니다. 방학 때도 학생들이 어떻게 지내나 궁금증이 일어서 편지를 보내기도 했습니다. 그런데 언제부턴가 학생들의 말이나 행동이 눈에 거슬렸습니다. 짜증 나고 화가 나는 일들이 점점 많아졌습니다. 존재와 행동을 구분 짓지 않고 뭉뚱그려서 '문제아'라는 낙인을 찍기 시작했습니다.

'~해야 한다. ~하지 말아야 한다.'라는 생각을 강요하고 있으니 갈등이 생기고 괴로움이 찾아왔습니다. 하고 싶지 않은 일들이 많아지면서 '아무도 모르는 곳으로 떠나고 싶다.'라는 생각이 들었습니다. 하루 결근하고 기차를 탔습니다. 달리는 기차 안에서 바깥 풍경을 보면서 서울에서 일어났던 일들을 떠올리니 다른 사람의 일처럼 느껴졌습니다.

일이나 사람이 내 뜻대로 움직이기를 바라는 것은 억지였습니다. 사실과는 다른 것을 원하고 고집하는 것은 '판타지'였습니다. 현실을 거부하고 나의 판타지를 고집할 때 찾아오는 손님이 괴로움이었습니다. 집착과 당위성이라는 칼을 들고 눈앞의 사실과 전쟁을 벌이고 있었던 것이지요. 그런 그림을 머리에 떠올리자 우스꽝스럽기까지 했습니다. 현실은 여러 사람, 여러 조건이 만들어 낸 결과인데 내가 그것을 바꾸겠다는 것은 과대망상이었습니다.

'제시간에 와야지.'라는 생각을 고집하고 있으면 반복적으로 지각하는 아이에게 레이저를 쏘게 됐습니다. '늦게라도 와서 다행이다.'라고 생각을 바꾸자 고마워서 눈빛이 그윽해졌습니다. 만족과 불만족, 행복과 불행, 당연과 감사는 사물을 바라보는 관점과 해석에 달려 있음을 확실히 깨달았습니다. 행복과 불행은 나의 선택에 따라 달라졌습니다.

불만스럽게 보도록 조건 지어져 있는 내 안의 답을 의심하기 시작했습니다. 머리가 원하는 것은 대부분 사회적인 답이지, 내가 진정으로 원하는 것이 아니었습니다. "꼭 필요한가?"라는 질문을 던지기 시작하자 고개를 젓게 되었습니다.

나를 여러 가지로 자극했던 우리 반 아이의 꿈을 꿨습니다. 꿈속에서 그 아이는 아주 조그맣게 보였습니다. 날이 추운데 반팔 옷에 반바지를 입고 있었습니다. 덜덜 떨고 있어서 어디선가 긴 옷, 긴 바지를 찾아 입혔습니다. 그랬더니 아이는 제 무릎을 베고 누워 잠이 들었습니다. 꿈에서 깨어나자 여러 가지 감정이 찾아왔습니다. 그 뒤로 그 아이가 나를 자극할 적마다 덜덜 떨고 있던 꿈속의 아이가 떠오르면 화가 누그러졌습니다. 어느 순간에는 그 아이가 자신처럼 느껴졌습니다.

또 다른 꿈도 무척 인상적이었습니다. 동료들과 어딘가를 갔는데 한 무리의 사람들이 나를 향해 손가락질하며 수군거렸습니다. '왜 저러나?'라는 생각이 들면서 언짢기도 하고 불안해서 누군가에게 물었습니다. 그러자 "너한테 똥 냄새가 나서 그런다."라고 대답했습니다. 저는 그 말을 전해 준 이에게 "솔직하게 말해 주어 고맙다."라고 말한 뒤 바로 그 자리에서 가게로 뛰어 들어가 속옷을 샀습니다.

다른 사람을 향해 손가락질하던 제 안의 무의식이 '너도 마찬가지야.'라는 깨달음을 꿈으로 일깨워 준 듯합니다. 꿈들 덕분인지 눈앞에서 일어나는 현실과 다투지 않는 일이 늘어났습니다. 다투는 순간이 있을지라도 그 시간이 점점 짧아졌습니다. 일어나는 일을 다른 관점에서 보는 상대방의 말이나 행동에 동조하지는 않더라도 그 사람은 그렇다는 것을 받아들이게 됐습니다. 잠시 불쾌하기도 하고 오래 불편하기도 했지만 '~해야 한다. ~하지 말아야 한다.'라는 집착을 내려놓는 일이 많아졌습니다. '나도 최선, 그 사람도 최선. 그러니 각자 능력 안에서 일어난 일이다.'라는 것을 인정하게 되었습니다. "범사에 감사하라."라는 말씀에 두 손을 모으게 됐습니다.

 ## 감사를 하는 방법

칭찬에는 판단이나 평가가 들어 있고, 사람을 통제·조종하여 무언가를 얻어 내려는 의도가 숨어 있는 경우가 많습니다. 칭찬을 받게 되면 자기도 모르는 사이 그 판단·평가에 자신을 맞추게 됩니다. 마음에서 우러나지 않아도 그 일을 하고 있거나, 그 일을 하지 않으면 마음이 불편해지기도 합니다. "칭찬은 고래도 춤추게 한다."지만 "고래가 춤추다 쓰러진다."라는 말도 있습니다.

칭찬하는 말을 감사하는 말로 바꾸었습니다. "청소를 열심히 한다.", "글을 잘 쓴다.", "책임감이 있다.", "수업 태도가 좋다.", "착한 학생이다." 같은 칭찬하는 말에는 사실 감사의 뜻이 숨어 있습니다. "청소를 열심히 한다."라는 말에는 덕분에 '교실이 잘 정리되어 고맙다.'라는 감사의 뜻이, "글을 잘 쓴다."라는 말에는 '가르친 보람을 느끼게 해 주어 고맙다.'라는 감사의 뜻이, "착한 학생이다."라는 말에는 '협조적이라 도움을 받고 있어 고맙다.'라는 감사의 뜻이 담겨 있습니다.

감사의 말은 구체적이라 듣는 이도 마음이 편합니다. 감사를 하는 방법은 다음과 같습니다.

① **사실**: 칭찬, 감사하고 싶은 그 사람의 말이나 행동

② 그 덕분에 충족된 나의 욕구·필요

③ 그 욕구들이 충족되어 일어나는 느낌

구체적인 예를 들어 설명해 볼게요.

- **청소를 열심히 한다.**

---

① 청소함까지 정리했구나.

② 덕분에 교실이 잘 정돈되어

③ 고맙다.

- **글을 잘 쓴다.**

---

① "날씨가 쌀쌀하니 마음이 쓸쓸하다."라는 표현을 보니

② 첩어에 대해 배운 것을 적용했더구나.

③ 그것을 읽으며 감동했다.

- **책임감이 있다.**

---

① 모둠 발표를 보니 각자 역할을 나눴더구나.

② 서로 어울려 함께한 결과여서

③ 흐뭇했다.

- **수업 태도가 좋다.**

  ① 모르는 것에 대해 질문하니

  ② 너희가 이해하지 못한 것이 무엇인지 알게 되어

  ③ 기뻤다.

- **착한 학생이다.**

  ① 몸이 불편한 친구가 이동하는 것을 도와주어

  ② 안심된다.

  ③ 고맙다.

예)

① **관찰(사실):** 성사중학교에서 처음 남학생 반 담임을 맡아 힘들었는데 우리 반 오○○이 서투른 글씨로 내게 자주 쪽지를 써 주었다. 내가 힘든 것을 알고 마음을 준 ○○이.

② **무엇을 충족했는가?:** 연결, 배려, 존중, 공감, 이해, 도움, 감사, 관심, 호감, 친밀함 등

③ **그 일로 인해 일어나는 느낌:** 감동한, 뭉클한, 감격스러운, 벅찬, 고마운, 즐거운, 행복한, 훈훈한, 정겨운, 끌리는, 활기찬, 짜릿한, 기운 나는, 희망찬 등

"선생님, 책 참 좋아요."라고 말하는 분에게 "어떤 점이 좋은가요?"라고 물었습니다. 그러자 그분은 "'내 마음을 내가 봅니다.'로 시작하는 것이 좋아요. 바깥으로 향한 시선을 내 마음으로 돌려 내면을 여행하

게 하는 점이요. 어린이나 청소년 책 가운데 선생님 책이 유일할걸요?"
라고 말씀해 주었습니다. 그 말을 떠올리면 지금도 훈훈합니다.

감사는 상대방의 말과 행동이 끼친 영향에 대해 기쁘고 고마운 마음을 표현하는 것입니다. 감사를 말하는 것은 '대긍정의 서사시'를 쓰는 일입니다. 삶을 지지하고 격려하고 축하하는 일입니다. 상대방에게 하는 말이지만 그 말을 하고 있는 내 귀에도 들립니다. 함께 누리는 벅찬 환희의 다른 이름이 바로 감사입니다. 가장 위대한 사랑을 가정에서 학교에서 나누시며 감사를 한껏 누리시기를 바랍니다.

감사의 편지

가장 위대한 사랑(Greatest Love of All)

휘트니 휴스턴

난 믿어요

아이들이 우리의 미래라는 걸

아이들을 잘 가르치고 자신의 길을 가게 해 줘요

그들이 가진 아름다움을 볼 수 있게 해 줘요

그들에게 삶이 더 수월해지도록 자부심을 심어 주세요

아이들의 웃음에서 예전의 우리 모습을 떠올려 보세요

(······)

〰 학생에게 전하는 사랑 〰

○○아

입학식 날부터 네가 나타나질 않아 너를 찾으러 네가 사는 동네에 갔었지. 세 번째였던가? 방송을 듣고 나타난 네 모습은 세월이 흐르고 흘렀지만 지금도 기억에 생생하다. 거리에서 작고 마른 남자를 보면 문득 네가 떠올라 그 뒷모습을 다시 살펴보기도 한다. 그때가 1980년대 중반이니 벌써 40년이 되어 가는구나. 네가 쉰이 넘었을 테니 알아볼 수 없겠구나.

네가 건네준 쪽지들을 생각하면 가슴이 뭉클하다. "남학생 반을 안 맡고, 그 대신 수업을 더 하겠다."라는 말을 할 정도로 남학생 반 담임이 부담스러웠지만 귀엽고 사랑스러운 장난꾸러기들 덕분에 그 시절 정말 행복했었어. 특히 네가 건네주는 쪽지를 받을 적마다 내 마음이 얼마나 따뜻해졌는지 몰라. 기운이 가라앉아 있다가도 네 쪽지 읽고 다시 힘을 내고 추슬러 일어나곤 했지. 내게 힘을 주었던 꼬맹이 ○○이!

○○아, 네가 2학년에 올라가서 학교를 그만두었다는 소식을 후에 들었다. 20대 후반이 된 그 시절 학생들에게 네 안부를 묻자 알려 주더라. 얼마나 가슴이 아팠는지 모른다. 너를 보듬지 못한 학교 교육의 한계에 한없이 미안했다. 네가 학교를 그만두었다는 소식은 교직 생활을 하는 동안 내가 알게 모르게 저지른 잘못이나 허물을 일깨워 주더라.

네가 그렇게 열심히 쪽지를 준 것은 내 사랑이 네게로 흘렀기 때문이라는 생각도 든다. 내가 너를 참 좋아했었지. 네게 전하고 싶은 사랑을 노래로 전한다.

모든 걸 빼앗기더라도
너의 존귀함은 빼앗을 수 없어
위대한 사랑이 네 안에 있기 때문이야

내가 너에게서 보았던 그 위대한 사랑을 네 안에서 발견하렴. "자신을 사랑하는 법을 배우는 것이 가장 위대한 사랑"이란다. 그 사랑으로 잘 살아라. 간절한 마음 전한다.
짧은 만남에 긴 이별이 되었구나. 너를 만나 이런저런 이야기 나눌 수 있다면 얼마나 좋을까?
그립고 보고 싶은 오○○!

선생님들께 전하는 감사

1965년 초등학교 입학부터 2009년 2월 명퇴할 때까지 깨어 있는 대부분 시간을 함께했던 이들은 친구들, 선생님들, 학생들이었습니다. 선생님들은 엄마 다음으로 친밀한 어른들로 사랑과 꿈을 심어 준 분들이었습니다. 담임 선생님들, 교과목 선생님들, 학교 밖 선생님들을 떠올리자 코끝이 찡해 오고 감사의 눈물이 앞을 가려 자판을 두드리던 손을 여러 번 멈추었습니다.

한 분 한 분 떠올려 봅니다.

조경자 선생님

초등학교 3학년 때 노화도라는 작은 섬에서 목포로 전학을 왔습니다. 섬에서 도시로 전학을 와서 가뜩이나 몸과 맘이 긴장해 있었는데, 첫날부터 아이들이 쏟는 관심으로 더더욱 움츠러들었습니다. "글씨를 잘 쓴다, 못 쓴다. 머리 모양이 어떻다. 옷이 어떻다."라는 말들이 귀에 꽂혔습니다.

전학 온 그 주 어느 날, 조경자 선생님께서 저를 부르셨습니다. 국어책 한 부분을 펼치시더니 "여기서부터 여기까지 집에서 읽기 연습을 해 오라."라고 말씀하셨습니다. 그러고는 다음 날 제 이름을 불러 그 부분을 읽으라고 하셨지요. 책 읽기를 마치자 아이들이 "와!" 하고 지르던 함성을 듣고 울컥했던 기억이 납니다.

낯선 도시, 낯선 아이들이 저를 받아들일 수 있도록 해 주신 선생님의 배려는 저로 하여금 가족의 범위를 혈연에 묶지 않고 확장하는 삶을 꿈꾸게 해 주셨습니다. 누군가를 가슴으로 품는 순간이 또 다른 가족을 만나는 순간임을 알게 해 주신 '선물'이었습니다. 덕분에 전학생이 올 때마다 선생님이 주신 사랑을 떠올렸습니다. 다른 선생님들이 꺼리는 학생을 우리 반으로 받아들일 수 있었던 것도 조경자 선생님께서 뿌린 사랑의 씨앗 덕분이었습니다. 선생님, 그 순간을 떠올릴 적마다 저는 아직도 눈물이 납니다. 고맙고도 고맙습니다.

문선지 선생님

중학교 2학년 첫 국어 수업 시간에 목포 출신의 시인, 소설가를 알려 주시던 일이 생생합니다. 임옥인의 「후처기」를 들려주시면서 "후처, 의붓엄마 참 힘들겠지?"라고 말씀하셔서 갖고 있던 편견의 벽이 쉽게 무너지기도 했습니다. 선생님은 한국 문학, 세계 문학, 영화, 음악 등에 관한 여러 가지를 알려 주신 예술의 전도사였습니다. 선생님 덕분에 도서관을 드나들며 만화책, 동화책에서 문학으로 껑충 넘어서게 되었습니다.

"도서관에 올라가서 책도 읽고 바다도 봐라."라는 말씀대로 구름다리를 통해 도서관으로 향했던 날들이 많았습니다. 책을 읽다 돌담에 기대어 바다를 바라볼 적이면 왠지 모르게 가슴이 뻥 뚫리는 듯해 울기도 했습니다.

걸 스카우트 활동도 선생님이 지도 교사라서 입단했을 정도였습니다. 선생님과 함께 간 캠프에서 먹었던 닭죽의 맛을 지금도 기억합니다. 우리에게 들려주기 위해 기기며 판을 준비하셔서 바닷가에서 들려주셨던 음악들 덕분에 그 세계에 빠져들었습니다. 선생님은 저를 문학과 음악, 예술의 길로 인도해 주셨습니다.

선생님을 좋아하다 못해 틈만 나면 선생님 댁에 가서 놀았지요. 누구 집에 그렇게 자주 갔던 기억이 없으니 어지간히 선생님 댁을 드나들었나 봅니다. 선생님의 부모님, 서울 사시는 언니, 오빠, 동생까지 선생님 일가를 모두 만나 봤으니 조금 심했다는 생각도 듭니다. 그럼에도 한결같이 우리를 반겨 주시던 그분들께 감사드립니다. 선생님 댁을 드나들며 책도 빌리고 음악도 듣고 했던 시간 덕분에 제 중학교 생활은 행복했습니다. 감사합니다.

국어 선생님을 하게 된 것, 선생님으로서 좋은 점이 있었다면 이 모든 것이 선생님께 배운 덕분입니다.

남궁봉 선생님

제가 교사가 되고 보니 '내가 반장을 해서 선생님이 얼마나 힘드셨을까?'라는 생각을 비로소 하게 됐습니다. 친구들이 저를 반장으로 뽑은 것은 능력이 아니라 사투리를 쓰는 것이 재미있어서였을 것입니다. 환경 미화를 위해 예쁜 호리병 같은 주전자를 사서 부반장에게 한 말을 들었던 때부터 반장은 저에게 어울리지 않는 역이란 것을 알았습니다.

반장을 맡은 학생이 청소복도 안 입고 선생님들께 반항까지 했으니 선생님께선 얼마나 난처하셨을까요? 그럼에도 꾸지람을 들은 기억이 없으니, 선생님이 얼마나 속을 태우셨을지 그 너그러운 마음에 고개 숙입니다. 교사로서 마음의 평수가 좁아질 적이면 때로 선생님을 떠올리곤 했습니다.

서울 생활 모든 것이 낯설어 고향으로 가는 꿈만 꾸고 일탈이 많았는데 1, 2학년 모두 선생님 반이 된 덕분에 무사히 졸업할 수 있었습니다. 선생님의 넉넉한 마음을 친구들도 알았을까요? "선생님 댁에 세배하러 가자."라는 제안에 친구들이 기꺼이 함께해서 설에 한복을 차려입고 고무신 신고 눈길을 조심조심 걸으며 선생님 댁을 찾아갔던 추억이 떠오릅니다. 선생님, 버거웠던 서울 생활 적응에 힘을 실어 주셔서 고맙습니다.

김성배 선생님

대학생이 되어 조회도 종례도 없는 자유로운 생활이 어찌나 좋은지 한동안은 들떠 있었습니다. 시간이 흘러 아무도 챙겨 주지 않는 생활이 외로워졌을 때쯤 선생님께서 댁으로 불러 원고 정리를 돕게 하셨지요. 북아현동 언덕배기를 올라 선생님 댁에 가면 사모님의 푸근한 미소와 음식들이 기다리고 있었습니다. 용돈을 챙겨 주시고, 더 나아가 친구들 취직까지 연결해 주셨지요.

시험에 합격할 자신도 없고 해서 책을 많이 읽을 수 있는 도서관 사서가 되고 싶다고 하자 "사서는 책 돌보느라 책 읽을 시간이 없다. 사범 대학생이니 학생 돌보는 것을 권한다."라는 말씀을 해 주셨지요. 학생을 돌봤다기보다 월급으로, 배움으로 제가 돌봄을 받았습니다. 하지만 선생님께서 "학생을 가르친다."라는 흔한 표현 대신 "돌본다."라고 말씀하셨던 것은 오래오래 기억에 남았습니다.

선생님께서 고등학교 교사로 근무하실 당시 좌익 운동을 하던 학생의 퇴학 처분을 선생님 혼자 유일하게 반대하셨고, 그 덕분에

6·25 전쟁 때 목숨을 구할 수 있었다는 이야기를 들려주시며 "벌은 교육이 아니다. 고민 없는 교육은 위험하다."라고 하신 말씀 역시 귀에 쟁쟁합니다. 북아현동엘 가면 선생님이 떠오릅니다. 장소는 그리운 사람과 함께할 때 의미가 있다는 것을 절절하게 느끼곤 합니다. 고맙습니다, 선생님.

정화 스님

선숙이가 함께 공부하는 학인 스님들이 "부처는 못 돼도 정화 스님만큼 되는 것이 목표다."라고 하는 말을 들었다며 남산강학원으로 제 손을 이끌어 처음 스님을 뵈었습니다. '정화'라는 이름만 듣고서 비구니 스님인 줄 알았다가 체격이 큰 스님을 뵙자 놀랐지요. 법문 역시 기존에 들었던 것들과는 달라 이해하기 어려웠습니다. 법문은 어려웠지만 신선했고 마음의 움직임에 대한 통찰이 "아!" 하는 감탄을 불러일으켰습니다. 왠지 모르는 힘에 이끌려 스님 법문을 들으려고 남산강학원, 수유너머104, 감이당, 길상사를 다녔습니다. 휴일에도 길상사 일요 법회에 나름대로 열심히 참여했지요. 유하 시인의 「오징어」를 인용하신 법문을 들으며 환희심이 차올랐던 기억도 새롭습니다. 그럴 수 있었던 것은 아들 친구가 "승범이 아빠랑 엄마가 달라졌어요. 엄마, 아빠도 그 공부 모임에 나가 보세요."라는 말을 할 정도로 온 가족이 함께 평온을 누리는 시간이 늘어만 갔기 때문입니다.

공부 모임에 불교도는 물론이고 교회나 성당 다니는 분들까지 함께할 수 있었던 것은 "보살님들, 절에 오래 다녔던 분이라면 교회나 성당을 찾으시고, 교회나 성당에 오래 다녔던 분이라면 절엘 다녀 보세요."라는 말씀을 하실 정도로 어느 한 곳에 머무르지 않고 치우치지 않는 태도를 몸소 보여 주셨기 때문이겠지요.

종교에 관심이 많으면서도 특정 종교의 신도가 되기를 포기한 것은 신자로서 가져야 할 도덕적인 책무가 무겁게 느껴졌기 때문입니다. 그런데 스님 법문을 들으면 마음에 드리워졌던 어두운 구름이 걷히고 몸도 마음도 가벼워졌습니다. '지금 이대로, 이보다 더 좋을 수 없다.'라는 기쁨으로 발걸음이 춤추듯 했던 날이 많았습니다.

스님께 배운 과학 공부 덕분에 몸과 마음의 연결에 대해 눈을 뜨게 되었고 비폭력 대화 강의를 좀 더 풍성하게 준비할 수 있었습니다. 세 권의 책을 편하게 쓸 수 있었던 것도 마지막 교정을 스님이 봐 주실 것이라는 믿음이 있었기 때문입니다. "진리가 너희를 자유롭게 하리라."라는 말을 새기며 '자유가 진리'라는 즐거운 깨달음을 얻을 수 있었던 것도 스님 덕분입니다. 삶에 대한 감사를 누리고 누리게 된 것 두 손 모아 감사드립니다.

박은경 선생님

이현주 목사님 강의를 주최하셔서 그때 처음 뵌 이후로 오늘까지 선생님을 뵐 적마다 영혼의 떨림을 느낍니다. 아드님을 보낸 그 어려운 시기에 학생이 "선생님하고 수련회 가고 싶다."라는 말에

털고 일어섰다는 말씀을 듣고 눈물이 났습니다. 한 아드님은 가슴에 품고 여러 아이를 내 아이로 대하셨던 선생님. 퇴직 후에도 학교 청소 봉사를 1년 하셨다는 말을 전해 듣고 "아아!"라는 감탄이 제 가슴속에서 메아리쳤습니다.

독실한 가톨릭교인으로서 종교 활동가이자 그 가르침을 삶에서 실천하시는 선생님이 계셔서 행복합니다. "어떤 종교든 그 가르침을 실천하는 이름 없는 이들이 계셔서 그 명맥이 유지된다."라는 말씀을 들었을 때 선생님이 떠올랐습니다. 이름 없는 사람들 속에서 신을 만난다면 과장일까요?

산행에서 선생님의 속내를 드러내는 솔직한 이야기들을 들으면서 존경하던 선배님에서 친근한 언니를 만났습니다. 선생님, 우러러보는 존경보다 친밀함을 선택하렵니다. 선생님, 사랑합니다.

김광하 선생님

첫 만남에 '내 안의 폭력', '우리 안의 폭력'을 일깨워 주셨던 것을 기억합니다. 선생님께 배운 노자, 장자 공부로 견고했던 내 안의 당위성이 말랑말랑해졌습니다. 불교에 대해 새롭게 관심을 가지게 된 것도 선생님과의 공부 덕분입니다. 공부 모임 후 친구들과 뒤풀이에서 나눴던 정담들로 소중한 추억을 만들 수 있었음에 감사드립니다. 외국에 사는 친구도 그 시절의 공부와 뒤풀이를 그리워하고 있습니다.

사업을 하시면서도 공부의 끈을 놓지 않고 정진하셔서 『길 위의 삶, 길 위의 화두』를 시작으로 『노자 도덕경』, 『붓다를 기억하는 사람들』, 『숫타니파타 독후감』, 『자기 안의 선지식』을 펴내셨지요. 선생님 덕분에 만난 노자는 제 삶의 무게를 가볍게 해 줬고, 제 안의 야생을 만나게 하여 삶에 활기를 불어넣어 주었습니다.

이론적인 공부에 머물지 않고, 노숙하는 분들이 목욕하고 따뜻한 식사를 드실 수 있는 장소로 '사명당의 집'을 마련하셨지요. 그 일이 여의치 않자 종로5가에서 노숙인들에게 따뜻한 떡과 음료를 드리는 일을 하셨고요. 빠짐없이 참석하셔서 함께하시던 선생님에게 놀랐습니다. 그런 일들이 떠오르면 세상의 찬바람이 잠시 멈추는 듯해서 마음이 고요해지고 따뜻해집니다. 선생님 덕분에 무주상 보시(집착 없이 베푸는 보시)를 눈으로 보았습니다. 고맙습니다.

박성용 목사님

'동물에게서 배우는 비폭력'에 대한 글을 읽으면서 '이분을 한번 뵙고 싶다.'라고 생각했는데 '평화와 비폭력 세계 행진' 행사에서 목사님을 만나게 되었지요. 그 인연으로 '평화서클교회'의 엉터리 신자가 된 것은 목사님과 최신옥 사모님, 그리고 두 따님이 빚어내는 자유롭고 따뜻한 분위기에 녹아들었기 때문입니다. 목사님 가족과의 만남 덕분에 교회나 목회자, 그 가족에 대한 여러 가지 편견을 깰 수 있었습니다.

목사님의 일방적인 설교에서 벗어나, 성경 말씀을 내 삶에 어떻게 적용하는가를 함께 나누는 서클 교회였기에 그곳에 적을 둘 수 있었습니다. 예수님 말씀이 오늘 우리 삶에 어떻게 적용되는가를 나누는 것은 성찰이자 배움이었습니다. 한 사람 한 사람 말씀을 들으면서 '아, 삶이 참 아름답구나!'라는 것을 벅차게 느끼는 순간이 많았습니다. 말씀을 나누고 찬송가를 부를 적에 누리는 평화와 기쁨에 두 손을 모읍니다.

회복적 생활 교육과 그것의 바탕이 되는 서클의 참뜻을 함께하고자 계획하고 실천하시는 여러 가지를 마음으로 지지합니다. 목사님 하시는 일이 바로 예수의 뜻을 이 땅에서 실현하는 한 걸음이라고 믿기 때문입니다. 함께해 주셔서 고맙습니다.

우희종 선생님

성경과 불경을 공부하는 모임이 있다고 해서 친구 추천으로 모임에 들어갔습니다. 선생님과의 공부 덕분에 종교에 대한 벽이 무너져 교회에도 가고 절이나 성당에 홀로 앉아 조용한 시간을 보낼 수 있게 되었습니다. 찬송가를 들으며 그 감동에 두 손을 모으고, 자신을 들여다보게 하는 불법에 고개 숙이게 됐습니다. 천국과 지옥이 따로 있지 않고 이곳에 있다는 것, 내 탓 네 탓 가리지 않고 세상의 변화를 위해 내가 할 수 있는 일을 하는 것을 배웠습니다. 선생님이 이끄는 봉사단 일원으로 안양 정심원에 있는 여학생들을 만나면서, 가족이나 이웃의 돌봄이 있다면 그곳에 있을 아이들이 없다는 것을 깨달았습니다. 이를 계기로 초등 지역아동센터 '나무와 숲'을 후원하다가 명퇴금으로 친구들과 뜻을 모아 중·

고등학생을 위한 지역아동센터를 만들었고, 두 단체가 사단 법인 '기린 청소년'으로 함께하게 되었습니다.

선생님이 잠시 더불어시민당 대표를 맡으셨을 적에 "정치하려나 보다."라는 우려 깊은 말들을 들었습니다. 저는 속으로 '아닐걸?'이라고 생각했는데 역시 예상대로였습니다.

"사회가 시끄럽고 사건과 사고도 많지만 과거나 현재, 그리고 아마도 미래 역시 이렇게 삶은 흘러가고 역사는 만들어지겠지. 그것은 범사, 그리고 진리. 나는 단지 지금 이곳에 있기에 한목소리 내는 것일 뿐이다."라는 선생님의 글에 두 손을 모읍니다. "제대로 살아야 한다."라는 사모님의 응원이 한몫하고 있기에 선생님의 힘찬 목소리를 기대합니다.

선생님을 생각하면 가볍고 경쾌한 목소리가 떠오릅니다. 영성이 가볍고 유쾌할 수도 있다는 것을 실천하시는 삶의 결과일까요? 선생님에게 받은 최고의 선물입니다. 음주 가무를 즐기면서 내 안에 있는 흥겨움을 풀어내니 더 순화되는 듯한 느낌이 듭니다. ㅎㅎㅎ 고맙습니다.

송형호 선생님

학교를 그만둔 뒤 어디에 소속되지 않고 홀로 서야 했을 때 발판 없는 불안을 느꼈습니다. 그때 친구에게서 제 얘기를 듣고 선생님이 먼저 전화를 주셨습니다. 선생님은 그때 학교에서 문제를 일으켜 봉사 활동을 해야 하는 학생들이 지역아동센터에서 일할 기회를 마련하고자 해서 친구와 연이 닿았던 것입니다.

교육 활동을 위해, 돌봄과 치유를 위해 교사들이 연결될 수 있는 장을 마련하고 자율 휴직을 제안하여 교사들의 회복이 곧 교육 회복임을 증명하셨지요. 저를 '돌봄과 치유'의 일원으로 받아 주시고 여기저기 연결해 주셔서 강의의 장을 넓혀 주셨습니다.

'문제 행동'을 '낯선 행동'으로 바꾼 혁명적인 관점에 박수를 보냅니다. 이런 것이 가능한 것은 학생, 교사, 학부모에 대한 공감이 크기 때문이라고 봅니다.

돌봄 치유의 한 선생님이 "기초 학력 부진 학생을 위해 보조 강사 선생님들이 학교에 오시는데 지내실 공간이 없어서 여기저기를 떠도는 경우가 있어서 안타깝다."라는 내용의 글을 올리자 곧바로 담당 장학사에게 연락하시는 선생님에게 감동했지요. 교사, 학생, 학부모의 상처 회복에 관심을 가지고 계신 점이 선생님과의 연결점이지 않나 하는 생각을 합니다. 어쩌면 선생님이나 저나 가슴 저 밑바닥에 고여 있는 아픔이나 슬픔 덕분인지도 모릅니다.

선생님, 고맙습니다.

유광수 선생님, 심경복 선생님

불경·성경 공부에서 두 분을 처음 만났지요. 30여 년 교회를 다니시던 분들이 불교를 공부하는 것에 놀랐는데, 두 분의 삶을 가까이서 보고 더 놀랐습니다. "이렇게 질문을 많이 하는 분은 처음 봤다."라는 정화 스님 말씀처럼 끊임없는 질문으로 불교를 공부하여 종교의 벽을 허무는 것 말고도 남녀노소, 계층, 직업을 가리지 않고 집으로 초대해 교류하시는 점, 놀라웠습니다. '자신과 가족, 그리고 이웃분들이 꽃이 될 수 있도록 한결같은 도움을 주시면서 벗으로 살아오신 모습'에 두 손 모읍니다. 옷 입는 데 도통 관심이 없던 남편의 변화를 이끌어 주신 것에 감사, 감사드립니다.

집이 없는 저희를 불러내어 여기저기 돌아다닌 덕분에 시골집을 마련했지요. 지인들이 시골집에 오면 부러워하면서 "어떻게 이런 곳에 집을 살 수 있었냐?"라며 놀라곤 합니다. 시골집에서 누리는 행복은, 생각하면 곧바로 행동으로 옮기는 선생님 덕분입니다.

경복 선생님께 집밥 요리를 배운 시간은 정말 행복했습니다. 맛난 음식을 먹으며 대화 나누는 것이 행복이라는 것을 확실하게 느꼈지요. 요리법 외에 식재료, 음식 맛을 돋우는 다양한 재료들을 알게 된 것, 여러 가지 음식을 만드는 것으로써 집밥 식구들, 즉 남편, 태규 샘, 민재 샘이 100가지가 넘는 동서양 요리 레시피로 자신과 아내, 이웃을 위해 따뜻한 밥상을 차린다는 상상만으로도 즐거워집니다. 맛을 위해 정확한 계량을 위해 애쓰시고 한 자 한 자 요리법을 적어 주신 점 감동이었습니다. 덕분에 아들들에게 "엄마 요리가 뭔지 모르지만 맛있어졌다."라는 말을 듣고 이웃을 초대해 함께하는 시간이 늘어났습니다.

'이보다 더 맛있을 수 없다.'라는 생각을 들게 한 경복 샘의 따뜻한 밥상을 얼마나 많이 받았던지, 그에 대한 감사는 말로 다 표현할 수 없을 정도입니다. 힘들 때면 엄마가 차려 주셨던 밥상, 경복 샘이 불러 주셨던 밥상 앞에 앉아 있는 저를 떠올리곤 합니다. 고맙습니다.

홍봉표 선생님

감색 양복에 가방을 든 남자가 교무실 한가운데 서 있는데 왠지 시골에서 갓 상경한 듯한 모습이었습니다. 누군가 "밭매다 올라온 것 같다."라는 말을 했던 것 같습니다. 우리의 예상대로 신규 발령을 받고서 얼떨떨한 표정으로 거기 서 있었던 것입니다. 그 모습이 지금도 기억 속에 선명하게 남아 있습니다.

동료들이 전해 주는 선생님에 관한 정보로는 꼼꼼하고 고지식한가 하면 자기 얘기를 다 털어놓는 개방성이 있다고 했습니다. 같은 교과인 데다 우리 반 한문 수업을 들어오니, '교사협의회'에 가입하라고 슬그머니 권유했습니다. 자신은 학창 시절에 공부만 해서 빚진 심정이라고 하면서도 망설이길래 '소심'으로 분류했었습니다. 그런데 이게 웬일입니까? 가입하고 난 뒤에는 문건 작성을 도맡아 했고 선생님들과 함께 온 아이들과 잘 놀아 주어서 아이들을 맡겨 놓고 우리는 일에 집중할 수 있었습니다. '탁아방'을 만들어도 되겠다고 할 정도로 아이들이 잘 따랐습니다.

여의도 집회에서 아기 낳은 지 두 달 조금 넘은 성미현 선생님이 시위대 곤봉에 맞았습니다. 우리 모두 혼비백산해서 성 선생님을 모시고 여의도성모병원으로 달려갔습니다. 집회 장소를 빠져나오고 보니 시위 진압대로 꽉 둘러싸인 그곳으로 다시 들어갈 용기가 나질 않았습니다. 홍 선생님 혼자 그곳으로 다시 들어가 마포 경찰서에 연행되어 윗선까지 알려지는 사태가 벌어졌습니다. 순진한 신임 교사 꼬드겨서 혼자 붙잡히게 했다고 눈총을 받기도 했습니다.

내가 무슨 이야기를 하든 선생님은 반박하지 않고 귀 기울여 들어주었습니다. "순박한 시골 남자와 결혼하겠다."라는 꿈대로 선생님과 결혼을 했습니다. 가사와 육아 분담을 결혼 조건으로 내걸어 냉장고에 각자 할 일을 세세히 적은 종이까지 붙여 놓았습니다. 내 할 일, 네 할 일 따져 가며 살폈는데 선생님은 본인 일은 물론이고 제 일까지도 해 주어 어느 날 저는 슬그머니 그 종이를 떼었습니다.

아버지 없이 자랐던 저에게는 아버지에 대한 원망과 그리움, 환상이 복합적으로 어우러져 있었습니다. 선생님이 아이들과 잘 어울리는 것이 끌리게 된 동기 중 하나였을 수도 있습니다. 두 아들과 아이처럼 재미있게 노는 모습을 물끄러미 바라보면서 아빠랑 노는 아이들이 한없이 부러웠던 적도 있었습니다. 아이들 친구 어머니가 "남편이 지방 근무였을 때 저희 아이들과 함께 밤늦도록 축구를 하며 놀아 주셨다. 아이들에게 아버지의 빈자리를 메꿔 주셔서 감사했다."라는 말을 들려주기도 했습니다.

선생님은 말수가 적고 누구와 말다툼 한번 한 적 없는 이라서 말하기 지도를 어려워했습니다. 근무하던 학교가 토론 시범 학교로 지정되자 갑작스레 토론을 가르치게 되었습니다. 온갖 책을 사들이고 자료를 찾아 학생들과 토론을 준비하느라 방학에도 학교로 도시락을 싸 들고 갔습니다. 그 덕분에 토론 전문가로 강의를 했고 아이들 친구들에게 토론을 가르치기도 했습니다. 그 공부 덕분에 엄마들, 아이들이 지금도 만나고 있습니다.

두 아들의 힘든 사춘기가 선생님 탓인 듯해서 '재미없다. 자녀 교육관이 너무도 다르다.'라는 이유로 아이들이 고등학교만 졸업하면 '이혼해야겠다.'라고 별렀습니다. 어느 날 학교생활을 힘들어하는 아들과 둘이서 홀연히 발길이 드문 시골 암자에 가서 차를 마시고 절도 하는 날들로 방학을 보냈지요. 학교가 개학하자 아이는 전학을 가겠다는 결정을 내리더니 전학에 관한 모든 사무를 스스로 처리했습니다. 전학하는 날 학교에 혼자 온 아이는 자기뿐이었다면서 놀라더군요. 외딴곳에서 아빠와 함께 보냈던 그 시간의 마법인 듯해서 놀랍고도 신기했습니다.

가족이 행복하려면 '마음공부'를 해야 한다면서 함께 하는 공부에 나보다 더 열심이었지요. 틈만 나면 하는 명상, 몸을 자유롭게 하기 위한 춤추기, 내 건강을 챙기기 위한 침술 공부, 갈등에서 일어나는 마음의 움직임을 적어 가며 성찰하는 공책이 벌써 네 권으로 쌓였습니다.

학생들을 품어 안는 품도 나날이 넓어져 가는 것을 느낍니다. 학생들과 있었던 이야기를 들으면서 눈시울이 뜨거워진 적이 많았습니다. 『청소년을 위한 비폭력 대화』, 『선생님을 위한 비폭력 대화』를 쓰게 한 감동적인 소재들도 주셨지요. 교사로, 남편으로, 아버지로, 친구로, 길냥이를 돌보는 집사로 사랑을 풀어 가는 모습에 울컥한 적이 많습니다.

"스승의 역할은 그대가 누구인지 기억하도록 돕는 것이다."라는 부처님의 말씀처럼 내 안의 아름다움을 바로 옆에서 일깨워 주는 당신이야말로 스승입니다. 당신과 함께하는 덕분에 나를 돌아보게 되고 나를 키워 나가고 있습니다. 내 안의 독이 조금씩 빠져나가면서 말랑말랑해져 가는 것은 당신 덕분입니다. 고맙습니다. 아이들이 지금보다 조금이라도 나은 세상에서 살았으면 하는 당신의 꿈과 함께하겠습니다.

삶의 장에서 만났던 수많은 사람들

공자는 "세 사람이 길을 갈 때에는 반드시 내 스승이 있으니, 그중에 선한 사람을 가려서는 그를 따르고, 선하지 못한 자를 가려서는 자신 속의 그런 잘못을 고쳐야 한다."라는 말을 했습니다.

삶의 여정에서 만났던 이들에게서 많은 것을 배웠습니다. 눈여겨보면, 마음 열고 보면 모두가 나의 스승이었습니다. 그분들 덕분에 눈도 뜨이고 귀도 열리고 바깥세상을 향한 걸음도 씩씩하게 내딛게 되었습니다. 그분들에게 받은 감동과 감사로 행복했던 순간들이 너무도 많았습니다. 삶의 여정에서 시절 시절 함께해 주셨던 분들에게 고개 숙여 감사드립니다.